智·慧·商·业
创新型人才培养系列教材

U0683838

统计学基础

微课版 第3版

危磊 潘细香 / 主编

况敏 廖鹤淳 万昊灵 / 副主编

人民邮电出版社

北京

图书在版编目（CIP）数据

统计学基础：微课版 / 危磊，潘细香主编.
3 版. -- 北京：人民邮电出版社，2024. 8. --（智慧
商业创新型人才培养系列教材）. -- ISBN 978-7-115
-64680-4

Ⅰ. C8
中国国家版本馆 CIP 数据核字第 2024G3J796 号

内 容 提 要

  本书根据统计工作的过程，通过 9 个任务，系统地阐述统计学的基本理论、方法和作用。本书内容包括认知统计、统计调查、统计整理、总量指标和相对指标分析、平均指标与标志变异指标分析、时间数列分析、统计指数分析、抽样推断、相关与回归分析。每个任务由学习目标、知识结构图、任务导入、相关知识、任务小结、习题与实训等部分组成。

  本书可以作为高等职业院校和应用型本科院校财务会计、市场营销、物流管理、企业管理、金融与证券等相关专业的教材，还可以作为相关统计工作者和经营管理人员的参考书。

◆ 主　　编　危　磊　潘细香
　　副主编　况　敏　廖鹤淳　万昊灵
　　责任编辑　王　振
　　责任印制　王　郁　彭志环

◆ 人民邮电出版社出版发行　北京市丰台区成寿寺路 11 号
　　邮编　100164　电子邮件　315@ptpress.com.cn
　　网址　https://www.ptpress.com.cn
　　固安县铭成印刷有限公司印刷

◆ 开本：787×1092　1/16
　　印张：16　　　　　　　　　2024 年 8 月第 3 版
　　字数：400 千字　　　　　　2025 年 1 月河北第 2 次印刷

定价：54.00 元

读者服务热线：(010)81055256　印装质量热线：(010)81055316
反盗版热线：(010)81055315
广告经营许可证：京东市监广登字 20170147 号

前言
FOREWORD

统计学是一门收集、整理和分析数据的学科。随着社会的发展，统计的作用也越发突显。从课程性质上看，统计学作为经管类专业的基础课，是一门必修课。在经管类专业的人才培养方案中，统计学处于比较重要的地位。

我们于 2015 年编写的《统计学基础》一书自出版以来，受到了众多院校老师的欢迎。为了更好地满足广大院校学生对统计学知识学习的需要，编者结合近几年的教学改革实践和广大读者的反馈意见，在保留原书特色的基础上，对教材进行了修订。

本次修订的主要内容如下。

- 对第 2 版中部分相关知识进行了校正和修改。
- 更新了第 2 版中的陈旧案例，第 3 版的案例更贴合现今的社会经济发展趋势。
- 删除了第 2 版中一些意义不大的习题。
- 丰富了二维码内容，主要包括案例与微课，读者用手机等终端设备扫描书中二维码，即可观看相关内容，实现随时随地移动学习。

本书深入贯彻落实党的二十大精神，根据教育部"校企合作、工学结合、扩展知识、提高技能"的要求，结合编者多年的教学实践经验，以提升职业能力为目标、以任务设计为载体、以工作过程为指导思想编写而成。本书力求理论知识简单易懂，突出应用性，强化实践技能的提升，主要特点如下。

（1）一体化设计。本书按照任务驱动进行编排，内容上贯穿统计设计—调查—整理—分析的统计工作全过程。表现过程为：学习目标—知识结构图—任务导入—相关知识—任务小结—习题与实训。

（2）案例丰富。统计学属于社会经济统计学，要与许多社会经济现象相结合。本书在每个任务最后设置了"案例阅读"模块，读者可扫描二维码进行阅读。本书采用的案例均取材于实际生活，具有很强的实用性和趣味性，给人以"统计就在我们身边"的亲切感。

（3）注重表现形式。本书的任务注重直观实用，避免过多的公式推导。在表现形式上，本书使用大量便于学生理解的图表，把复杂的计算及推理过程用图表来表现；每个任务前都有相关知识结构图，便于学生系统记忆；每个任务最后设有使用 Excel 进行统计数据处理与分析的实训，便于学生强化技能。

（4）重视素质培养。本书以党的二十大精神为着力点，坚持立德树人的教学理念。本书在每个任务均设置了"素养目标"板块，以培养学生的个人素养。

本书建议授课课时数为 44～72 课时。不同专业的学生在使用本书时，教师可根据专业特点对内容进行取舍。

　　本书由江西旅游商贸职业学院的危磊、潘细香任主编，况敏、廖鹤淳、万昊灵任副主编。危磊负责对全书进行设计、修改和定稿。

　　在编写本书的过程中，编者参考和借鉴了大量国内外著作、文献及报刊，这些资料对本书的完成提供了极大的帮助，在此向这些资料的作者表示衷心的感谢！

　　由于编者水平有限，书中难免存在不足之处，敬请广大读者批评指正。意见反馈邮箱：1271509328@qq.com。

编者

2024 年 4 月

目录
CONTENTS

认知统计

学习目标

知识目标

1. 了解统计学的产生、发展过程，以及研究对象。
2. 熟悉统计学的研究方法。
3. 掌握统计的含义。
4. 重点掌握统计学的基本概念。

能力目标

1. 能够熟练掌握统计总体与总体单位、标志与指标的关系。
2. 能够熟练掌握变量的分类。

素养目标

1. 弘扬爱国主义精神、增强文化自信。
2. 培养积极进取、勇于开拓的创新精神。

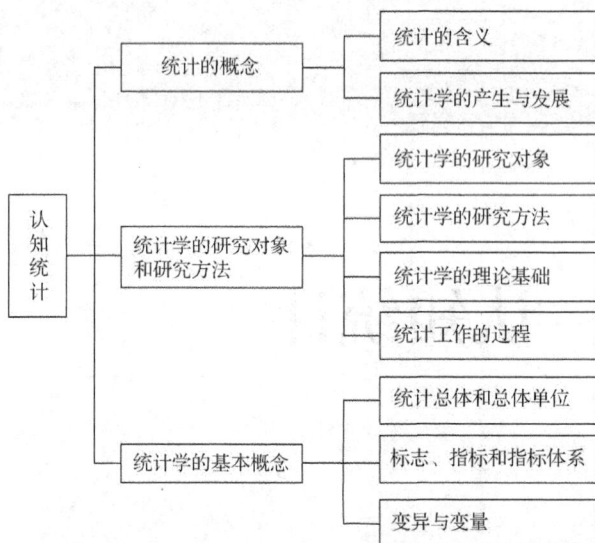

🛒 **知识结构图**

```
                        ┌─────────────┐      ┌──────────────────┐
              ┌────────▶│  统计的概念   │─────▶│    统计的含义     │
              │         └─────────────┘      └──────────────────┘
              │                              ┌──────────────────┐
              │                         ────▶│  统计学的产生与发展  │
              │                              └──────────────────┘
              │                              ┌──────────────────┐
              │                         ┌───▶│  统计学的研究对象   │
              │                         │    └──────────────────┘
  ┌──────┐    │    ┌──────────────┐     │    ┌──────────────────┐
  │ 认  │     │    │ 统计学的研究对象 │────┼───▶│  统计学的研究方法   │
  │ 知  │─────┼───▶│  和研究方法    │     │    └──────────────────┘
  │ 统  │     │    └──────────────┘     │    ┌──────────────────┐
  │ 计  │     │                         ├───▶│  统计学的理论基础   │
  └──────┘    │                         │    └──────────────────┘
              │                         │    ┌──────────────────┐
              │                         └───▶│  统计工作的过程    │
              │                              └──────────────────┘
              │                              ┌──────────────────┐
              │         ┌──────────────┐ ───▶│ 统计总体和总体单位  │
              │         │              │     └──────────────────┘
              └────────▶│ 统计学的基本概念 │ ───▶│ 标志、指标和指标体系 │
                        │              │     └──────────────────┘
                        └──────────────┘     ┌──────────────────┐
                                         ───▶│    变异与变量     │
                                              └──────────────────┘
```

💡 **任务导入**

　　21世纪是信息经济的时代。从本质上讲，信息经济所依赖的不只是信息处理手段的先进性，更重要的是信息收集、整理和分析的准确性。而准确的信息收集、整理与分析依赖于统计学的发展。在现实生活中，无论是进行宏观经济管理与调控，还是进行企业经营决策或个人消费与投资的选择，都离不开准确的统计信息和科学的统计方法。

　　诺贝尔经济学奖获得者萨缪尔森与其合作者诺德豪斯合著的经典《经济学》教科书第16版中这样写道："如果没有诸如GDP这些核算经济总量的指标的话，政策制定者们只能在杂乱无序的数据海洋中漂泊。GDP及其相关数据资料就像灯塔一样，帮助政策制定者们把经济驶向关键的目标。"

　　美国著名的跨国集团杜邦公司的总经理理查德曾经指出："现代公司在许多方面是根据统计来行事的。"近年来，在发达国家兴起并取得很好效益的"6σ管理"在本质上就是将统计思想、统计方法和统计数据应用于企业的经营管理与质量控制。

　　统计如此重要，那什么是统计呢？

📊 **相关知识**

✳ 一、统计的概念

（一）统计的含义

　　什么是统计？人们在许多场合都接触过统计，例如，学校要统计在校生人数，企业要统计产品销售额，银行要统计交易额，学校在高考录取中要统计考生的总分等。人们也常常从报纸、杂志、电视新闻中获悉我国的经济增长速度、消费者价格指数、固定资产投资规模等经济数据资料。"统计"一词，在不同的场合，被人们赋予不同的含义。一般认为，统计的含义有3种：一是统计工作，二是统计资料，三是统计学。

1．统计工作

统计工作是指对社会经济现象的数量方面进行的调查研究活动。统计作为一种社会实践活动，已有悠久的历史。据记载，我国在西周就建立了统计报告制度，到秦朝建立中央集权的国家时，从中央到地方形成了比较完善的"上计"报告制度。统计被认为是治国、创业、图强的重要手段，正如春秋战国时的管子所说"举事必成，不知计数不可"。统计，英文为statistics，与"国家""状况"的英文（state）有相同的词根。可以说，自从有了国家，就有了统计工作。最初，统计只是为统治者管理国家收集资料、提供数量依据。随着社会经济的发展，统计的应用领域越来越广泛，不只是局限于经济管理领域，在军事、医学、生物、物理、化学等领域中也被大量运用。统计工作就是人们为认识客观事物，通过实验或调查收集有关数据，并加以整理、归纳和分析，然后对客观事物具有规律性的数量表现做出统计解释的过程。统计工作的过程实质上也是人们认识客观世界的过程。

2．统计资料

统计资料是经过统计工作后得到的，是反映社会经济实际的成果，是人类活动数量方面客观情况的记录，包括数据资料和文字资料等，其中，以数据资料为主。统计数字、统计分析报告、统计台账、统计表、统计图等都是统计资料。目前，人们收集和积累的统计资料已经十分丰富，大量的统计资料以各种统计公报、统计年鉴、数据库以及光盘等形式公布和收藏。

3．统计学

统计学是关于数据收集、整理、归纳、分析的方法论的科学。统计学研究的是如何进行数据的收集、加工和整理，如何从纷繁的数据中得出结论，并科学地解释这个结论，以实现对客观现象正确、深刻的认识。统计学与统计工作的关系是理论与实践的关系，理论源于实践，又高于实践，同时理论又指导实践。

统计工作、统计资料和统计学之间存在着密切的联系。统计工作是基础，统计资料和统计学都是在统计工作的基础上产生和发展的。统计资料来源于统计工作，没有统计工作就没有统计资料；同时统计资料又服务于统计工作，没有积累起来的、一定数量的统计资料，新的统计工作将难以做好。统计学是对统计工作的理论抽象和总结，理论来源于实践，反过来又指导统计工作，使统计工作更科学、更有效，使取得的统计资料更符合客观实际，更具有使用价值。统计工作的不断发展，不但可以获得更加丰富多彩的统计资料，也会不断丰富统计学理论，促进统计学理论的发展和完善。因此，"统计"一词的3种含义是相互联系的，不能将它们分割开来。统计工作与统计学不断发展和不断丰富的过程，也是统计不断实践—认识—再实践—再认识的过程。

（二）统计学的产生与发展

统计学是随着社会生产发展、为适应国家管理需要而产生和发展起来的，其产生和发展与一定的社会经济背景及其他科学的相互影响分不开。从统计学的产生和发展过程来看，可以把统计学划分为古典统计学、近代统计学和现代统计学3个时期。

1．古典统计学时期

古典统计学时期是指17世纪末至18世纪末的统计学萌芽时期。这一时期的统计学分为国势学派和政治算术学派两大学派。

（1）国势学派。该学派产生于17世纪末。所谓国势学，就是以文字来记述国家显著事项的学说，提出这一学说的学派称为国势学派。国势学派又叫记述学派，起源于德国。主要代表人物是赫尔曼·康令（Hermann Conring，1606—1681）和戈特弗里德·阿亨瓦尔（Gottfried Achenwall，1719—1772）。最早讲授国势学的是康令，他第一个在德国黑尔姆施塔特大学讲授"欧洲最近国势学"，奠定了国势学的基础。阿亨瓦尔主要著作为《近代欧洲各国国势学概论》。阿亨瓦尔首先提出了"统计学"一词，用德语"Statistik"表示，它源于拉丁语"status（国势）"一词，后来此词传入英国，演变为"statistics"，并一直沿用至今。国势学派在研究各国的显著事项时，主要是用对比分析的方法研究国家组织、人口、军队、领土、财产等国情、国力，以比较各国实力的强弱。国势学派研究的是对事物性质的解释，而不重视对数量的分析。有人评价该学派"有统计学之名，而无统计学之实"。

（2）政治算术学派。政治算术学派产生于17世纪中期的英国，主要代表人物是威廉·配第（William Petty，1623—1687）。配第在在其著作《政治算术》中，用大量的数字对英国、法国、荷兰的经济实力进行比较，采用了与过去不同的方法，用数字、重量和尺度来表达他自己想说的问题。马克思对威廉·配第的评价很高，认为他是"现代政治经济学的创始者"，在某种程度上可以说是统计学的创始人。

政治算术学派的另一个代表人物是约翰·格朗特（John Craunt，1620—1674），他利用政府公布的人口变动资料，写了一本统计著作《关于死亡公报的自然和政治观察》。该书首次提出通过大量观察，男女婴儿出生比例是比较稳定的，创造性地编制了初具规模的"生命表"，对各种年龄的死亡率与人口寿命做了分析。

政治算术学派是用计量方法研究社会问题，运用大量观察法、分类法以及对比、综合、推算等方法解释与说明社会经济生活。他们在自己的著作中初具规模地建立了社会经济统计的研究方法，就这点来说，政治算术学派应该是统计学的起源。但由于受历史、经济等条件的限制，政治算术学派在很大程度上还处于统计核算的初级阶段，只能以简单、粗糙的算术方法对社会经济现象进行计量和比较。有人评价该学派是"有统计学之实，无统计学之名"的学派。

2．近代统计学时期

近代统计学时期是指18世纪末到19世纪末的100多年。在这一时期，统计学又形成了许多学派，其中主要是数理统计学派和社会统计学派。

（1）数理统计学派。数理统计学派产生于19世纪中期，代表人物是比利时的生物学家和统计学家阿道夫·凯特勒（Adolphe Quételet，1796—1874），著有《社会物理学》。他最先运用大数定律论证社会生活现象并非偶然，而有其发展规律性。另外，他还运用概率论原理，提出了"平均人"的概念，即平均人是具有平均身高、平均体重、平均智力和道德品质的代表性人物。统计的任务是关于"平均人"的比较研究，如果社会所有的人同"平均人"的差异越小，社会矛盾就越容易得到缓和。这一理论对于误差法则理论、正态分布理论等有一定的影响。

凯特勒认为统计学既研究社会经济现象又研究自然现象，是一门独立的方法论科学。凯特勒的努力初步完成了统计学与概率论的结合，使统计学开始进入一个新的阶段。凯特勒既是古典统计学的完成者，同时也是数理统计学派的奠基人，被西方统计学界誉为"近代统计学之父"。

（2）社会统计学派。19 世纪后期，社会统计学派由德国大学教授卡尔·克尼斯（Karl Knies，1821—1898）首创，主要代表人物为恩斯特·恩格尔（Ernst Engel，1821—1896）。他们认为统计学是一门社会科学，是研究社会现象变动原因和规律性的实质性科学。社会统计学派认为统计学所研究的是社会总体而不是个别的社会现象，由于社会现象的复杂性和总体性，必须对总体进行大量的观察和分析，研究其内在联系，以反映社会现象的规律。社会统计学派一方面研究社会总体，另一方面在研究方法上采用大量观察法，这两方面构成了"实质性科学"的两大特点。恩格尔在其 1895 年发表的《比利时工人家庭的生活费》一书中提出了著名的"恩格尔定律"，从中引申的"恩格尔系数"作为衡量生活水平的标准，至今仍被使用。

社会经济的发展要求统计学提供更多的统计方法，社会科学本身不断地向细分化与定量化发展，也要求统计学能提供更多、更有效的调查、整理、分析资料的方法。所以，社会统计学派逐步从实质性科学向方法论演进。

3．现代统计学的分类

现代统计学分为理论统计学和应用统计学。理论统计学研究的是统计学中的基本理论和方法，包括数理统计学和社会经济统计学。数理统计学是研究大量随机现象的规律性的一门基础性学科；社会经济统计学研究如何对社会经济现象的数量方面进行调查、整理和分析，采用哪些统计方法才能达到认识社会经济现象的本质特征及其变化规律性的目的。应用统计学则侧重于统计方法的应用，将理论统计学的基本理论和方法应用于各个学科领域。本书侧重于社会经济统计学。现代统计学分类如图 1-1 所示。

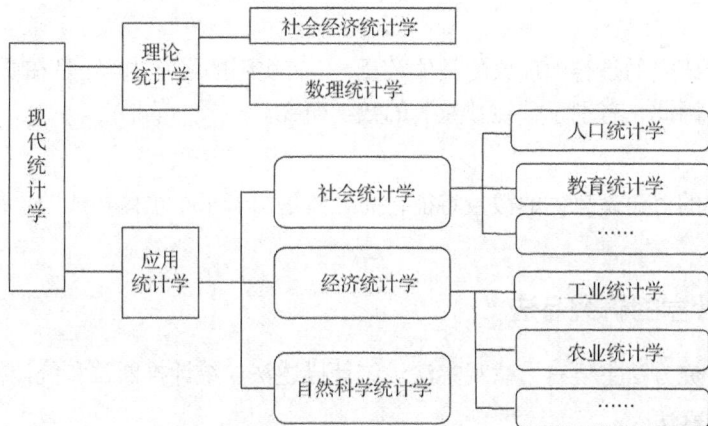

图 1-1　现代统计学分类

✲ 二、统计学的研究对象和研究方法

（一）统计学的研究对象

社会经济统计学的研究对象是社会经济现象总体的数量方面，即社会经济现象总体的数量特征和数量关系，社会经济统计学通过特有的统计指标和统计指标体系来表明社会经济现象的规模、水平、速度、比例和效益等，揭示

微课

统计与生活

现象发展的本质规律。社会经济统计学研究的数量关系不是抽象的"纯数量"研究，与数学中的数量关系不同，一方面，它研究的是反映一定时间、地点、条件下的社会经济现象的具体数据；另一方面，它研究的是大量社会经济现象的总体数量，不是个体数量。统计要集合大量的调查资料，加以综合汇总和科学概括后，得到反映现象总体的数量特征和规律。

社会经济统计是对社会经济现象的一种调查分析活动。统计学的研究对象具有数量性、总体性、具体性和变异性等特点。

1．数量性

（1）数量的多少。例如研究现象的规模、水平等。

（2）各种现象之间的数量关系。例如人口数量中的男女性别比例，各种年龄人口的比例，粮食产量与人口的比例等。

（3）量变与质变互变的数量界限。例如，某个地区生活收入的贫困线是多少，达到温饱、小康的水平线是多少，生活水平与收入的关系等。

统计学既要研究上述数量的现状，又要研究它们的过去和未来，研究它们的发展变化规律。

2．总体性

统计学研究的对象是客观现象总体的数量方面，应用大量观察法综合地反映客观事物的发展水平、速度、构成和比例关系等，研究总体的综合数量特征，而不是研究个别事物（现象）的数量特征。它以个体事物数量的认识为起点，例如，人口统计是要反映和研究一个国家或一个地区全部人口的总数量特征，而不是要了解和研究某个人的特征；经济普查的目的是了解一个国家或地区经济发展的总体情况，而不是了解某一个单位的发展情况。

3．具体性

统计学调查研究的是客观现象的具体数量，具有实际的经济内容，是在质的规定条件下，研究量的特征，因此，有别于"纯数量"的数学研究。

4．变异性

统计学研究的对象是总体的数量特征，而总体是由若干个个体构成的，每个个体的特征表现千差万别。

（二）统计学的研究方法

统计学的研究方法主要有大量观察法、统计描述法、统计推断法和统计模型法4种。

1．大量观察法

大量观察法是指统计研究的各种现象和过程要从总体上加以考察，对现象总体中的全部或足够多的个体进行调查研究，将充分占有的实际数据资料作为认识的基础。统计学的研究对象是客观现象总体的数量方面，这个总体是由具有某种共同性质的许多个体构成的。由于客观现象的错综复杂性，这些个体的特征和数量表现存在很大的差异，但是，如果综合大量的个体，则具有偶然性的数量差异又会因为相互抵消，而清晰地呈现出现象的数量特征。因此，统计研究各种现象和过程是对现象总体中的全部或足够多数量的个体进行调查并综合分析，而不能只取个别或少数个体。例如，如果要研究人的性别比例关系，必须选取数量足够多的个体，否则，得出的结论代表性偏低，而且不准确、不科学。

2．统计描述法

统计描述法是对由调查或实验得到的统计数据资料进行整理、归类，计算出各种能反映总体数量特征的综合指标，并加以分析研究，从而得出需要的数据资料信息，再用表格、图形和统计指标数值来表示的统计方法。统计描述是统计研究的基础，它为统计推断、统计咨询和统计决策提供必要的统计数据资料。统计描述法的具体方法是应用统计分组法、综合归纳法等得到现象总体的数量特征，来反映客观事物的内在数量规律性，以达到进行统计分析和研究的目的。

统计分组法是将总体中的个体分为若干个组，以研究总体内部差异的一种常用统计方法。通过统计分组法，可以研究总体中不同类型的性质、构成以及分布特征。例如，3 次产业的划分可以分析研究 i 次产业的结构以及发展变化的趋势。

综合归纳法是指由个别到一般、由具体事实到抽象概括的推理方法。在统计分析研究中，人们经常将观察到的各种特征归纳得出关于总体的某种信息。例如，平均数概括地反映了总体某一数量标志的一般水平，它与总体中各个个体的标志值不同，但它又是从总体中各个个体的标志值中归纳出来的。通过综合归纳法，可以计算出现象在具体时间、地点条件下的总量规模、集中趋势、离散程度以及分布特征等，并可以进一步从动态上研究现象的发展规律和变化趋势。

3．统计推断法

统计推断法是指以一定的置信水平，根据样本数据资料来判断总体数量特征的归纳推理方法。样本中通常进行观察的只有部分或有限单位，而需要判断的总体对象是大量的，甚至是无限的，这样就产生了根据局部的样本数据资料对总体数量特征所做判断的置信度问题。例如，要对一批商品的质量进行破坏性检验，人们只能根据部分商品的质量结果来推断该批商品的质量；根据某市部分职工家庭（例如 1 000 户职工家庭）的平均收入，推断该市全部职工家庭的平均收入水平。解决这些问题的方法就是统计推断法。

4．统计模型法

统计模型法是根据一定的经济理论和假定条件，用数学方程去模拟现实经济现象和相互关系的一种研究方法。利用这种方法可以对现象和过程中存在的数量关系进行比较完整和近似的描述，从而简化客观存在的复杂的其他关系，以便利用模型对现象状态和变化过程进行数量上的评价、预测和控制。

模型是以实体、图形或符号等为手段，表达真实系统的结构或运动过程的一种方式。它是对所研究的真实系统或运动过程的一种简化、抽象和类比的表示。模型可以分为两类：一类是物理模型，它以真实系统的结构和构造作为模型的组成元素，通过缩放尺寸制作与实物系统相似的模型，模型的变量与真实系统的变量完全一样；另一类是思考模型，它是在认识实体系统之后，根据一定的逻辑变换规则建立起来的一种刻画系统结构、特征及运动过程的表达方式。

统计模型是一种思考模型。它是根据统计资料，运用统计方法，对研究现象的结构和运动过程的一种表达方式。它既是人们认识事物的手段，又是人们对事物认识结果的描述。统计模型与真实系统的符合程度取决于人们的认识能力和认识程度。随着人们认识能力的不断提高和认识程度的不断深化，统计模型逐渐向其描述的真实系统逼近。统计模型一般包括 4 个基本要素：变量、基本关系式、模型参数和随机扰动项。

统计模型法是贯穿统计认识全过程的基本方法，也是统计分析的最普遍、最严密的方法。

（三）统计学的理论基础

统计学的理论基础是统计研究对象的基本观点、原则立场和方法指导的总称。统计学研究的是客观存在的各种现象的数量方面，但是绝不能脱离客观现象质的方面孤立地进行。尤其是对社会经济生活现象的研究，必须运用定性与定量相结合的方法进行。要以辩证唯物主义、历史唯物主义和社会主义市场经济理论所阐明的社会本质及其发展规律的理论为依据，分析其数量关系。因此，辩证唯物主义和历史唯物主义与社会主义市场经济理论是统计学的理论基础。

辩证唯物主义和历史唯物主义提供了关于自然、人类社会、思维发展一般规律的知识，指明了人们认识的方法和途径，其内容极其丰富，包括分析事物的立场、观点、方法，对统计分析有重要的指导作用。统计学在确定总体数量及其综合特征时，必须遵循辩证唯物主义和历史唯物主义的观点进行研究。例如，社会存在决定社会意识这一基本原理，指导统计研究必须尊重事实，从现象的质与量的密切联系中研究客观现象的数量方面，如实反映客观实际；遵循质与量的辩证统一原则，紧密联系现象质的方面以研究其数量方面。用发展的观点去分析研究事物的过去、现在和未来；根据偶然与必然的关系原理，在研究分析现象发展趋势和变动规律时，应剔除偶然因素的影响，认识现象的本质特征；根据个别与一般关系的原理，通过对大量个别事物的调查研究剔除局部因素的影响，认识总体的数量特征。

（四）统计工作的过程

统计工作以客观事物总体的数量特征作为研究内容。为了实现其研究目的和任务，一般来说，统计工作过程可分为4个阶段，即统计设计、统计调查、统计整理和统计分析。

1．统计设计

统计设计是统计工作的首要阶段，是根据统计研究的目的和研究对象的特点，明确统计指标和指标体系，以及对应的分组方法，并以分析方法指导实际的统计活动。统计设计的基本任务是制定各种统计工作方案，其是统计工作过程不可缺少的重要环节之一，是统计工作的指导依据。

2．统计调查

统计调查是收集统计资料的基本方法。不论采用什么方式进行统计调查，为了使调查工作有计划、有目的地开展，把需要的资料收集起来，在未进行调查之前，必须对调查的目的、任务，调查的内容，调查的方式方法，调查的时间、地点，以及所需的人力、物力、财力等做出科学的安排，这个安排就是调查方案。

3．统计整理

统计资料的整理简称统计整理，是指根据统计研究的任务和要求，对调查所得的大量原始统计资料进行科学的加工和汇总，为统计分析提供系统化和条理化的综合统计资料的工作过程。统计整理也包括对已有系统化资料的再加工。统计整理是整个统计工作的中间环节，是统计调查的后续，也是统计分析的前提。统计整理工作的好与坏，直接关系到整个统计研究的结果是否准确。因此，搞好统计整理对于统计研究具有重要意义。

4．统计分析

统计分析是指运用统计方法及与分析对象有关的知识，将定量与定性相结合进行的研究活动。它是继统计设计、统计调查、统计整理之后的一项十分重要的工作，是在前几个阶段工作的基础上通过分析达到对研究对象更深刻的认识。它又是在一定的选题下，集分析方案的设计、资料的收集和整理而展开的研究活动。系统、完善的资料是统计分析的必要条件。

可见，统计工作的过程是从统计设计（定性）到统计调查和统计整理（定量），最后通过统计分析而达到对事物本质和规律的认识（定性）。这种"质—量—质"的认识过程是统计工作的完整过程，各个环节缺一不可。

✳ 三、统计学的基本概念

统计学中十分常用也是十分重要的基本概念主要有统计总体和总体单位，标志、指标和指标体系，变异与变量等。

（一）统计总体和总体单位

1．统计总体

所谓统计总体，是指统计研究对象的全体，由客观存在的、在某种相同性质基础上结合起来的许多个别单位所形成的集合。

根据统计总体的单位数是否有限，统计总体分为有限总体和无限总体。有限总体是指统计总体中所包含的单位数是有限的，例如全国的总人口数、全国的民营企业数、某所学校的所有学生等，不管它们的数量有多大，都是有限的，是可以计量的。无限总体是指统计总体中所包含的单位数是无限的。例如工业企业中连续大量生产的某种产品，其产量是无限的。对无限总体的调查只能调查部分单位用以推断总体的情况。

2．总体单位

总体单位简称单位，是指组成统计总体的每个个体。统计总体和总体单位是相辅相成的，没有总体单位的集合，也就谈不上统计总体；没有界定统计总体的范围，也就无法确定总体单位。

统计总体和总体单位不是绝对的，而是相对的。例如，对某一个工业企业而言，以每一个职工为单位可以组成企业的职工总体，以每一台设备为单位可以组成企业的设备总体，以每一种产品为单位可以组成企业的产品总体。再如，若研究对象为全国的工业企业的基本情况，则统计总体是全国所有的工业企业，单位是全国的每一个工业企业；若研究对象为全国的工业企业的设备状况，则统计总体是全国所有工业企业的所有设备，单位是全国所有工业企业的每一台设备。可见，统计总体范围不同，单位是不一样的；统计研究对象不同，单位也不一样。二者是整体与个体的关系。

3．统计总体的特点

（1）大量性。大量性是指构成统计总体的单位数足够多。仅个别或少数个体难以反映事物的本质规律，只有对大量单位进行观察和分析研究，事物发展的规律性才能得以显现。对一个统计总体而言，要包含多少个体才算是大量呢？这需要从两方面来看：从统计总体内部分析，取决于个体差异程度的表现，差异大，则需要的个体就多；从统计总体外部分析，取决于人们对所研究问题精度的要求，精度高，则需要的个体就多。

（2）同质性。统计总体中的每一个个体都必须具有某些相同的性质，否则由个体得到的综合信息就会失去意义，甚至掩盖研究现象的真相。例如，商业企业可作为统计总体，因为每个商业企业都是从事商业流通活动的个体，具有相同的经济职能，各个商业企业合计的销售额、利润都是有意义的，反映的是商业企业的经营状态。但如果将一些工业企业的销售额、利润也加入其中，那么合计数也就不再能反映商业企业的经营状态。

（3）差异性。个体必须在某方面是同质的，这是构成统计总体的前提，但在其他方面又必须是不相同的，即各个个体之间必须存在差异。如果没有差异，所要研究的内容完全一样，那就不需要统计、不需要综合分析了，所以从这个意义上说，个体的差异性是构成统计总体的必要条件。例如，研究企业员工的收入水平，由于各个员工的收入是不同的，所以计算平均收入来反映一般收入水平，计算标准差来反映职工收入的平均差异。如果每个职工的收入都是一样的，那就没有研究的必要了。

（4）相对性。统计总体和个体不是一成不变的，二者随着研究的目的和任务不同而变化。对于同一个客观事物在某项研究中属于个体，但在另一项研究中可能就成为统计总体。例如，某所学校在全国学校中是一个个体，而在这所学校内部就是统计总体。

（二）标志、指标和指标体系

1．标志

标志是说明统计总体单位的特征或属性的名称。标志具有许多特征或属性。例如，以某所学校为统计总体，每个学生就是单位，每个学生的性别、年龄、身高、体重、民族等都是标志。标志名称之后所列的属性或数值叫作标志表现。例如"性别"是标志，而"男"和"女"是标志表现。

标志按其性质不同可分为品质标志和数量标志。品质标志是指不能用数量表示的标志，即其标志表现是列名的或顺序的。例如上述学生的性别、民族等是品质标志。数量标志是指能够用数量表示的标志。例如上述学生的年龄、身高、体重等是数量标志。品质标志主要作为统计分组的依据，以便计算出不同组别的单位数。数量标志除了作为分组依据计算单位数外，还可以进行许多其他计算，例如计算平均身高、平均体重等。标志按各单位的标志表现是否相同，可分为不变标志和可变标志。不变标志是指各单位具有相同的标志表现，例如对国有工业企业总体来说，各企业的性质、所有制形式等都是相同的，这些标志是不变标志。这就是统计总体的同质性。可变标志是指各单位的标志表现不相同的标志，例如在国有工业企业总体中，各企业的产品种类、所属行业、职工人数、产品数量、销售收入、利润额等都不尽相同，这些是可变标志。这就是统计总体的差异性。

2．指标

指标是说明统计总体数量特征或属性的名称。一个完整的指标应包括6个基本要素：时间限制、空间限制、指标名称、指标数值、计量单位和计算方法。例如，2020年某地区生产总值为8 200亿元人民币。从指标的时间限制看，反映的是2020年全年的状态；从指标的空间限制看，指的是某一个地区的资料；指标名称是生产总值；指标数值是8 200亿；计量单位是元；计算方法则隐含在指标之中，它一方面由统计总体各单位的标志值汇总而来，例如职工工资总额，一般是每个职工的工资总和，另一方面，有些指标可以由不同的计算方法取得，例如国内生产总值指标就有生产法、收入法、支出法等计算方法。

指标具有数量性、综合性和具体性等特点。数量性是指指标反映的是客观现象的数量特征和数量关系，指标都能用数值表示。综合性是指指标是反映总体的，指标数值往往是由个体的标志值汇总而来的。具体性是指指标不是抽象的概念和数字，反映的是社会经济现象在具体的时间、条件下的数值。

指标按其性质不同可分为数量指标和质量指标。数量指标反映现象的规模、水平、数量、数值等，又叫总量指标，一般用绝对数表示。例如总人数、总产值、总产量、工资总额等是数量指标。质量指标反映现象的质量、强度、密度、效益等。例如人口密度、劳动生产率、合格品率、人均收入等是质量指标。关于指标的详细分类在后面的任务中详述。

3．指标体系

一个指标只能反映特定现象的一个侧面或一个侧面的某一特征。如果要全面、深入地反映客观事物，必须将各种指标联系起来分析，用以反映研究对象各方面的相互联系和制约的关系，反映总体的全貌。一系列相互联系、相互制约的多个指标就构成指标体系。在现实经济生活中，指标体系中各个指标之间的联系表现为两种形式。

（1）指标之间存在的客观联系是通过严密的数学公式表现的。例如，产品销售额=产品单价×销售量；国民总收入=国内生产总值+来自国外的净要素收入。

（2）各指标之间存在相互补充的关系。例如，考核工业企业的9项指标——产量、品种、质量、原材料、燃料、动力消耗、成本、利润、流动资金占用等，所构成的指标体系就属于这种情况。

4．标志和指标的关系

标志和指标既有区别又有联系。

（1）标志和指标的区别体现在如下两个方面。

① 标志是说明单位特征的，而指标则是说明总体特征的。

② 标志有的不能用数值表示，有的能用数值表示，而指标都可用数值表示。

（2）标志和指标的联系体现在如下两个方面。

① 许多指标的数值是通过单位的数量标志汇总而来的。例如，全国工业总产值指标就是从每个工业企业（统计单位）的工业总产值（标志）汇总得来的。

② 标志和指标之间存在转化关系。例如，研究一个工业企业（此时为统计总体）的生产经营情况时，该工业企业的工业总产值、职工人数、利润额、销售额、市场占有率等是反映该工业企业生产经营情况的指标；而当研究的是全国或某一个地区的工业企业生产经营情况时，每个工业企业（此时为单位）的工业总产值、职工人数、利润额、销售额、市场占有率等则是反映这些工业企业特征的标志。

（三）变异与变量

1．变异

每个总体单位都具有不同的特征，以区别于另一个总体单位。标志在不同总体单位之间不断变化，由一种状况变为另一种状况，这种变化就是变异。例如，人的性别标志表现为男、女；年龄标志表现为20岁、30岁等。变异是普遍存在的，这是统计的前提条件。

2．变量

变量是指可变的数量标志。可变数量标志的具体表现称为变量值或者标志值。例如，某集团公司下属3个分公司，甲公司的职工人数为650人，乙公司的职工人数为1 023人，丙公司的职工人数为890人，要求计算该集团公司下属分公司的平均职工人数。在这里，"职工人数"是一个变量，要平均的是"职工人数"这个变量的3个数值，即3个变量值。

本书使用的变量主要有以下3种。

（1）自变量和因变量。自身变化会引起其他变量变化的量，叫作自变量；受其他变量影响而变化的量，叫作因变量。例如，单位产品的原材料消耗量的多少影响单位产品成本的高低，因此，原材料消耗量是自变量，成本是因变量。这类概念多在相关和回归分析中使用。

（2）确定变量和随机变量。受某些确定性因素影响，现象的量会沿着某一方向持续变化，这样的量就是确定变量。例如，由于科学技术的不断提高和医疗卫生条件的不断改善，人类的死亡率在逐年降低，人类的平均寿命在不断延长，因此从长期来看，人的死亡率和平均寿命都是确定变量。有些变量的变动受许多因素变动的影响，变量值的大小没有明确的方向，出现的数值带有偶然性，这样的变量称为随机变量。例如，按随机原则从总体中选取容量一定的样本，每一次都会得到不同的结果，因此，样本是随机变量。又如，测量同一个螺母的内径（尺寸），不同的人可能得到不同的结果，这个"内径尺寸"就是随机变量。随机变量在抽样理论、数理统计中经常使用。

（3）连续变量和离散变量。连续变量的数值是连续不断的，相邻的两个值之间可做无限分割，即可取无限个值，例如人的身高、体重等。连续变量的数值要用测量或计算的方法取得。而离散变量的数值都是以整数位断开的，例如职工人数、工业企业个数等都只能按整数计算，不可能有小数。离散变量的数值只能用计数的方法取得。

任务小结

本任务的目的是从总体上对社会经济统计学有所认识。通过本任务的学习，要求了解社会经济统计学的历史、学科性质、研究对象、研究的基本方法等，重点掌握统计学中的几个基本概念。

"统计"一词概括地说有 3 种含义，即统计工作、统计资料和统计学。统计工作又称统计实践，是指对社会经济现象的数量方面进行的调查研究活动。统计资料也叫统计成果，是经过统计工作后得到的反映社会经济实际的成果。统计学是关于数据收集、整理、归纳、分析的科学，是对统计工作实践的理论概括和经验总结，反过来又指导统计工作，使统计工作更准确可靠。统计学是以现象总体的数量方面为研究对象，阐明统计设计、统计调查、统计整理和统计分析的理论与方法，是一门方法论科学。

社会经济统计学的研究对象是社会经济现象总体的数量方面，即社会经济现象总体的数量特征和数量关系，通过特有的统计指标和统计指标体系来表明社会经济现象的规模、水平、速度、比例和效益等，揭示现象发展的本质规律。

社会经济统计是对社会经济现象的一种调查分析活动，统计学的研究对象具有数量性、总体性、具体性和变异性等特点。

统计的认识过程体现为调查研究工作的过程。统计工作的过程分为统计设计、统计调查、统计整理、统计分析 4 个阶段。

统计学中十分常用也是十分重要的基本概念主要有统计总体、总体单位、标志、指标和指标体系、变异及变量等。

统计总体，是指统计研究对象的全体，是由客观存在的、在同一性质基础上结合起来的许多个别单位所形成的集合，具有大量性、同质性、差异性、相对性等特点。

总体单位，是指组成统计总体的个体单位。二者是相辅相成的，没有总体单位的集合，也就谈不上统计总体；没有界定统计总体的范围，也就无法确定总体单位。

标志是说明统计总体单位的特征或属性的名称。标志按其性质不同分为品质标志和数量标志；按各单位的标志表现是否相同，可分为不变标志和可变标志。

指标是说明统计总体的数量特征或属性的名称。一系列相互联系、相互制约的多个指标就构成指标体系。指标按其性质不同可分为数量指标和质量指标。

变异是变动的标志，具体表现在各个单位的变化，包括量（数值）的变异和质（性质、属性）的变异。

变量就是可变的数量标志。变量按变量值是否连续可分为连续变量和离散变量。

习题与实训

一、单选题

1. 社会经济统计的研究对象是（　　　）。
    A. 抽象的数量关系
    B. 社会经济现象的规律
    C. 社会经济现象总体的数量特征和数量关系
    D. 社会经济统计学认识过程的规律和方法

2. 某城市工业企业未安装设备普查，总体单位是（　　　）。
    A. 工业企业全部未安装设备　　　　　B. 工业企业每一台未安装设备
    C. 每个工业企业的设备　　　　　　　D. 每一个工业企业

3. 标志是说明统计总体单位特征或属性的名称，标志有数量标志和品质标志，因此（　　　）。
    A. 标志值有两大类：品质标志值和数量标志值
    B. 品质标志才有标志值
    C. 数量标志才有标志值
    D. 品质标志和数量标志都具有标志值

4. 以产品的等级来衡量某种产品的质量好坏，则该产品等级是（　　　）。
    A. 数量标志　　　　B. 品质标志　　　　C. 数量指标　　　　D. 质量指标

5. 指标是说明统计总体数量特征的名称，标志是说明统计总体单位特征的名称，所以（　　　）。
    A. 标志和指标之间的关系是固定不变的　B. 标志和指标之间的关系是可以变化的
    C. 标志和指标都是可以用数值表示的　　D. 只有指标才可以用数值表示

6. 统计最基本的职能是（　　　）。
    A. 信息职能　　　　B. 咨询职能　　　　C. 反映职能　　　　D. 监督职能

7. "统计"一词的 3 种含义是（　　　）。
    A. 统计工作、统计资料和统计学　　　B. 统计调查、统计整理和统计分析
    C. 统计设计、统计分析和统计预测　　　D. 统计方法、统计分析和统计预测

8. 统计工作过程一般由4个阶段构成，即（　　　）。

    A. 统计调查、统计整理、统计分析和统计决策

    B. 统计调查、统计整理、统计分析和统计预测

    C. 统计设计、统计调查、统计审核和统计分析

    D. 统计设计、统计调查、统计整理和统计分析

9. 统计学研究的基本特点是（　　　）。

    A. 从数量上认识统计总体单位的特征和规律

    B. 从数量上认识统计总体的特征和规律

    C. 从性质上认识统计总体单位的特征和规律

    D. 从性质上认识统计总体的特征和规律

10. 构成统计总体的个别事物称为（　　　）。

    A. 调查单位   B. 标志值   C. 品质标志   D. 总体单位

11. 下列（　　　）属于品质标志的标志表现。

    A. 张三统计学考分为80分   B. 李四的年龄为19岁

    C. 该产品的品级为一等品   D. 三班有40人

12. 工业企业的设备台数、产品产值是（　　　）。

    A. 连续变量   B. 离散变量

    C. 前者是连续变量，后者是离散变量   D. 前者是离散变量，后者是连续变量

13. 5名学生的某学科的成绩分别是67分、78分、88分、89分、96分，"学生成绩"是（　　　）。

    A. 品质标志   B. 数量标志   C. 标志值   D. 数量指标

14. 下列指标中属于质量指标的是（　　　）。

    A. 社会总产值   B. 产品合格率   C. 产品总成本   D. 人口总数

15. 下列（　　　）属于指标。

    A. 三班所有同学体育成绩为达标   B. 本校同学的体育成绩及格率为85%

    C. 某同学体育成绩为达标   D. 某同学体育成绩为80分

16. 统计认识过程是（　　　）。

    A. 从质到量   B. 从量到质

    C. 从质到量，再到质和量的结合   D. 从总体到个体

17. 某班5名同学的某学科的成绩分别为60分、70分、75分、80分、85分，这5个数是（　　　）。

    A. 指标   B. 标志   C. 变量   D. 变量值

18. 调查某市职工家庭的生活状况时，统计总体是（　　　）。

    A. 该市全部职工家庭   B. 该市每个职工家庭

    C. 该市全部职工   D. 该市职工家庭户数

19. 调查某班50名学生的学习情况，则总体单位是（　　　）。

    A. 该班50名学生   B. 该班每一名学生

    C. 该班50名学生的学习情况   D. 该班每一名学生的学习情况

20. 构成统计总体的基础和前提是（　　　）。

    A. 综合性   B. 同质性   C. 大量性   D. 差异性

21. 统计学研究对象的最基本特点是（　　　）。

    A. 总体性　　　　　B. 数量性　　　　　C. 具体性　　　　　D. 社会性

22. 某企业职工张三的月工资为 4 000 元，则"工资"是（　　　）。

    A. 品质标志　　　　B. 数量标志　　　　C. 数量指标　　　　D. 质量指标

23. 像"性别""年龄"这样的概念，可能用来（　　　）。

    A. 表示总体特征　　　　　　　　　B. 表示个体特征

    C. 作为标志使用　　　　　　　　　D. 作为指标使用

24. 调查某校学生的学习、生活情况，学生"一天中用于学习的时间"是（　　　）。

    A. 标志　　　　　　B. 指标　　　　　　C. 变异　　　　　　D. 变量

25. 一个统计总体（　　　）。

    A. 只能有一个标志　　　　　　　　B. 只能有一个指标

    C. 可以有多个标志　　　　　　　　D. 可以有多个指标

26. 统计对总体数量的认识是（　　　）。

    A. 从总体到单位　　　　　　　　　B. 从单位到总体

    C. 从定量到定性　　　　　　　　　D. 以上都对

27. 变量是可变的（　　　）。

    A. 品质标志　　　　　　　　　　　B. 数量标志

    C. 数量标志和指标　　　　　　　　D. 质量指标

28. 研究某企业职工的文化程度时，职工总人数是（　　　）。

    A. 数量标志　　　　B. 数量指标　　　　C. 变量　　　　　　D. 质量指标

29. 某银行的某年末储蓄存款余额（　　　）。

    A. 一定是统计指标　　　　　　　　B. 一定是数量标志

    C. 可能是统计指标，也可能是数量标志　D. 既不是统计指标，也不是数量标志

30. 年龄是（　　　）。

    A. 变量值

    B. 离散变量

    C. 连续变量

    D. 连续变量，但在应用中常作为离散变量处理

二、判断题

1. 统计学和统计工作的研究对象是完全一致的。　　　　　　　　　　　　（　　　）

2. 运用大量观察法，必须对研究对象的所有单位进行观察调查。　　　　　（　　　）

3. 统计学是对统计工作的经验总结和理论概括。　　　　　　　　　　　　（　　　）

4. 一般而言，指标总是依附在统计总体上的，而总体单位则是标志的直接承担者。

    　　　　　　　　　　　　　　　　　　　　　　　　　　　　　　　（　　　）

5. 数量指标是由数量标志汇总来的，质量指标是由品质标志汇总来的。　　（　　　）

6. 某同学计算机考试成绩 80 分，这是统计指标值。　　　　　　　　　　（　　　）

7. 统计资料就是统计调查中获得的各种数据。　　　　　　　　　　　　　（　　　）

8. 指标都是用数值表示的，而标志则不能用数值表示。　　　　　　　　　（　　　）

9. 质量指标是反映工作质量等内容的，所以一般不能用数值来表示。　　　（　　　）

10. 统计总体和总体单位可能随着研究目的的变化而相互转化。　　　　　（　　　）

11. 第二产业是品质标志。   （   ）

12. 以绝对数形式表示的指标都是数量指标，以相对数或平均数表示的指标都是质量指标。   （   ）

13. 构成统计总体的前提是各单位的差异性。   （   ）

14. 变异是指各种标志或各种指标之间名称的差异。   （   ）

15. 统计工作和统计资料是统计活动和统计成果的关系。   （   ）

16. 统计推断法是对所调查的统计总体进行调查从而推断统计总体的数量特征。
                                                                          （   ）

17. 标志是说明统计总体特征的，指标是说明总体单位特征的。   （   ）

18. 在全国工业普查中，全国工业企业数是统计总体，每个工业企业是总体单位。
                                                                          （   ）

19. 标志通常分为品质标志和数量标志两种。   （   ）

20. 品质标志表明单位属性方面的特征，其标志表现只能用文字来表现，所以品质标志不能转化为统计指标。   （   ）

三、多选题

1. 要了解某地区的就业情况，（   ）。
   A. 全部成年人是研究的总体   B. 成年人口总数是统计指标
   C. 成年人口就业率是统计标志   D. 反映每个人特征的职业是数量指标
   E. 某人职业教师是标志表现

2. 下面提及的总体单位说法正确的有（   ）。
   A. 研究某地区国有企业的规模时，总体单位是每个国有企业
   B. 研究某地区粮食收获率时，总体单位是每一亩的播种面积
   C. 研究某种农产品价格，总体单位可以是每一吨农产品
   D. 研究货币购买力（一定单位的货币购买商品的能力），总体单位可以是每一元的购买力
   E. 研究某市某类商品的销售额，总体单位可以是某商城所有的该类商品

3. 设某地区5家全民所有制企业的工业总产值分别为22万元、30万元、20万元、50万元和40万元，则（   ）。
   A. "全民所有制企业"是企业的品质标志
   B. "工业总产值"是企业的数量标志
   C. "工业总产值"是企业的指标
   D. "工业总产值"是变量
   E. 22万元、30万元、20万元、50万元和40万元这几个数值是变量值

4. 下列各项中，属于指标的有（   ）。
   A. 2017年全国人均国内生产总值   B. 某台机床使用年限
   C. 某市年均供水量   D. 某地区原煤生产量
   E. 某学员本学期平均成绩

5. 下列指标中，属于质量指标的有（   ）。
   A. 工资总额   B. 单位产品成本   C. 出勤人数
   D. 人口密度   E. 合格品率

6. 下列各项中，属于连续变量的有（　　　）。

    A. 基本建设投资额　　　　　　　　　B. 岛屿个数

    C. 国内生产总值　　　　　　　　　　D. 居民生活费用价格指数

    E. 就业人口数

7. 总体单位是统计总体的基本组成单位，是标志的直接承担者，因此（　　　）。

    A. 在国营企业这个统计总体下，每个国营企业就是总体单位

    B. 在工业总产值这个统计总体下，单个总产值就是总体单位

    C. 在全部固定资产这个统计总体下，每个固定资产的价值就是总体单位

    D. 在全部工业产品这个统计总体下，每个工业产品就是总体单位

    E. 在全部固定资产这个统计总体下，每个固定资产就是总体单位

8. 全国第五次人口普查中，（　　　）。

    A. 全国人口数是统计总体　　　　　　B. 总体单位是每一个人

    C. 全部男性人口数是统计指标　　　　D. 总人口的性别比是总体的品质标志

    E. 人的年龄是变量

9. 下列指标中，属于数量指标的是（　　　）。

    A. 工资总额　　　　B. 劳动生产率　　　　C. 人口密度

    D. 某商店某年人均销售额　　　　E. 利润总额

10. 社会经济统计学研究对象的特点可概括为（　　　）。

    A. 数量性　　　　　B. 具体性　　　　C. 总体性

    D. 同质性　　　　　E. 变异性

11. 下列标志中，属于数量标志的有（　　　）。

    A. 性别　　　　　　B. 工种　　　　　C. 工资

    D. 民族　　　　　　E. 年龄

12. 统计一词的含义通常包括（　　　）。

    A. 统计工作　　　B. 统计资料　　　C. 统计学

    D. 统计研究　　　E. 统计分析

13. 统计工作的过程主要包括（　　　）。

    A. 统计设计　　　B. 统计调查　　　C. 统计整理

    D. 统计分析　　　E. 统计决策

14. 统计资料或统计信息与其他信息相比，具有（　　　）特征。

    A. 客观性　　　　B. 总体性　　　　C. 社会性

    D. 数量性　　　　E. 扩展性

15. 统计学的研究对象是社会经济现象的数量方面，具体包括（　　　）。

    A. 数量多少　　　B. 数量关系　　　C. 数量界限

    D. 数量变化　　　E. 数量计算

16. 要了解某地区全部成年人口的就业情况，那么（　　　）。

    A. 全部成年人是研究的统计总体

    B. 成年人口总数是统计指标

    C. 成年人口就业率是统计标志

    D. "职业"是每个人的特征，"职业"是数量指标

    E. 某人职业是"教师"，这里的"教师"是标志表现

17. 表 1-1 是《财富》杂志提供的按销售额和利润排列的世界 500 强公司的一个样本数据。

表 1-1　世界 500 强公司相关样本数据

公司名称	销售额/百万美元	利润额/百万美元	行业代码
Banc One	10 272	1 427.0	8
CPC Intl.	9 844	580.0	19
Tyson Foods	6 454	87.0	19
…	…	…	…
Woolworth	8 092	168.7	48

在这个例子中，（　　　）。

A. 统计总体是世界 500 强公司，总体单位是表中所列的公司

B. 统计总体是世界 500 强公司，总体单位是其中每一家公司

C. 统计总体是世界 500 强公司，样本是表中所列的公司

D. 统计总体是世界 500 强公司，样本是表中所列公司的销售额和利润额

E. 统计总体是表中所有的公司，总体单位是表中每一家公司

统计调查

知识目标

1. 了解统计调查的基本任务和要求。
2. 了解统计调查的种类和方法。
3. 了解统计调查的各种方式。

能力目标

1. 能进行简单的统计调查方案的设计。
2. 掌握统计资料收集方法之间的区别与联系。

素养目标

1. 培养诚实守信的良好品质。
2. 培养坚韧不拔、一丝不苟、精益求精、追求卓越的"工匠精神"。

📊 知识结构图

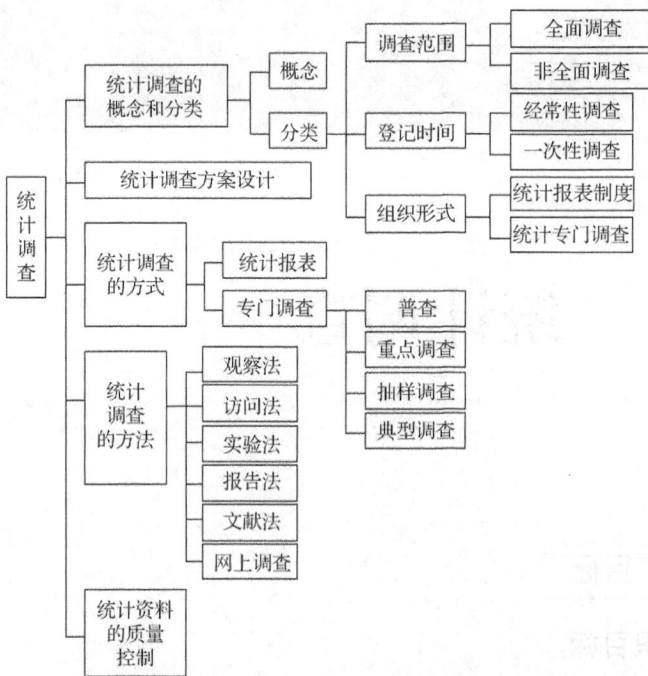

💡 任务导入

　　2020年10月，知名市场调查机构IDC（国际数据公司，International Data Croporation）发布题为《姗姗来迟的5G iPhone，之后能否"健步如飞"？》的分析报告。报告指出，基于当前中国5G市场的推进速度，以及苹果品牌在中国的强大号召力，新款iPhone将有望从终端与应用两大层面为今年相对低迷的手机市场注入新的活力，继续助力中国5G市场的快速发展。

　　如果关注iPhone 12系列所在的600美元以上价位段的市场，2020年上半年，中国该价位市场的容量约为2 350万台，其中苹果通过4G机型的品牌号召力仍然可以稳定占据4成以上份额。

　　IDC公布的"2020年上半年中国600美元以上价位段智能机市场份额"显示，华为以44.1%的份额排名第一，苹果以44%的份额紧随其后。二者占据88.1%的高端机市场份额。换句话说，如今中国人在高端手机品牌的选择上，华为和苹果是首选。

　　IDC认为，此次iPhone 12系列将覆盖699～1 099美元的价格区间，而其中mini版起售价格持平于上一代4G机型，不仅定价方面易于令消费者接受，其小尺寸机身下的屏占比升级，也对大量长期使用iPhone 7、iPhone 8系列用户的握持感受更加友好，有望激发该部分存量老用户的换机欲望。因此苹果有望在该价位段提升自身市场份额。

　　IDC预测2020年，全球5G手机出货量约2.4亿台，而中国市场的贡献将超过1.6亿台，占比约67.7%。在未来5年内，中国也将持续占据全球约一半的市场份额。中国能够领先于全球5G市场的核心因素有两个：第一，相比于全球市场，中国的5G终端价格策略更加激进；第二，中国对主流价位段用户群的覆盖范围更广。IDC数据显示，第二季度国际市场的 5G 手机平均单价为 837 美元，而中国市场仅为 464 美元。

　　统计调查就是收集统计资料的过程，它是整个统计研究的起点，是统计分析的基础。在收集资料过程中，收集人员要重点考虑的问题有：收集那些数据？从哪里得到这些数据？如何获得这些数据？归结起来，就是调查内容、调查方式和方法的问题。

相关知识

❋ 一、统计调查的概念和分类

（一）统计调查的概念

　　统计调查就是按照调查目的和任务的要求，采用科学的调查方法，有组织、有计划、有步骤地取得统计资料的工作过程。在这一过程中，取得的统计资料有两类：一类是原始资料，即直接从被调查者那里得到的、尚未经任何加工处理的第一手资料；另一类是次级资料，即以前调查取得的、经过加工并能在一定程度上反映总体现象特征的第二手资料。作为一个相对独立的工作阶段，统计调查的主要任务是收集原始资料。

　　统计调查是统计工作的一项基础活动，统计调查取得的统计资料质量的高低，不仅直接影响统计资料的整理，而且影响统计分析结论的正确性。因此，在整个统计工作过程中，统计调查的作用举足轻重，它关系到整个统计工作的成败。这就从客观上提出了对统计调查资料的要求。

　　（1）准确性。统计调查所得的统计资料要符合客观实际，真实可靠，尽量避免人为因素可能造成的消极影响。准确性是统计资料的"生命"，如果统计资料不真实，那么必将给统计工作造成不良影响。统计资料的准确性主要不是技术性问题，而是涉及是否坚持统计制度和纪律、坚持实事求是、如实反映情况的原则问题。在我国，统计立法的核心就是保障统计资料的准确性。各种社会团体和经济组织都要依据《中华人民共和国统计法》（以下简称《统计法》）和有关规定，提供真实的统计资料，不允许虚报、瞒报、拒报、伪造、篡改统计资料。各级组织和每一位公民都有义务如实提供统计资料，因为只有基于准确可靠的统计信息，才能得到对客观事物的正确认识。

　　（2）及时性。统计调查要按时完成资料的收集和上报任务，充分发挥统计资料的时间价值。统计获取和提供各类信息都必须注重及时性。实际上，人们对于信息的及时性一直有很高的要求，因为它是人们运筹帷幄、决胜千里的基本保证。统计调查的目的是取得满足各级、各类决策者需要的统计信息，所以各项统计资料必须及时，不能延误时间。否则，统计资料就失去了它的及时性，也失去了它的时间价值。在信息化的今天，迅速、及时获取统计资料显得更为重要。

　　（3）全面性。统计调查取得的资料，一是要做到调查的单位完整，调查单位不重复、不遗漏，保证反映被研究现象整体的面貌；二是要做到收集的项目齐全，调查项目不仅具有层次性，而且紧密衔接，富于逻辑联系，也就是必须系统和完整，该有的调查项目就必须有，该调查的单位就必须调查，并且应保证各调查项目之间有必要的逻辑联系，不仅达到统计调查资料最大的开发利用价值，而且要确保达到对社会经济现象总体特征的正确认识。

对统计资料的准确性、及时性、全面性等方面的要求，是相互联系、相辅相成的，不能孤立、片面地去理解。强调统计资料的及时性，更要强调它的准确性和全面性，任何虚假、残缺不全的统计资料都是没有价值的，甚至是有害的；而准确、全面、系统的统计资料必须及时提供才能发挥其应有的作用，为此应避免"马后炮"。组织统计调查要注意把三者辩证地结合起来，以"准"为基础，做到准中求快、准中求全。

统计调查是统计工作的第一个阶段，担负着提供基础资料的任务，是决定整个统计工作质量的重要环节，又是统计整理和统计分析的前提。

（二）统计调查的分类

客观事物的复杂性和统计研究目的的多样性，决定了统计调查方式方法的多样性。进行统计调查，必须根据统计研究的目的和调查对象的特点，选择合适的调查方式与方法。统计调查可以从不同的角度，按不同的标准进行分类。

1．全面调查和非全面调查

按调查对象所包括的范围不同，统计调查可分为全面调查和非全面调查。

全面调查是指对构成调查对象的所有总体单位进行调查登记的一种调查方法。这是统计调查最基本的分类。在全面调查的情况下，被研究总体的所有单位都要被调查到。例如，2010年为了研究我国人口数量、性别比例、年龄结构、民族构成、受教育程度等人口问题而进行的第六次全国人口普查，就属于全面调查。全面统计报表和普查都是全面调查。

非全面调查是指对构成调查对象的一部分总体单位进行调查登记的一种调查方法。例如，为了解某地区居民的消费水平情况，并不需要对该地区所有的居民进行调查，只需要收集各个收入层次的一部分居民消费水平方面的实际资料；对某批产品进行质量鉴定，也不需要对所有产品进行质量检验，只需要抽出一部分产品进行检验即可。这些调查都属于非全面调查。重点调查、典型调查和抽样调查都是非全面调查。

2．经常性调查和一次性调查

按调查登记的时间是否连续，统计调查可分为经常性调查和一次性调查。

经常性调查是指随着调查对象的发展变化，连续不断地进行调查登记的方法。例如，要对某个工程的质量水平进行调查，就需要随着工程进度的延伸，连续不断地调查登记此项工程的质量情况和相关情况，直至工程全面竣工、验收，这种调查就属于经常性调查。又如，对社会商品零售价的调查和监控是长年累月地进行的，也属于经常性调查。

一次性调查是指间隔一定时间的不连续调查。例如，人口数、学校数、固定资产原值等指标，因为短时间内的变化不会太大，所以没有必要进行经常性调查。只需间隔一定时间了解现象在一定时点上状况的，可采用一次性调查。

3．统计报表和专门调查

按调查的组织方式不同，统计调查可分为统计报表和专门调查。

统计报表是按一定的表式和要求，自上而下统一布置、自下而上逐级提供和报送统计资料的一种统计调查方式。我国建立了规范的统计报表制度，所有企业、事业单位和基层行政机关都要遵守《统计法》，按照上级部门规定的表式、项目、日期和程序提交统计报表。统计报表包括国家的政治、经济、文化、生活等各方面的基本统计指标。这种调查组织方式在我国的统计工作中占有重要的地位。负责编制和报送统计报表的组织机构是常设或固定的。

统计报表属于经常性调查。

专门调查是指为了研究某些专门问题而专门组织的统计调查。这种调查的组织机构不是常设的，而是根据研究目的和任务临时设置的。专门调查属于一次性调查，包括普查、重点调查、典型调查和抽样调查等。

统计调查还可以从其他的角度分类，并且各种分类也不是相互排斥的。例如普查，从调查对象所包括的范围来看，属于全面调查；从调查时间的连续性来看，属于一次性调查；从组织方式上看，又属于专门调查。

二、统计调查方案设计

统计调查方案是统计调查工作的纲领。为确保统计资料的准确、及时和完整，统计调查方案应确定以下几方面的内容。

（一）明确调查的目的

统计资料的收集总是为一定的研究任务服务的，制定调查方案的首要问题是明确调查的目的。不同的研究目的，决定着不同的调查内容和范围。所谓调查目的，是指为什么要进行调查，调查要解决什么问题。调查目的是统计资料收集中一个根本性问题。只有明确了调查目的才能确定调查对象、内容和收集资料的方法。调查的任务和目的主要是根据社会建设的实际需要，并结合对象本身特点来确定的。

（二）确定调查对象和调查单位

调查对象和调查单位需要根据调查目的来确定。确定调查对象和调查单位，是为了规定统计资料收集的总体范围和由谁提供调查资料。调查对象是指需要调查的现象总体，该总体是由许多性质相同的调查单位构成的。普查对象是指普查标准时点在中华人民共和国境内的自然人以及在中华人民共和国境外但未定居的中国公民，不包括在中华人民共和国境内短期停留的境外人员。若调查目的是取得国有工业企业的产品产量、成本、利润等资料，调查对象就是全部的国有工业企业；要了解某企业产品质量状况，该工厂的全部产品就是调查对象。确定调查对象时，还必须确定两种单位，即调查单位和填报单位。

调查单位是指所要调查的具体单位，它是进行调查登记标志的承担者。例如，在调查某县工业企业的生产经营情况时，全县的工业企业是调查对象，每一个工业企业就是调查单位。再如，调查乡镇企业职工文化素质时，调查单位是乡镇企业的每名职工，而所有乡镇企业的职工就是调查对象。

填报单位是负责向上级部门报告调查内容、提交统计资料的单位。调查单位与填报单位有时是一致的，有时不一致。例如，调查国有企业职工工资收入时，每个国有企业的职工是调查单位，而每一个国有企业是填报单位。又如，在进行乡镇企业经济效益调查即利税调查时，每个乡镇企业既是调查单位，又是填报单位。调查单位与填报单位是否一致，要根据具体情况来确定。但不管怎样，不能将两者的概念和作用混淆。有关填报单位的问题，在方案的组织措施计划中应明确规定。

（三）拟定调查项目，编制调查表

调查项目就是调查中所要登记的调查单位的特征，例如，全校某门公共课成绩的调查对象是全校全体学生，它是由调查对象的性质、调查目的和任务决定的。它由一系列品质标志（或称质量标志、属性标志）和数量标志构成。通俗地说，调查项目就是一份在调查过程中应该获得答案的各种问题的清单。调查项目是调查方案的核心部分。调查项目的确定，直接关系到调查资料的价值。因此，在确定调查项目时应注意以下几个问题。

（1）确定调查项目，应符合调查目的和任务。既要充分体现调查所要了解的全部内容，又要力求少而精。可有可无的项目或备而不用的项目不应列入，以避免调查内容过于庞杂，"查而无用"造成调查工作中的浪费。

（2）本着需要与可能的原则，对于列入调查的项目，其提法和含义要确切、具体，使人一看就懂，使所有人都有同样的理解。有些项目需要加注释、规定定义和统一标准，避免被调查者按自己的理解填写，给资料整理工作带来困难。

（3）各个调查项目之间尽可能做到相互联系、彼此衔接，以便从整体上了解现象的相互联系，也便于有关项目的核对，提高调查资料的质量。此外，还要注意现行的调查项目同过去同类调查项目之间的衔接，便于动态对比，研究现象的发展变化。

（4）有些项目可拟定为"选择式"。例如，"性别"可分为"男""女"。可根据被调查者实际情况来定。

调查项目通常以调查表的形式表现。调查表是统计工作中收集资料最常用的工具，是根据调查目的和任务所确定的具体调查项目和需要解决的问题编制的，调查表中的调查项目是按一定的逻辑顺序排列的。运用调查表进行统计资料的收集，既能清楚地表示调查项目之间的关系，又能保证调查资料的统一性，便于资料汇总和比较。随着电子计算机信息资料处理、存储的普及和应用，调查表的编制和应用为适应这种先进技术提供了条件，同时为调查表的编制和填写提出了更高的要求。

调查表一般有两种格式：单一表和一览表。单一表在一份表格上只登记一个调查单位的项目，若项目较多，一份表格可由几张表组成，如表2-1所示。一览表则是在一份表格上登记若干个调查单位的调查项目。单一表的特点是调查单位只有一个，但调查项目较多。其优点是一份表格可以容纳多个项目，便于整理和汇总；缺点是每份表格上都要注明调查者、被调查者、注意事项等共同事项，造成人力、物力的浪费。一览表在一份表格上登记若干调查单位，每个调查单位的共同事项只需登记一次，可节约人力、物力，但不能多登记调查项目，如表2-2所示。一览表和单一表各有优缺点，可视具体情况而定。

为了有助于正确填写调查表，保证调查资料的正确性和统一性，调查表还必须附以填表说明，说明调查项目的含义、填写方法，以及填表时应注意的问题。说明要简明。

表2-1　某家庭成员调查

项目	情况
姓名	张苗
性别	男
年龄	33
籍贯	江西省南昌市
文化程度	大专
婚姻状况	已婚

表 2-2　全国人口普查（摘录）

姓名	与户主关系	性别	年龄	常住地状况	迁来本地原因	文化程度	婚姻状况
张苗							
李红							
马军							
王宏							

（四）确定调查时间和调查期限

统计资料的调查时间是指调查资料所属时间。如果所调查的是时期现象，那么调查时间指资料所属的起止时间，所登记的资料指该时期第一天到最后一天的累计数字。例如调查某企业 2017 年的销售量，即指从该年 1 月 1 日到 12 月 31 日这段时期内销售量的总和，调查时间为一年。如果所要调查的对象是时点现象，就要明确规定统一的标准时点。例如我国第六次人口普查的标准时点定为 2010 年 11 月 1 日零时，调查时间为 2010 年 11 月 1 日零时。明确规定调查资料所属的时间，是保证统计资料确切性的重要条件。

调查期限是指进行调查工作的起止时间，包括收集资料和报送资料的整个工作所需的时间。例如，某企业 2017 年销售额呈报时间规定在 2018 年 1 月底，则调查时间为一年，调查期限为一个月。为了保证资料的及时性，任何统计资料的收集都必须尽可能地缩短调查期限。

调查地点是指登记资料的地点。调查地点有时和调查单位所在地一致，但调查单位发生时空变化时，应着重说明调查地点。例如人口普查时的常住人口登记，暂时出外居住 6 个月以上的，仍在其常住地点进行登记。

（五）组织调查工作的实施计划

为了使统计资料的收集工作顺利进行，调查人员在着手调查之前要事先制订统计工作组织计划。统计工作组织计划包括调查工作的组织领导和人员组成、调查方式方法、调查工作规则和流程、调查前的准备工作（包括宣传教育人员培训、文件印刷、试点等）、调查资料的报送方法和程序、经费预算和开支办法、提供或公布调查成果的时间等问题。

随着统计工作的现代化，调查方案也要求日趋周密与科学。调查人员应按系统工程原理和运筹学的方法来安排工作进程及各个环节的衔接；还要对各环节进行质量控制，层层把关，保证调查工作顺利进行。

对于大规模或缺少经验的调查，还需要进行试点调查，以便取得经验，完善调查方案。例如，我国第五次人口普查就曾在无锡市组织试点调查，通过试点调查检验调查计划是否切实可行，是否需要补充和修订，并不断积累经验，使调查工作顺利开展。

❋ 三、统计调查的方式

在我国，统计调查方式有统计报表和专门调查，专门调查又包括普查、重点调查、抽样调查和典型调查等。它们在统计调查中的地位因历史时期的不同而不同。

（一）统计报表

1．统计报表的概念

统计报表是我国定期取得统计资料的基本调查组织形式。它是按照国家统一规定的表格形式、统一的报送程序和报送时间，自上而下统一制发，自下而上定期向上级有关部门报送统计资料的一种调查方式。统计报表制度曾经作为一种取得统计资料的主要方式在我国长期广泛使用，为制定社会经济政策、进行宏观决策提供详细的基础数据。目前，统计报表仍然是我国政府部门获得资料最重要的方式之一。

2．统计报表的分类

（1）按统计报表主管系统划分，统计报表可以分为基本统计报表和专业统计报表。

① 基本统计报表是由国家统计局制发的统计报表，一般为收集国民经济和社会发展情况的基本统计资料。

② 专业统计报表是业务部门统计系统为收集适应本部门业务管理所需要的专业统计资料，由业务主管部门制发，也叫作业务部门统计报表，只在本统计系统内执行。

（2）按调查范围不同，统计报表可以分为全面统计报表和非全面统计报表。

① 全面统计报表要求调查对象中的每个单位都填报。

② 非全面统计报表要求调查对象中的一部分单位填报。

（3）按报送周期长短划分，统计报表可以分为日报、旬报、季报、半年报和年报。

除年报之外，其他报表统称定期报表。日报、旬报由于时效性强，也称为进度报表。有些重要的、需要经常了解的资料，报送周期就要短一些。一般来说，报送周期越长，统计范围就越广，报表指标项目就应多设一些，分组就应细一些；报送周期越短，花费的人力、物力和财力就越多，因此，指标项目要少一些，分组可以粗放一些。

（4）按填报单位的不同，统计报表可以分为基层报表和综合报表。

① 基层报表是由基层企业、事业单位根据原始记录、统计台账汇总整理、编报的统计报表。

② 综合报表是由各级业务主管部门根据基层报表汇总整理、编报的统计报表，反映一个地区、一个部门或全国的基本情况。

（5）按报送方式的不同，统计报表可以分为电信报表和邮寄报表。

① 电信报表分为电话、电报、传真、电子邮件和网络传输等方式。

② 邮寄报表可以是纸张，也可以是数据软盘和光盘。

在各种统计调查方式中，统计报表是一种收集基本统计资料的基本、传统的方式。但由于报表制度的内容较为固定，且须经过统一的报送与汇总程序，中间环节较多，因而取得资料要花费较多时间，而且容易产生调查误差。

3．统计报表的资料来源

统计报表的资料来源于基层单位和原始记录。从原始记录到统计报表，中间还要经过统计台账和企业内部报表。填写统计报表的依据是原始记录和统计台账，也就是只有在原始记录和统计台账建立健全的情况下，才能完成统计报表。

（1）原始记录。原始记录是基层单位对其从事的生产经营活动，通过一定的表格形式所进行的第一手的数字或文字的记录。它是未经任何加工整理的初级资料，是对企业整个活动过程和成果的"一事一时"的记录，例如，当日的生产记录、出勤记录、工时记录、现金收支凭证、库存记录等。原始记录不仅为统计报表提供数据，而且是基层单位进行自身经营管理的依据。

（2）统计台账。原始记录较分散、琐碎，不宜根据它直接填写统计报表，因此，必须对原始记录及时加以整理，将资料分门别类，编制统计台账。统计台账就是按照各种统计报表和统计核算的要求，用一定的表格形式，将原始记录的资料按时间顺序集中记录在一个表册上所形成的表式。它为编制统计报表提供系统的资料。统计台账的基本形式有多指标综合台账和单指标分组台账两种。

（3）企业内部报表。企业内部报表是企业根据原始记录和统计台账，经过汇总计算后编制的表式。它是企业内部各职能部门和企业领导取得统计资料的一种形式，也是搞活企业、实行科学管理、提高企业经济效益的主要信息来源。它只在企业内部实行，是编制基本统计报表和专业统计报表的基础。目前一些大型企业根据企业内部经营管理的需要，实行企业内部报表制度。

（二）普查

1．普查的概念

普查是为了掌握某种客观事物的准确情况而专门组织的一次性全面调查。有些客观现象不需要或不可能进行经常性调查，但又需要掌握它的准确情况，就需要采用普查的方式收集资料。普查是一种重要的调查方式。世界各国在进行反映本国的国情国力调查时，都采用普查的方式来完成。

2．普查的特点

（1）普查是一次性调查。普查一般用来调查属于一定时点现象的总量。由于时点现象的总量在短期内往往变化不大，不需要进行经常性调查，通常要间隔一段较长的时间进行一次调查。例如，我国第六次与第五次全国人口普查相隔 10 年。当然，有些时期现象也可以采用普查的方式，例如工业总产值、利润额、上缴税金等指标都可采用普查的方式获得。

（2）普查是全面调查。普查的对象范围广，总体单位数量大，指标的内容详细，并且规模宏大，所以，普查比其他任何调查方式都更能掌握大量、全面的统计资料。例如，人口普查调查的内容不仅有人口数量，还有各种构成资料和社会特征资料，如性别构成、年龄构成、民族构成、生育率、死亡率、教育特征、经济特征等方面的情况。

（3）普查的工作量大。普查涉及面广、时间性强、复杂程度高、对组织工作的要求高，需要耗费大量的人力、物力和财力，因而普查不宜经常进行。

3．普查的实施过程

根据普查的特点，普查在组织实施过程中要加强领导，发动群众，统一部署，统一行动，制定周密的普查方案。具体的实施过程如下。

（1）成立专门的组织机构，领导和组织实施普查工作。由于普查的工作量巨大，任务繁重，因此必须自上而下地建立各层次的组织机构，配备专门人员负责普查工作。我国在历次人口普查工作中，首先国务院成立全国人口普查领导小组，其次各省、自治区和直辖市的各级政府也相应建立普查办公机构，然后各部门、各单位成立专门工作机构，最后配备专门人员负责人口普查工作。

（2）确定统一的调查时间，即标准时间。因为普查的客观现象一般为时点现象，所以必须规定某一时点作为标准时间，主要是由于时点现象在各个时点上的状况变化频繁，如果不规定准确的时点，在登记时容易重复或遗漏。例如，第六次全国人口普查的标准时点是 2010 年 11 月 1 日零时，就是由于人口基数比较大，在每时每刻都有新出生人口和死亡人口，只有确定标准时点，才能准确反映标准时点上的人口数量。在 2010 年 11 月 1 日零时之前死亡的人口和 2010 年 11 月 1 日零时以后出生的人口，都不能进行登记；而 2010 年 11 月 1 日零时之前出生的人口和 2010 年 11 月 1 日零时以后死亡的人口，均应该予以登记。

（3）普查人员的培训。普查登记工作开始之前，要对普查人员进行业务培训，使他们明确普查的要求，掌握相应统计指标的含义、计算口径、登记方法，以保证工作效率和工作质量。

（4）制定严格的质量控制办法。制定严格的质量控制办法，对普查工作的各个环节实行全面的质量管理和控制，明确责任，逐级负责，层层把关，保证普查资料的准确性和普查质量。

目前，我国所进行的普查主要有人口普查、农业普查、经济普查。我国的普查已经规范化、制度化，并建立起了周期性的普查制度。例如，人口普查、农业普查每 10 年进行一次，分别于逢末尾数字为 "0" 和 "6" 的年份进行；经济普查每 5 年进行一次，10 年中分别于逢 "3" 和 "8" 的年份实施。

（三）重点调查

重点调查是一种非全面调查，它是在所要调查的总体中选择一部分重点单位进行的调查。所选择的重点单位虽然只是全部单位中的一小部分，但就调查的标志值来说在总体中占绝大比重，调查这一部分单位的情况，能够大致反映被调查对象的基本情况。例如，为及时了解全国城市零售物价的变动趋势，需要对 35 个大中型城市的零售物价的变化进行调查，这种调查就是重点调查；又如，要及时了解全国工业企业的增加值和资产总额情况，只需对全国大中型工业企业进行重点调查即可，因为虽然大中型工业企业数占全国工业企业数不到 5%，但是这些大中型企业的增加值和资产总额占全国工业的 60% 以上。

重点调查能以较少的投入、较快的速度取得某些现象主要标志的基本情况或变动趋势。我国有一些重点调查已列入定期报表制度，以便及时取得必要的资料。例如，国家统计局建立的 5 000 家工业企业数据联网直报制度。重点调查的适用范围很广，当调查目的只要求了解基本状况和发展趋势，不要求掌握全面数据，而调查少数重点单位就能满足需要时，采用重点调查就比较适宜。

（四）抽样调查

抽样调查也是一种非全面调查。它是按照随机原则从调查总体中抽出一部分单位（在抽样调查中称作样本单位）进行调查，并根据调查取得的样本资料推算总体数值的调查方式。因为其调查目的在于推算总体数值，所以它在一定意义上可以起到全面调查的作用。例如，从一批产品中随机抽取若干件进行质量检验，并计算合格率，然后以此推断全部产品的合格率。又如，从某银行储户中随机抽取部分储户的存款额进行登记，计算平均存款额，并用这一指标推算全市居民平均存款额。

微课

1%人口抽样调查

抽样调查的优势在于比较节省人力、财力和时间；不足之处是，只能提供宏观数据或某些微观数据，不能提供地方各级领导机关所需要的数据。例如，全国农产量抽样调查、人口变动抽样调查，只能提供全国和各省数据，不能提供市、县、乡的数据。

（五）典型调查

典型调查是在调查对象中有意识地选出个别或少数具有代表性的典型单位，进行深入、周密的调查研究。

典型调查不是统计活动所特有的方式，但从统计活动的全过程来说，它是一种必不可少的方式。在统计活动中，运用典型调查的方式，一般来说主要不在于取得现象的总体数值，而在于了解与统计数据有关的生动的具体情况，即与现象数量有关的社会条件及其相互联系，以便进行深入的统计分析，做到定性分析与定量分析相结合。

典型调查在特定条件下，也可以用于对统计数据质量的检查，或对总体数量的推算。例如，在一次重大普查之后，可以选择若干个典型单位，检查统计数据的准确程度。

典型调查的效果，在很大程度上取决于调查者的主观条件。如果调查者对情况相当熟悉，研究问题的态度比较客观，深入调查研究的作风比较好，便可以使典型调查运用得当，取得好的效果；反之，可能会产生较大偏差。

（六）多种统计调查方式的结合运用

不同统计调查的方式，各有其特点和作用。在实际工作中，调查人员并非单用一种方式，而是多种方式结合运用。这是因为国民经济和社会发展情况复杂，国民经济门类众多，必须应用多种多样的统计调查方式，才能收集到丰富的统计资料；任何一种统计调查方式都有它的优越性与局限性，各有不同的实施条件，只用一种统计调查方式不能满足多种需要。

❀ 四、统计调查的方法

统计调查方法是指统计工作确定调查方式之后，向客观实际收集资料的具体方法，主要有观察法、访问法、实验法、报告法、文献法、网上调查等。

（一）观察法

观察法又称直接观察法，是由调查人员亲自到现场对调查对象进行观察、记录和计量，以取得第一手统计资料的调查方法。例如，在对超市购买者进行调查时，为获得出向和入向人数，调查人员亲自到超市的出入口进行实际观察，并记录。这种方法能够保证统计资料的相对准确性，但是这种方法需要耗费大量的人力、物力和时间，因此，在任务紧急的情况下不宜采用。对历史资料进行调查时，也不可能通过直接观察法来收集资料。另外，这种方法容易受到观察者和被观察者主观因素的影响而产生各种观察误差。例如，人们当知道在被观察时会改变行为、观察者在现场观察一定时间后会因疲倦产生观察误差，这些都会降低调查资料的质量。

（二）访问法

访问法又称采访法、询问法，是由调查人员通过口头、书面等方式向被调查者了解情况，取得第一手资料的调查方法。例如，在对超市购买者进行流动人数调查的同时对消费者的购物金额进行调查，调查人员在出入口对顾客进行询问，根据回答一一记录，并填写相应的调查卡片或表格。常用的访问法有以下 3 种。

1. 面谈访问法

这是由调查者直接与被调查者接触，通过有目的的当面交谈获得资料的一种方法。面谈访问调查简便灵活，可随机应变并提出问题，而且调查表回收率高，但调查成本高，调查范围有限，调查结果易受调查人员综合素质影响。

2．电话访问法

这是一种通过电话向被调查者询问调查内容的方法。电话访问能迅速获得有关资料，同时成本低，在那些不容易见面访问或被调查者不愿意接受访问的情况下，调查人员采用电话访问，有可能调查成功。但是，由于电话访问对象只限于通话者，调查范围受到极大限制，而且通话时间不宜过长，图表、照片无法显示，故一般适用于调查项目单一、问题简单明确、要求快速获得所需调查信息的情况。

3．邮寄访问法

这是将设计好的问卷通过邮寄方式送到被调查者手中，说明填表要求和方法，由被调查者填写后寄回，以获取信息资料的方法。这种方法调查面广、成本低、访问对象填写自由、方便，但调查表的回收率低、回收时间长，调查结果的完整性往往不易控制。

（三）实验法

实验法是指调查人员根据研究目的，通过实验对比，对调查对象的某些因素之间的因果关系及其发展变化过程进行实验观察和分析，以取得调查资料的方法。例如，若要了解饮料配方的改变对销售量的影响情况，调查人员需选定一个地区范围，将新旧两种配方的饮料投入市场进行实验对比，观察其销售量变化和消费者反映情况，将获得的数据作为是否采用新配方的依据。

实验法能够排除主观估计偏差，直接掌握大量第一手统计资料，且能揭示或确立现象之间的相关关系，在定量分析上具有重要作用。但由于实验对象和实验环境的选择难以有充分的代表性，实验调查的结论带有一定的特殊性，而且实验法对调查者要求较高，花费时间较长，故其应用范围有限。

实验法一般适用于对新设计、新包装、新价格、新配方、新广告等社会经济现象的实践效果资料的收集。

（四）报告法

报告法是由被调查单位按照调查机关的调查方案要求，及时向调查机关报告统计资料的调查方法。统计报表就属于这种方法。报告法一般是针对机关团体和企事业单位，而不是针对个人或个体单位。下级被调查单位必须按规定准确、及时、全面地向上级调查机关提供统计资料，因此，报告法具有法律性质的强制性。

报告法在统计报告系统健全、原始记录和核算工作完整的前提下，可以保证提供资料的准确性。但报告法通过颁发调查方案来收集资料，调查者与被调查者不直接接触，不能了解社会经济活动的具体情况和影响原因，而且方法烦琐，所需人力、物力、财力较多。报告法主要应用于无法进行直接观察、访问和实验的历史资料的收集。

（五）文献法

文献法是调查人员根据调查方案的内容和要求，收集文献资料的一种方法。文献包括报纸、书籍、数据表格等文字、数字文献，也包括影视、图画、磁带、唱片等声音、图像文献。与实地调查方法相比，文献法受控制因素少，花少量人力、财力即可获得所需资料。这种方法不仅适用于社会经济调查，而且广泛运用于科学研究。但文献法对文献资料的真实性的鉴定工作难度很大。

以上调查方法中，观察法、访问法、实验法都是直接收集第一手统计资料的方法，报告法和文献法则是间接收集第二手统计资料的方法。它们均是传统调查方法，在社会实践中得到了广泛的应用。

（六）网上调查

网上调查（survey on the net）是指利用互联网进行调查，获取调查资料的统计调查方法。它有两种方式：一种是利用互联网直接进行问卷调查等方式收集第一手资料，这种方式称为网上直接调查；另一种是利用互联网的媒体功能，从互联网收集第二手资料，这种方式一般称为网上间接调查。由于报纸、杂志、电台等媒体越来越多，政府机构、企业等也纷纷设立相应的网站主页，因此网络成为信息的海洋，信息蕴藏量极其丰富。在大量的信息中，我们如何发现和挖掘有价值的信息才是关键。

1．网上直接调查

网上直接调查一般有以下两种途径。

（1）将问卷放置在互联网上，等待访问者访问时填写。例如，CNNIC（中国互联网络信息中心，China Internet Network Information Center）每半年进行一次的"中国互联网络发展状况调查"就采用这种方式。这种方式的好处是填写者一般是自愿的，缺点是无法核对填写者的真实情况。

（2）通过电子邮件方式将问卷发送给被调查者，被调查者完成后将结果通过电子邮件的方式返回。这种方式的好处是可以有目标地选择被调查者，缺点是容易令被调查者产生反感，有侵犯个人隐私之嫌。因此，使用该方式时首先应争取被调查者的同意，或者估计被调查者不会反感，并向被调查者提供一定补偿，例如有奖回答或赠送小件东西，以减少被调查者的敌意。

2．网上间接调查

网上间接调查的渠道主要有 Usernet News、BBS、E-mail，其中 WWW（万维网，World Wide Web）是最主要的信息来源。根据统计，全球目前有 8 亿多个网页，信息包罗万象。网上间接调查一般通过搜索引擎搜索有关站点的网址，然后访问想要查找的网站或网页收集信息。因为信息广泛，能满足企业管理决策需要，因此，在社会经济生活中，企业为了收集与企业营销相关的市场、竞争者、消费者及宏观环境等信息，大量采用网上间接调查方式。网上直接调查一般只适合于针对特定问题进行专项调查。

微课

如何获取统计数据

网上调查的局限性在于，调查资料只能反映网络用户的信息。由于 E-mail 地址的缺乏及被调查者自由选择度高，所以，难以保证所需资料的完整性。

❈ 五、统计资料的质量控制

（一）统计调查误差

统计调查资料是统计调查工作成果的反映。准确、可靠的统计调查资料，既是统计分析、统计研究可靠性和准确性的基础，也是整个统计工作质量的基础。为了取得准确的统计调查资料，调查者必须采取各种措施，防止可能发生的各种统计调查误差，把统计调查误差减小到最低限度。

统计调查误差是指调查所得的统计数据与调查总体真值的误差，例如对某城区进行人口普查，得到人口数为 519 500 人，实际该区人口数为 520 000 人，则统计调查误差为 500 人。统计调查误差分为登记误差和代表性误差。

登记误差是指由于在调查过程中各相关环节上的工作不准确而产生的误差。产生登记误差的主要原因是计量错误、记录错误、计算错误、抄录错误、汇总错误、调查者虚报瞒报，以及统计调查方案规定不明确等。在全面调查和非全面调查中都会产生登记误差。

代表性误差是指用部分总体单位的指标估计总体指标时，估计结果同总体指标之间的误差。这种误差只有在抽样调查中才会产生。

（二）控制统计调查误差的途径

1．控制登记误差的方法

首先要制定科学的统计调查方案，使调查人员或填报人员能够明确执行，不会产生误解。其次，要抓好调查方案的贯彻执行工作，包括以下几个方面。

（1）加强对统计人员的培训，使统计人员能准确理解统计调查方案的各项内容，特别是准确把握填表要求及指标口径范围。

（2）做好统计基础工作，包括建立相应的统计机构，配备必要的人员，建立健全计量工作、原始记录、统计台账等制度，保证统计资料的来源准确可靠。

（3）加强对统计调查过程中数据填报质量的检查。

为了防止弄虚作假造成的登记误差，统计人员要认真贯彻《统计法》，严格执法，纠正统计数据上的不正之风。

2．控制代表性误差的方法

抽样调查中，要严格遵守随机原则，调整样本容量、改进抽样调查的组织形式等，达到控制代表性误差的目的。

✳ 六、实训：用 Excel 进行统计数据的收集

实训项目：统计数据的收集。

实训目的：掌握 Excel 在统计调查中的作用，熟练运用 Excel 进行简单随机抽样。

实训内容和操作步骤如下。

假定某专业 4 个班的学生为一个总体，人数为 160 人，按照需要随机从中抽取 16 人进行调查，了解该专业学生的每月手机话费支出情况。

在进行抽样之前，首先必须通过设计调查方案与调查问卷，得到所需的资料。然后启动 Excel 2003，新建一个工作簿 Book1。准备使用 Excel 进行简单随机抽样。

用 Excel 进行数据的收集，需要启动 Excel 的扩展功能。如果 Excel 初次使用、尚未安装数据分析功能，必须依次选择"工具""加载宏"，在安装光盘中加载数据"分析工具库"。加载成功后，可以在"工具"菜单中看到"数据分析"选项，如图 2-1～图 2-4 所示。

第一步，使用 Excel 进行抽样，首先要对每个学生进行编号，即对 160 个总体单位进行编号。遵循随机原则编号后，将编号输入工作表，如图 2-5 所示。

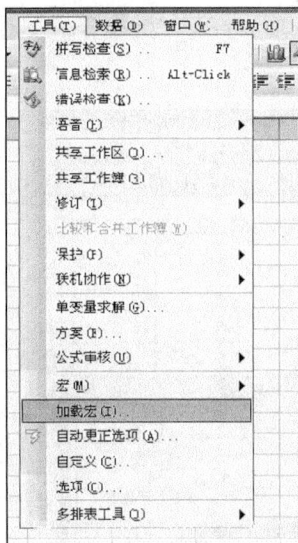

图2-1 "加载宏"选项

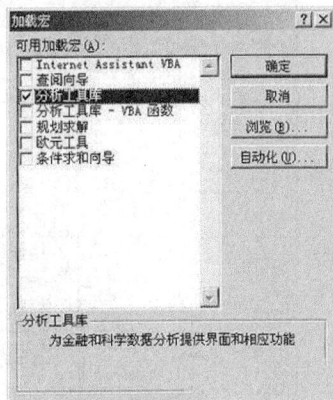

图2-2 加载数据"分析工具库"

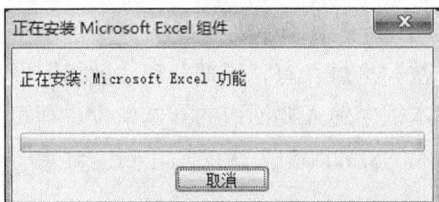

图2-3 安装过程

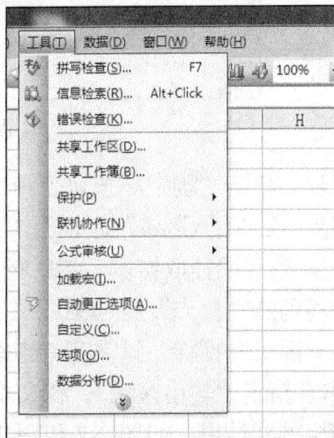

图2-4 安装后"工具"菜单显示"数据分析"选项

	A	B	C	D	E	F	G	H
1	1	21	41	61	81	101	121	141
2	2	22	42	62	82	102	122	142
3	3	23	43	63	83	103	123	143
4	4	24	44	64	84	104	124	144
5	5	25	45	65	85	105	125	145
6	6	26	46	66	86	106	126	146
7	7	27	47	67	87	107	127	147
8	8	28	48	68	88	108	128	148
9	9	29	49	69	89	109	129	149
10	10	30	50	70	90	110	130	150
11	11	31	51	71	91	111	131	151
12	12	32	52	72	92	112	132	152
13	13	33	53	73	93	113	133	153
14	14	34	54	74	94	114	134	154
15	15	35	55	75	95	115	135	155
16	16	36	56	76	96	116	136	156
17	17	37	57	77	97	117	137	157
18	18	38	58	78	98	118	138	158
19	19	39	59	79	99	119	139	159
20	20	40	60	80	100	120	140	160

图2-5 输入编号

第二步，单击"工具"菜单，选择"数据分析"选项，打开"数据分析"对话框，从中选择"抽样"，如图 2-6 所示。

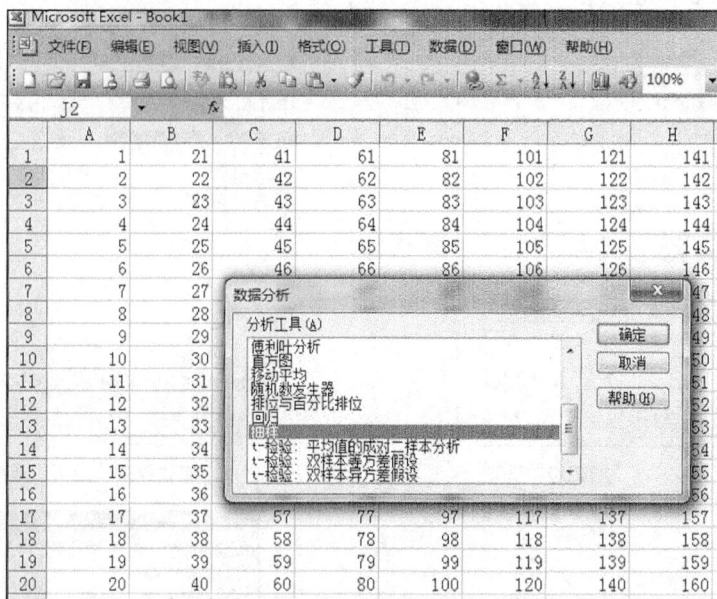

图 2-6　选择"抽样"

第三步，单击"确定"按钮，弹出"抽样"对话框，如图 2-7 所示。

第四步，在"输入区域"文本框中输入总体单位所在的单元格区域，此例为"$A$1:$H$20"，系统将从 A 列开始抽取样本，然后按顺序抽取 B 列至 H 列。如果输入区域的第一行为"标志"项，可勾选"标志"复选框。在"抽样方法"区域，有"周期"和"随机"两种抽样方法。采用"随机"抽样，只需在"样本数"文本框中输入要抽取的样本单位数即可，本例是16 个样本。指定"输出区域"，在文本框中输入"$J$2:$J$17"，然后单击"确定"按钮，即可得到随机抽样结果，如图 2-7 和图 2-8 所示。

图 2-7　选择"随机"抽样

图 2-8　随机抽样的结果

如果在"抽样方法"区域选择"周期"抽样方法（"周期"模式即等距抽样），需将总体单位数除以要抽取的样本单位数，求得取样的周期间隔。例如本例中，在 160 个总体单位中抽取 16 个，则在"间隔"文本框中输入"10"，在"输入区域"文本框中输入"$A$1:$H$20"；在"输出区域"文本框中输入"$J$2:$J$17"，单击"确定"按钮后，即可得到周期抽样结果，如图 2-9 和图 2-10 所示。

在这里，我们选用两种方法完成了用 Excel 进行数据收集的过程。

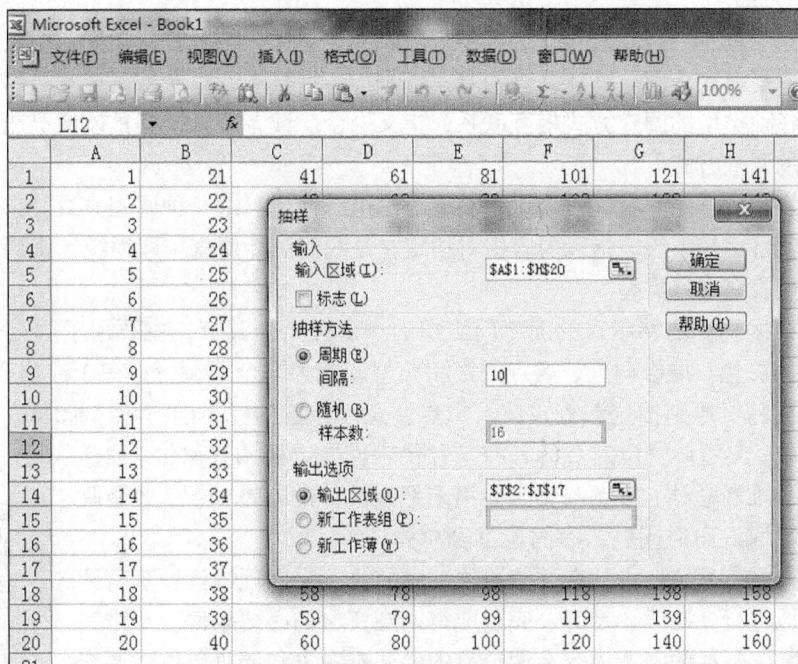

图 2-9　选择"周期"抽样

图 2-10　周期抽样的结果

任务小结

　　通过本任务的学习，读者应该认识统计调查在整个统计工作中的地位和作用，了解统计调查的种类，理解各种统计调查方式的特点和应用范围，把握收集统计资料的方法和技术，掌握统计调查方案的基本内容，能根据某一实际问题初步设计统计调查方案和选择适宜的调查方法。

　　统计调查的基本任务是收集社会经济现象总体、总体单位及其相关的原始资料。其基本要求是准确、及时和全面。统计调查的方式可进行多种分类，每一种调查方式都有其特点和适用范围，各种类型的调查方式相互联系，交叉融合。读者可以根据具体情况选择运用或结合运用相应的调查方式。

　　统计报表是依据国家有关法规，定期逐级提供统计资料的一种调查方式。它包括的范围比较全面，项目比较系统，指标内容相对稳定，是我国统计调查中取得统计资料的一种重要手段。统计报表有多种类型。

　　普查是根据统计的特定目的而专门组织的一次性全面调查，主要用于调查一定时点的社会经济现象总量。抽样调查、重点调查和典型调查为非全面调查。在 3 种非全面调查中，抽样调查遵循随机原则抽选调查单位，重点调查以单位的标志值占总体标志总量的比重来选择调查单位，典型调查以对总体具有某种代表性来选择调查单位。抽样调查主要用于推断总体，重点调查主要用于把握总体的基本情况，典型调查则主要用于深入研究问题，有时也推算总体。

　　统计调查方案是统计设计在调查阶段的具体化，是保证统计调查有计划、有组织地进行，准确、及时、完整取得调查资料的必要条件。一份完整的调查方案应包括的基本内容有调查目的、调查对象和调查单位、调查项目和调查表、调查的时间和方法、调查工作的组织实施计划。

案例阅读

第七次全国人口
普查公报

统计调查方法是指统计工作确定调查方式之后，向客观实际收集资料的具体方法，主要有观察法、访问法、实验法、报告法、文献法和网上调查等。

习题与实训

一、单选题

1. 通过调查大庆、胜利等几大主要油田，了解我国石油生产的基本情况，这种调查方式属于（　　）。

    A. 普查　　　　　　B. 典型调查　　　C. 重点调查　　　D. 抽样调查

2. 了解某企业的期末在制品数量，由调查人员到现场观察计数，这种收集资料的方法属于（　　）。

    A. 采访法　　　　　B. 直接观察法　　C. 大量观察法　　D. 报告法

3. 我国目前收集统计资料的主要方式是（　　）。

    A. 全面调查　　　　B. 普查　　　　　C. 抽样调查　　　D. 统计报表

4. 统计调查收集的资料主要是（　　）。

    A. 原始资料　　　　　　　　　　　　B. 总体资料

    C. 数字资料　　　　　　　　　　　　D. 初次整理过的资料

5. 统计调查方案的首要问题是（　　）。

    A. 调查经费的落实　　　　　　　　　B. 调查组织工作

    C. 调查任务和目的的确定　　　　　　D. 调查对象的确定

6. 在现实生活中使用最为广泛的非全面调查方式是（　　）。

    A. 普查　　　　　　B. 重点调查　　　C. 抽样调查　　　D. 典型调查

7. 作为一个调查单位（　　）。

    A. 只能有一个标志　　　　　　　　　B. 可以有多个标志

    C. 只能有一个指标　　　　　　　　　D. 可以有多个指标

8. （　　）是统计工作的根本准则，是统计工作的生命线。

    A. 及时性　　　　　B. 完整性　　　　C. 连续性　　　　D. 准确性

9. 某种年报制度规定在次年 1 月 31 日前上报，则调查期限为（　　）。

    A. 1 个月　　　　　B. 1 年　　　　　C. 1 年零 1 个月　D. 2 个月

10. 普查规定的标准时间是（　　）。

    A. 登记时限　　　　　　　　　　　　B. 时点现象的所属时间

    C. 时期现象的所属时间　　　　　　　D. 以上都对

11. 按调查对象包括的范围不同，统计调查可以分为（　　）。

    A. 经常性调查和一次性调查　　　　　B. 全面调查和非全面调查

    C. 统计报表和专门调查　　　　　　　D. 普查和抽样调查

12. 经常性调查与一次性调查的划分标准是（　　）。

    A. 调查对象包括的单位是否完全　　　B. 最后取得的资料是否全面

    C. 调查登记的时间是否连续　　　　　D. 调查工作是否经常进行

13. 调查时间是指（　　　）。

    A. 调查资料所属的时间   B. 调查工作起止的时间

    C. 规定提交资料的时间   D. 开始进行调查的时间

14. 搜集下面哪种资料需要一次性调查（　　　）。

    A. 商品销售量   B. 商品销售额

    C. 商品库存量   D. 工业产品产量

15. 典型调查中的典型单位是（　　　）。

    A. 工作做得好的单位   B. 工作中出现问题最多的单位

    C. 具有举足轻重作用的单位   D. 具有代表性的少数单位

16. 连续调查与不连续调查的实质区别是（　　　）。

    A. 调查的组织形式不同   B. 调查现象是时期还是时点现象

    C. 调查单位包括的范围是否全面   D. 调查资料的来源不同

17. 统计调查是进行资料整理和分析的（　　　）。

    A. 基础环节   B. 中间环节   C. 最终环节   D. 必要补充

18. 调查几个重要铁路枢纽就可以了解我国铁路货运量的基本情况和问题，这种调查属于（　　　）。

    A. 普查   B. 重点调查   C. 典型调查   D. 抽样调查

19. 某市工业企业 2019 年生产经营成果年报呈报时间规定在 2020 年 1 月 31 日，则调查时间为（　　　）。

    A. 2019 年   B. 2020 年   C. 1 年   D. 1 年零 1 个月

20. 重点调查中，重点单位是指（　　　）。

    A. 标志值在总体中占有很大比重的单位

    B. 具有重要意义或代表性的单位

    C. 那些具有反映事物属性差异的品质标志的单位

    D. 能用以推算总体标志总量的单位

21. 下列调查中，调查单位与填报单位一致的是（　　　）。

    A. 企业设备调查   B. 人口普查

    C. 农村耕地调查   D. 工业企业现状调查

22. 在对总体现象进行分析的基础上，有意识地选择若干具有代表性的单位进行调查研究，这种调查方法是（　　　）。

    A. 抽样调查   B. 典型调查   C. 重点调查   D. 普查

23. 对一批商品进行质量检验，最适宜采用的方法是（　　　）。

    A. 全面调查   B. 抽样调查   C. 典型调查   D. 重点调查

24. 下述各项调查中属于全面调查的是（　　　）。

    A. 对某种连续生产的产品质量进行检验

    B. 对某地区的工业企业设备进行普查

    C. 对全体钢铁企业生产中的重点单位进行调查

    D. 抽选部分地块进行农产量调查

25. 抽样调查的主要目的是（　　　）。

    A. 计算和控制抽样误差   B. 推断总体总量

    C. 对调查单位做深入研究   D. 广泛运用数学方法

26. 在统计调查中，调查单位和填报单位之间（　　　）。

    A. 是一致的   B. 是毫无区别的

    C. 是无关联的两个范畴   D. 一般是有区别的，但有时又是一致的

27. 调查鞍钢、武钢、首钢、宝钢、包钢、马钢、攀钢、太钢、本钢等大型钢厂，以了解我国钢铁生产的基本情况，这种调查方式属于（　　　）。

    A. 普查   B. 重点调查   C. 典型调查   D. 抽样调查

28. 抽样调查与典型调查都属于非全面调查，二者的根本区别在于（　　　）

    A. 灵活程度不同   B. 组织方式不同

    C. 作用不同   D. 选取调查单位的方法不同

29. 了解某工业企业的产品质量，调查人员到现场进行观察、检验，这种收集统计资料的方法是（　　　）。

    A. 直接观察法   B. 采访法   C. 报告法   D. 通信法

30. 下列适合连续登记的是（　　　）。

    A. 产品产量   B. 厂房面积   C. 职工人数   D. 生产设备数

二、判断题

1. 一般而言，全面调查的结果更全面、准确，所以得到普遍应用。 （　　　）

2. 统计调查中的调查单位与填报单位是一致的。 （　　　）

3. 统计报表一般属于经常性的全面调查。 （　　　）

4. 统计报表中的资料主要来源于基层单位的原始记录、统计台账和企业内部报表。

                                               （　　　）

5. 由于直接观察法能保证资料的真实性和可靠性，因而在进行大规模调查时，应采用这种方法。 （　　　）

6. 在非全面调查中，最完善、最有计量科学依据的方法是抽样调查。 （　　　）

7. 单一表能容纳较多的标志，因而能把许多单位的资料填列于一张表中，这有利于比较和分析。 （　　　）

8. 典型调查中典型单位的选取可以不遵循随机原则。 （　　　）

9. 当调查项目较多时，应采用一览表。 （　　　）

10. 对统计总体中的全部单位进行调查称为普查。 （　　　）

11. 全面调查是指对调查单位的所有问题进行调查。 （　　　）

12. 一次性调查是指只调查一次，以后不再进行的调查。 （　　　）

13. 一般来说，掌握了重点单位的基本情况，就可以了解总体的基本情况及其变化趋势。

                                               （　　　）

14. 统计调查方式即统计调查方法。 （　　　）

15. 统计调查的主要任务是收集并整理资料。 （　　　）

16. 调查时间是指一项调查工作从开始到结束所占用的时间。 （　　　）

17. 对于工业企业的产品产量适宜采用连续登记。 （　　　）

18. 重点调查中的重点单位是指这些单位是工作中的重点。 （　　　）

19. 要了解某市第二季度棉布生产的基本情况，调查年产量最大的几家棉纺厂，这种调查属于重点调查。 （　　　）

20. 统计调查的方法有全面调查和非全面调查。 （　　　）

三、多选题

1. 我国统计调查的方法有（ ）。
   A. 统计报表 B. 普查 C. 抽样调查
   D. 重点调查 E. 典型调查

2. 抽样调查和重点调查的共同点是（ ）。
   A. 两者都是非全面调查 B. 两者选取单位都不受主观因素的影响
   C. 两者都按随机原则选取单位 D. 两者都按非随机原则选取单位
   E. 两者都可以用来推断总体指标

3. 普查是一种（ ）。
   A. 专门组织的调查 B. 一次性调查 C. 经常性调查
   D. 非全面调查 E. 全面调查

4. 在工业设备普查中，（ ）。
   A. 工业企业是调查对象 B. 工业企业的全部设备是调查对象
   C. 每台设备是填报单位 D. 每台设备是调查单位
   E. 每个工业企业是填报单位

5. 抽样调查方式的优越性表现在（ ）。
   A. 全面性 B. 经济性 C. 时效性
   D. 准确性 E. 灵活性

6. 制定统计调查方案，应确定（ ）。
   A. 调查目的和调查对象 B. 调查单位和填报单位
   C. 调查项目和调查表 D. 调查资料的使用范围
   E. 调查的时间和时限

7. 重点调查的特点包括（ ）。
   A. 重点调查是一种非全面调查
   B. 重点单位需要随着所调查的对象的改变而改变
   C. 其主要目的是要了解调查对象的基本情况
   D. 重点单位的某一主要标志值总量占总体标志总量的绝大比重
   E. 重点单位的选择带有主观因素

8. 调查单位是（ ）。
   A. 需要调查的总体 B. 需要调查的总体单位负责人
   C. 调查项目的承担者 D. 负责报告调查结果的单位
   E. 调查对象所包含的具体单位

9. 我国第五次全国人口普查的标准时点是 2000 年 11 月 1 日零时，下列情况应统计人口数的有（ ）。
   A. 2000 年 11 月 2 日出生的婴儿 B. 2000 年 10 月 31 日出生的婴儿
   C. 2000 年 10 月 31 日晚死亡的人 D. 2000 年 11 月 1 日 1 时死亡的人
   E. 2000 年 10 月 26 出生、11 月 1 日 6 时死亡的婴儿

10. 下列说法正确的有（ ）。
    A. 可以利用抽样调查来校验普查的结果
    B. 登记性误差从理论上可以克服，但实际却很难做到
    C. 系统性误差是避免不了的，因此人们无法正确控制统计的精确度

D. 调查时限是取得统计资料的标准时间

E. 统计报表制度既可以用于全面调查，又可以用于非全面调查

11. 统计调查的基本要求包括（　　　）。

A. 准确性　　　　　　B. 全面性　　　　　　C. 及时性

D. 同质性　　　　　　E. 经济性

12. 下列调查方式中，属于统计专门调查的有（　　　）。

A. 统计报表　　　　　B. 普查　　　　　　　C. 重点调查

D. 典型调查　　　　　E. 抽样调查

13. 下列调查方式中，属于非全面调查的有（　　　）。

A. 统计报表　　　　　B. 普查　　　　　　　C. 重点调查

D. 典型调查　　　　　E. 抽样调查

14. 对某大学在校学生的学习情况进行调查，下列说法正确的有（　　　）。

A. 调查对象是该大学　　　　　　　　B. 调查对象是该校所有在校学生

C. 调查对象是该校每一名学生　　　　D. 调查单位是该校每一名学生

E. 填报（报学）单位是该大学

15. 抽样调查（　　　）。

A. 是一种非全面调查　　　　　　　　B. 不存在抽样误差

C. 按随机原则抽取调查单位　　　　　D. 始终存在抽样误差

E. 可用样本指标值推断总体指标值

四、实训练习

1. 某企业欲对本企业职工进行全面调查，调查项目有性别、出生年月、文化程度、工龄、参加工作时间、籍贯、民族、政治面貌、职务、婚姻状况、家庭住址、联系电话、工作经历、奖惩情况、技能培训。

要求：根据以上内容，设计一份调查表。

2. 某学校学工处欲对某专业的 500 名学生进行月生活费的调查，采用随机抽样的方法，抽取 50 名学生，调查前，学工处已对 500 名学生编号（001～500）。

要求：请用 Excel 生成这 50 名学生的随机编号。

统计整理

学习目标

知识目标

1. 了解统计整理的意义及内容。
2. 了解统计分组的基本理论和方法。
3. 掌握分配数列的概念、种类及构成要素。

能力目标

1. 能运用分配数列对数据进行系统整理。
2. 掌握统计图、统计表的设计。

素养目标

1. 树立理想信念，坚定科技强国信心。
2. 培养知行合一的精神品质和职业素养。

知识结构图

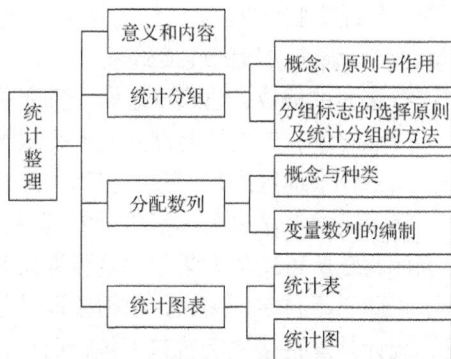

任务导入

统计调查收集到数据以后，接下来的工作就是对这些数据资料进行加工处理，使其能够清晰而准确地满足统计分析的需要。

例如，下面是某公司20名员工的月工资（单位：元）。

2 257　3 123　6 345　1 890　4 934　3 187　5 280　1 964　4 450　1 976
3 213　3 856　2 790　5 752　4 882　2 878　6 732　3 345　5 189　4 065

上述数据是通过对某公司 20 名员工进行普查得到的原始资料。这些数据零散且杂乱无章，无法揭示研究对象的分布特征和规律。如何表示这些数字使其清晰呢？

再如，为了了解市民对某产品功效的态度，企业的统计人员需要对民意调查表格进行整理，分别统计"满意""一般""不满意"的人数，比较得出结论。企业只有将顾客调查表格进行整理、分析，才能知道消费者的知识结构、收入水平、消费倾向，进而制订企业的生产、销售等计划。

为了概括统计调查所收集到的数据，统计学经常使用一些图表对这些数据进行归类整理。如何整理这些数据，如何编制图表来显示这些数据的分布特征，就是本任务所要讲述的内容。

相关知识

❋ 一、统计整理的意义和内容

统计整理是统计工作的第三阶段。它是根据统计研究的任务，对统计调查阶段所收集到的大量原始资料进行加工汇总，使其系统化、条理化、科学化，以得出反映事物总体综合特征的资料的工作过程。

（一）统计整理的意义

通过统计调查所收集到的资料只是一些个别单位的、分散的、不系统的原始资料，反映的问题常常是事物的表面现象，不能深刻揭示事物的本质，更不能从量的方面反映事物发展变化的规律，这就有必要对统计调查所获得的原始资料进行科学的整理。统计整理是人们对社会经济现象从感性认识上升到理性认识的过渡阶段，是统计工作中十分重要的中间环节，在统计工作中起着承前启后的作用，既是统计调查阶段的继续和深入，又是统计分析阶段的基础。

统计整理在统计研究中占有重要的地位，它绝不是一个简单的综合汇总工作。报表的汇总也包括在统计整理的概念和过程之中，但统计整理还有一个对调查资料进行加工、补充和推算的过程。比如，对一个县或者一个地区进行调查，得到了许多资料，如何把这些资料整理成研究问题所需要的资料，就不是按汇总表简单汇总所能解决的。统计整理在统计研究中起着十分重要的作用，因为统计调查所得到的大量原始资料即使是丰富、完善的，若整理时所依据的原则和应用的方法不正确、不科学，那么，根据整理的结果进行的统计分析，就不可能得到正确的结论。可见，统计整理直接决定着整个统计研究任务能否顺利完成。

（二）统计整理的内容

在一次调查中，调查人员对调查收集来的资料应该整理些什么内容，这要依据事先拟定的整理纲要中的项目来确定。一般在制定调查表的同时，就要拟定好综合表，以便按照预定的纲要对统计资料进行系统的加工整理。整理纲要是否科学，对于统计资料的整理乃至统计分析的质量高低都有重要的意义。

整理纲要的内容包括一整套空白的综合表和制表说明。这种综合表是根据统计研究任务的要求，密切联系调查表的内容而设计的表式。在编制说明中，编制者要叙述整理资料的地区范围（省、市、县等）、程序、负责汇总的各级机关、主栏各组的含义、宾栏指标的计算方法等。由此可见，统计整理阶段最主要的工作内容在调查工作开始之前就应该做好。统计整理作为一个阶段来说，它所做的实际上多是一些具体工作。综合表的基本内容包括两部分：一部分是分组，另一部分是相应的统计指标。现举例说明综合表的格式，如表3-1所示。

表3-1 综合表的格式

项目	2019年			2020年		
	施工面积/m²	竣工面积/m²	房屋竣工率/%	施工面积/%	竣工面积/%	房屋竣工率/%
（甲）	（1）	（2）	（3）=（2）/（1）	（4）	（5）	（6）=（5）/（4）
总计						
厂房						
仓库						
商业营业用房						
服务业用房						
办公室						
教育用房						
文化体育用房						
医疗用房						
科学实验用房						
家属宿舍						
集体宿舍						
其他						

表 3-1 中，甲栏是分组，其他（1）～（6）栏皆为统计指标。

统计整理是根据综合表的要求进行的。一般来说，一张综合表的内容不宜太多，否则，工作和阅读都不方便若内容多也可分若干张表。统计整理阶段的工作内容大致可包括以下 5 个方面。

① 对调查来的资料首先进行审核。

② 按照综合表的要求进行分组或分类。

③ 对各单位的指标进行汇总或做必要的加工计算。

④ 将汇总整理的结果编制成统计表。

⑤ 做好统计资料的系统积累工作。

以上 5 个方面中，重要的问题在于确定对总体进行分组和如何分组，即确定分组体系，力求分组方法科学，能反映现象的客观过程。此外，综合结果要正确，这取决于两方面：一方面，被综合的资料要完整、正确，并且在进行综合时不能粗心大意；另一方面，要遵循实事求是的原则，对被综合的资料不允许随意篡改。

❋ 二、统计分组

（一）统计分组的概念、原则与作用

1．统计分组的概念

根据统计研究的目的和客观现象的内在特点，按某个标志（或几个标志）把被研究的总体划分为若干个不同性质的组，称为统计分组。统计分组的对象是总体。统计分组的标志可以是品质标志，也可以是数量标志。

从统计分组的性质来看，统计分组兼有分和合的双重含义。对于现象总体而言是"分"，即把总体分为性质相异的若干部分；而对于单位而言又是"合"，即把性质相同的许多单位结合为一组。对于分组标志而言是"分"，即按分组标志将不同的标志表现分为若干组；而对于其他标志而言是"合"，即在一个组内的各单位，即使其他标志表现不相同，也能结合在一组。由此可见，选择一种分组方法，突出了一种差异，显示了一种矛盾，必然同时掩盖了其他差异，忽略了其他矛盾。不同的分组方法，可能得出不同的结论。缺乏科学根据的分组，不但无法显示事物的根本特征，甚至会把不同性质的事物混淆在一起，歪曲客观现象的本质。因此，统计分组必须先对所研究现象的本质做全面、深刻的分析，确定所研究现象的属性及其内部差别，然后才能选择反映事物本质的正确的分组标志。

2．统计分组的原则

统计分组必须遵循两个原则：穷尽原则和互斥原则。

穷尽原则，就是使总体中的每一个单位都应有组可归，或者说各分组的空间足以容纳总体所有的单位。例如，把从业人员按文化程度分组，分为小学毕业、中学毕业（含中专）和大学毕业三组，那么，那些文盲或识字不多的从业人员以及大学以上学历的就业人员则无组可归。如果将分组适当调整为文盲及识字不多、小学毕业、中学毕业、大学及大学以上毕业，这样分组就可以包括全部从业人员的各种不同的文化程度，符合分组的穷尽原则。

互斥原则，就是在特定的分组标志下，总体中的任何一个单位只能归属于某一组，而不能同时或可能归属于几个组。例如，某商场把服装分为男装、女装、童装三类，这不符合互斥原则，因为童装也有男、女装之分。若先把服装分为成年与儿童两类，然后每类再分为男、女两组，这就符合互斥原则了。

3．统计分组的作用

统计分组的作用主要表现为以下几方面。

（1）区分总体类型。现象的类型是多种多样的，不同类型的现象存在本质差别，通过统计分组就可以把不同类型的现象区别开来。表3-2反映的是某企业职工文化程度分布状况。

表3-2　某企业职工文化程度分布状况

文化程度	人数/人	比例/%
高中	10	7.69
专科	56	43.08
本科	48	36.92
硕士研究生	16	12.31
合计	130	100.00

（2）反映总体内部结构。通过分组，统计总体被划分为若干组成部分，计算各组成部分的总量在总体总量中所占的比重，可以反映总体结构特征与总体结构类型。表3-3反映的是我国2023年国内生产总值的产业构成。

表3-3　我国2023年国内生产总值的产业构成

产业	增加值/亿元	比例/%
第一产业	89 755	7.1
第二产业	482 589	38.3
第三产业	688 238	54.6
合计	1 260 582	100.0

（3）可以分析总体在数量现象之间的依存关系。现象之间总是相互联系、相互依存、相互制约的，分组就是要在现象的各种错综复杂的联系中，找出内在的联系和数量关系。具体做法：可将一个可变标志（自变量）作为分组标志，观察另一个标志（因变量）相应的变动状况。例如居民家庭收入与就业人数有密切的联系，通过分组就可以反映这两个标志之间相互联系的程度和方向。表3-4反映了某地销售额与流通费用之间的关系。

表3-4　某地销售额与流通费用

销售额/万元	商店数/个	每百元销售额中所占流通费/元
50以下	20	23
50～100（不含）	30	22.1
100～200（不含）	35	19.7
200～300（不含）	35	19.2
300及以上	10	18.3

（二）分组标志的选择原则及统计分组的方法

统计分组的关键在于正确选择分组标志和划分各组的界限，分组标志就是分组的依据。

1．选择分组标志要遵循的原则

（1）应根据研究的目的与任务选择分组标志。选择一定标志对总体分组，是为了达到一定的研究目的，完成一定的研究任务。研究目的不同，选用的分组标志也有所不同。例如，以某地区全部居民住户为总体，如果要研究其生活水平情况，则应将户均收入或人均收入等作为分组标志；如果要研究其居住的拥挤困难情况，则应将人均居住面积等作为分组标志。所以，分组标志是随研究目的的变化而变化的。如果不管研究目的，千篇一律地用一个标志作为分组标志，是不会得到令人满意的结果的。

（2）要选择能够反映事物本质特征的标志作为分组标志。在一定的研究目的下，往往会有若干个标志与研究目的有关，可供人们选择，这时就应选择与研究目的关系最密切、最能反映现象本质特征的标志作为分组标志。例如，研究职工生活水平的情况，可以用职工的工资水平作为分组标志，也可以用职工家庭成员平均收入水平作为分组标志。究竟选用哪个分组标志更能充分反映职工的生活水平呢？职工工资水平的高低并不能反映职工生活水平的高低，职工生活水平的高低还要看其赡养的家庭人口数。因此，选用工资水平作为分组标志并不恰当，只能选用按家庭成员计算的平均收入水平作为分组标志。

（3）要根据现象的历史条件及经济条件来选择分组标志。社会经济现象随着时间、地点、条件的变化而变化，其标志的内涵也会发生变化。同一标志，过去适用，现在不一定适用；在这一场合适用，在另一场合不一定适用。例如，研究职工生活水平时，要划分出困难户有多少，应选用什么指标作为划分标准呢？显然要根据当时的物价水平及经济条件来确定，而且各个年代的标准是不同的。又如，粮食高产的标准、贫困县的标准等，都要依据所处的历史、经济条件来确定。

2．统计分组的方法

（1）按品质标志和数量标志分组。

① 按品质标志分组。按品质标志分组就是用反映事物的属性、性质的标志作为分组标志，它可以将总体单位划分为若干性质不同的组成部分。例如，职工按性别、文化程度、技术等级、籍贯等标志分组；企业按经济类型、轻重工业、企业规模等标志分组。按品质标志分组，一般来说，概念比较明确，分组也相对稳定，但有的分组也比较复杂，比如，产品、商品的分类就比较复杂。

② 按数量标志分组。按数量标志分组就是用反映事物数量特征的标志作为分组标志，将总体各单位划分为若干个组，其中每组用一个数值表示的是单项式分组。比如，按家庭拥有汽车数量分组，可分成 0、1、2、3 等 4 个组，每组用两个数值来表示的就是组距式分组。又如，按学习成绩将学生划分为 60 分以下、60~70 分（不含）、70~80 分（不含）、80~90 分（不含）、90~100 分等范围不同的 5 个组。关于按数量标志分组的具体问题将在下一个任务中阐述。

（2）简单分组、复合分组和分组体系。

① 简单分组。简单分组是对总体只按一个标志进行分组。例如，企业按生产规模可分为大型、中型、小型 3 组，人口按性别分为男、女两组。

② 复合分组。复合分组是对同一总体同时选择两个或两个以上标志进行多层次分组，即在按某一个标志分组的基础上，再依次按另一个标志进一步分组。例如，企业按经济类型分组后，再按生产规模进一步分组；在校学生按学科性质分为文科、理科，在按学科性质分组的基础上再按性别又分为男、女。

③ 分组体系。分组体系是根据统计任务与分组的要求，对同一总体进行多种不同的分组而形成的体系。它是一种相互补充、相互联系的分组系统，用于深化认识现象总体的数量表现。分组体系有两种形式，即平行分组体系和复合分组体系。

对同一总体选择两个或两个以上的标志分别进行简单分组，排列起来即平行分组体系。

例如，为了了解企业职工基本情况，可以选择年龄、工龄、文化程度等标志进行平行分组，形成平行分组体系，分组结果如下。

按工龄分组	按文化程度分组
5 年以下	小学及小学以下
5～10 年（不含）	初中
10～15 年（不含）	高中或中专
15～20 年（不含）	大专
20 年及以上	大学及大学以上

许多场合要用两个或两个以上的标志分组，即先按一个标志分组，在此基础上再按第二个标志分组，再层叠地按第三个标志分成更小的组，这种分组方式称为复合分组。例如，先根据社会生产活动历史的顺序将产业结构划分成 3 种产业，对第二产业再按行业进行第 2 次分组，然后对工业与建筑业按经济类型进行第 3 次分组，最终形成如下复合分组体系。

第一产业（大农业）
第二产业
      工业
      国有工业
      非国有工业
      建筑业
      国有建筑业
      非国有建筑业
第三产业
      流通部门
      服务部门

✳ 三、分配数列

（一）分配数列的概念与种类

将总体按某一标志进行分组，并按一定顺序排列出每个组的总体单位数，形成的数列称为分配数列，又称次数分配或次数分布。在分配数列中，分布在各个组的总体单位数称为次数，又称频数。各组次数与总次数之比称为比率，又称频率，也叫比重。由此可见，分配数列有两个组成要素：一个是各组名称（或各组变量值），另一个是次数或频率。分配数列根据分组标志的性质不同，可以分为品质数列与变量数列。

1. 品质数列

品质数列是指按品质标志分组后形成的数列，用来观察总体单位中不同属性的单位分布情况。例如，表 3-5 是人口按性别分组形成的品质数列。

微课

分配数列

表 3-5　2020 年我国人口普查性别构成表

人口按性别分组	人口数/万人	比重/%
男	72 334	51.24
女	68 844	48.76
合计	141 178	100.00

品质数列的编制比较简单，但要注意在分组时，应包括分组标志的所有表现，不能有遗漏，各种表现要互相独立、不得相容。

2．变量数列

变量数列是指按数量标志分组后形成的数列，用来观察总体单位中不同数量的单位分布情况。变量数列按每一组标志值多少的不同，分为单项数列和组距数列。

在变量值数目不多、数值变动幅度不大且呈离散型的条件下，统计数据可以编成单项数列，即用一个变量值代表一个组，如表 3-6 所示。

表 3-6　某企业工人按日产量分组

日产量/件	工人数/人	比重/%
20	10	5
21	20	11
22	30	17
23	50	28
24	40	22
25	30	17
合计	180	100

在变量值很多、数值变动范围很大且呈连续型的条件下，统计数据可以编成组距数列，即用一个区间代表一个组，表示变量值的变化范围，如表 3-7 所示。

表 3-7　某企业工人按工资分组

工资/元	工人数/人	比重/%
1 000 以下	50	10
1 000～1 500（不含）	125	25
1 500～2 000（不含）	225	45
2 000～2 500（不含）	75	15
2 500 及以上	25	5
合计	500	100

有些变量本质上是连续的，而在实践中常常用整数计量，例如年龄用"岁"、工资用"元"、体重用"千克"等，这时可以按离散变量处理。因此，连续变量当作离散变量看待时，也可以编制单项或组距数列。在组距数列中，需要明确以下要素。

（1）组限。组距数列中，每组的两端数值称为组限。组限分为上限和下限。每组的最小标志值称为下限，每组的最大标志值称为上限。如果各组上、下限都齐全，称为闭口组；如果组限不齐全，即最小组缺下限或最大组缺上限，称为开口组。编制组距数列的时候，还要考虑相邻组的上、下限怎样来表示，连续变量和离散变量的表示也有所区别。

① 连续变量。相邻组的上、下限要重叠，每组变量值都以下限为起点，上限为终点，

但不包括上限，即"上限不在内"的原则。例如表 3-7，若有一工人的工资恰好是 1 500 元，把他分到下限的一组，即第三组。

② 离散变量。相邻组的上、下限应该间断，但在实际工作中，为提高效率，简化手续，也可采用重叠分组。另外，当变量值出现极大值或极小值时，可采用开口组，即用"××以下"或"××以上"表示。

（2）组距。每组上限与下限之间的距离称为组距，即

$$组距=上限-下限$$

组距数列有等距和不等距两种。等距的变量数列是指各组的组距都相等，等距分组适用于现象的变动比较均匀的情况，例如工资水平分组、单位面积农产量分组等。但在现象变动不均匀时，或是为了特定的研究目的，常常采用不等距分组，编制不等距数列。例如人口的年龄分组常采用不等距分组。

（3）组中值。每组下限与上限之间的中点数值叫作组中值。根据组限可分为以下 3 种类型。

$$闭口组组中值=（本组上限+本组下限）÷2$$
$$下开口组组中值=本组上限-邻组组距÷2$$
$$上开口组组中值=本组下限+邻组组距÷2$$

表 3-7 中各组的组中值分别是 750 元、1 250 元、1 750 元、2 250 元、2 750 元。

组中值是代表各组标志值平均水平的数值，在计算各组平均指标时，如果没有原始资料而只有组距分组资料，那么需要利用组中值计算。它是从这样的前提出发的：当各组内标志值分布均匀时，组中值正好代表各组标志值的平均水平。所以，在计算总平均值时，采用各组的组中值代替各组标志值是简便易行的办法。但是，实际上，各组标志值并不是均匀分布的，组中值与各组的实际平均水平仍有一定的差距，它只是各组实际平均值的近似代表值。因此，用组中值计算的总平均值，也只是近似值。

（二）变量数列的编制

变量数列有单项式和组距式两种。编制变量数列，首先要确定变量数列的形式。当分组标志的标志值个数不多时，一般编制单项式变量数列；当分组标志的标志值较多，且属于连续变量（离散变量亦可）时，一般编制组距式变量数列。

下面举例说明变量数列的编制步骤。

某班级 40 名学生的英语课程考试成绩资料如下（单位：分）。

68	89	88	84	86	87	75	73	72	68
75	82	99	58	81	54	79	76	95	76
71	60	91	65	76	72	76	85	89	92
64	57	83	81	78	77	72	61	70	87

要分析学生的考试成绩，可以通过编制变量数列来反映学生的学习成绩情况。

1．将原始资料按分数从低到高的顺序排列，确定变量值的变动范围

可以看出成绩的变动范围和最大值、最小值，以及基本的集中趋势。

54	57	58	60	61	64	65	68	68	70
71	72	72	72	73	75	75	76	76	76
76	77	78	79	81	81	82	83	84	85
86	87	87	88	89	89	91	92	95	99

学生成绩的基本情况是，最低分 54 分，最高分 99 分，成绩的变动幅度为 54～99 分，差距为 99-54=45 分。另外，从数列中可看出，大多数学生的成绩在 60～90 分，不及格和 90 分以上的学生不多。

2．确定组数和组距

为反映总体不同性质组成部分的分布特征，可以考虑用组距式分组。根据研究对象的具体情况，对学习成绩的分析主要从不及格、及格、中、良好及优秀方面来考虑，于是考虑分为 5 组。

从资料及研究目的考虑，采用等距分组比较合适，因而有组距=（最大值-最小值）/组数 =45÷5=9（分），从计算角度出发，组距一般用 5 或 10 的倍数较好，尽量用整数，所以用 10 分作为组距。

3．确定组限和组限的表示方法

习惯上用离散变量的方法表示成绩，取整数作为组限，用重叠组限的形式。还要注意，最低组的下限要小于最小变量值，最高组的上限应大于最大变量值。根据上面分析分别统计各组学习成绩出现的次数并计算频率，形成变量数列，如表 3-8 所示。

表 3-8　40 名学生的英语课考试成绩分组资料

按成绩分组/分	学生人数/人	比重/%
60 以下	3	7.5
60～70（不含）	6	15
70～80（不含）	15	37.5
80～90（不含）	12	30
90～100	4	10
合计	40	100

在分组计算的基础上计算累计频数和累计频率。如果从最小变量值向最大变量值累计，称为向上累计，反之称为向下累计，如表 3-9 所示。

表 3-9　40 名学生的英语课考试成绩分配数列计算

向上累计				向下累计			
成绩分组上限	频数/人	累计频数/人	累计频率/%	成绩分组下限	频数/人	累计频数/人	累计频率/%
60	3	3	7.5	50	3	40	100
70	6	9	22.5	60	6	37	92.5
80	15	24	60	70	15	31	77.5
90	12	36	90	80	12	16	40
100	4	40	100	90	4	4	10
合计	40	—	—	合计	40	—	—

向上累计的意义：可以知道各组上限以下的累计频数和累计频率。表 3-9 中，第一组说明在 40 名学生中，考试成绩在 60 分以下的有 3 人，占总数的 7.5%；第二组则说明成绩在 70 分以下的有 9 人，占总数的 22.5%；以此类推。

向下累计的意义：可以知道各组下限以上的累计频数和累计频率。例如，表 3-9 中，第五组表示在 40 名学生中，成绩在 90 分以上的有 4 人，占总数的 10%；第四组表示成绩在 80 分以上的有 16 人，占总数的 40%；以此类推。

❊ 四、统计图表

统计表和统计图是显示统计数据的重要工具。统计调查所获得的原始资料是经过统计整理转化为系统、科学的统计资料，这些统计资料往往通过统计表和统计图表示。

（一）统计表

统计表是在统计工作中应用极其广泛的一种显示统计数据的工具。

1．统计表的概念和作用

统计表是用来显示经过汇总加工后的综合统计资料的一种表格形式。在统计工作过程中，统计调查得到的原始资料是经过统计整理后得到的可以说明社会经济现象特征和规律的统计数据，将这些统计数据按一定的项目和顺序排列在表格上显示出来，这些表格就是统计表。

采用统计表反映统计资料，主要有以下作用。

（1）能使统计资料条理化、系统化，清晰地表达统计数据之间的相互联系。

（2）能简洁、明了、紧凑地显示统计数据，具有用叙述方式显示统计数据所无法比拟的优势。

（3）便于计算和检查统计数据中数字的完整性和正确性。

2．统计表的结构

统计表的结构可以从内容和形式两方面进行分析。

（1）从内容上来看，统计表包括主词和宾词两部分。主词就是统计表所要说明的总体及其组成部分。宾词就是统计表用来说明总体数量特征的各项统计指标及其数值。一般主词列在表的左方，列于横栏；宾词列在统计表的右方，列于纵栏。但是，统计表主词和宾词排列的位置并不是固定不变的，有时考虑到资料显示的某些因素，也可以将主词与宾词的位置加以改变。

此外，统计表还有补充资料、注解、资料来源、填表单位、填表人等附加内容。

（2）从形式上看，统计表包括总标题、横行标题、纵栏标题和数字资料4部分。总标题是统计表的名称，它简明扼要地概括了全表的基本内容，并指明时间和范围，一般放置于统计表的上端正中。横行标题（也称横标目）是横行的名称，是指总体名称及其分组，一般放在表格的左方。纵栏标题（也称纵标目）是纵行的名称，是指用于说明总体及其分组的统计指标的名称，一般放在表格的上方。横行标题和纵栏标题共同说明填入表格中的统计数字所代表的内容。数字资料是填写在统计表的核心部分，是表格中指标的数值，用来说明总体及其组成部分的数量特征，列在横行和纵栏的交叉处，如表3-10所示。

表3-10　统计表结构

我国第七次人口普查人口性别构成表

按性别分组	人数/万人	比重/%
男	72 334	51.24
女	68 844	48.76
合计	141 178	100.00

总标题

纵栏标题

数字资料

横行标题

主词　　　宾词

由表 3-10 可知，我国 2020 年人口是总体，横行标题中男和女是对总体的分组（主词），纵栏标题中人数和比重是反映总体规模和说明总体及各组数量特征的统计指标（宾词），表中的数字资料是各项指标内容的具体表现。

3．统计表的分类

根据不同的分类标志，统计表可以划分为不同的类型。

（1）按用途不同，统计表可以分为调查表、整理表和分析表。

① 调查表是指在统计调查中用于登记、收集和表现原始统计资料的表格。

② 整理表是指在统计整理过程中用于统计汇总和表现汇总结果的表格。

③ 分析表是指在统计分析中用于对汇总结果进行定量分析的表格。

（2）按总体分组情况的不同，统计表可以分为简单表、分组表和复合表。

① 简单表是指主词未经任何形成分组的统计表，通常是指仅列出总体各单位的名称或按时间先后顺序简单排列的统计表。简单表多用于统计整理的初级阶段，主要用于收集调查的原始资料，如表 3-11 所示。

表 3-11 某地城区常住人口分布

区域	人数/万人
东湖区	30
西湖区	60
南湖区	50
北湖区	20
合计	160

② 分组表是指主词只按某一个标志进行分组形成的统计表。分组表可以揭示现象不同类型的特征，反映现象的内部结构以及分析现象之间的相互关系，如表 3-12 所示。

表 3-12 某班男女生构成

性别	学生人数/人	比重/%
男	20	40
女	30	60
合计	50	100

③ 复合表是指主词按两个或两个以上的标志进行重叠式分组形成的统计表。复合表可以反映所研究的现象受几种因素的共同影响而发生的变化，更加准确地把握现象变化的规律，详细地认识问题和说明问题，如表 3-13 所示。分组标志增加时，组数就会成倍增加，但分组太细也不利于研究现象的特征。可见，复合分组的标志并不是越多越好。

表 3-13 某班体育课达标情况

项目	性别	人数/人
达标	男	25
	女	3
未达标	男	16
	女	8

4．统计表的编制

在编制统计表时，应注意以下几个问题。

（1）统计表的总标题纵栏标题和横行标题要简明扼要，要用最简洁的文字表达统计表的内容。

（2）统计表的格式不能过于复杂，应简明、清晰。编制复合表时，分组标志不宜过多，如需要反映的内容较多、一张表容不下，可编制成两张统计表。

（3）要注明表中的计量单位。当表中计量单位一致时，应将其写在表的右上角。需要分别注明计量单位时，可在横行标题的右侧专辟一栏，填写计量单位。纵行计量单位可在纵栏标题的右边或下边用括号标出。

（4）统计表的数字填写工整、清楚，字码要整齐对位。当数字为零或因数小可忽略不计时，要写上"0"；当缺乏某项资料时，该栏用"—"表示；相同的数字照写，不能用"同左""同上"等字样表示。

（5）必要时可在表的下方加上注释，特别要注意注明资料来源，以表示对他人劳动成果的尊重，也方便读者查阅使用。

（6）统计表的形式要美观。表的长宽比例要恰当；基线和表格线要清晰；表的左右两端不画线，习惯称为开口表。在复合分组时，若采用的分组标志比较多，纵、横栏目较多，可进行编号，以便看起来更清楚。

（二）统计图

1．统计图的意义和种类

微课

选择统计图

统计图是指利用各种图形来表现统计资料的形式。它以点的多少、线的长短、面积或体积的大小、颜色的浓淡、线条的疏密或曲线的倾斜度及象形图示等说明问题，表现统计资料。统计图具有直观、形象、具体、生动，使人一目了然的优点，能够在人们的头脑中留下鲜明概括、深刻的印象，并且易被人们理解和掌握。利用统计图来表现和分析统计资料的方法叫作统计图示法，它具有简明、直观、形象、感染力强等优点。

统计图的主要作用包括比较同类指标，表明总体结构及其变化，反映社会经济现象的动态，分析现象之间的依存关系，揭示总体单位的分布情况，说明计划的执行情况，反映现象在地域上的分布情况。

统计图的种类很多，主要有条形图、圆形图、方形图、曲线图、象形图和统计地图等。各种图形有其不同的特点、作用，但是无论绘制哪一种统计图，都有不少共同遵守的原则。例如，对图示资料和图形的选择必须十分慎重，看它是否符合党的方针政策的要求，是否准确；对图示用的线条、色彩、字体、图案和宣传画等，要兼顾科学性和艺术性。另外，在需要时，也可以将统计图与统计表结合起来使用，以取得更好的效果。

2．统计图的构成要素

一张完整的统计图，一般由以下几部分构成。

（1）图示，即根据统计资料所绘成的各种图形。它们是统计图的主体部分。

（2）图题，即统计图的标题、名称。它可以简明扼要地说明统计图的内容。统计图的标题既可以放在图的上方，又可以放在图的下方。放在上方是为了突出标题，通常用大号字；放在下面是为了突出图形，通常用小号字。

（3）尺度，即测定数字大小的标尺。它通常包括尺度线、比度、读数。

（4）图线，即构成统计图的线。它包括以下4种。

① 基线，是统计图的基本线，也是多数统计图的横轴。

② 轮廓线，是测定图形范围的线。

③ 指导线，是由各比度点所引出的线，可分为纵指导线和横指导线两种。

④ 破格线，是用来调整图尺度的线条，通常用双重水波纹线条表示删除或者省略。

（5）标目，即在纵轴的外侧面和横轴的下面，说明纵轴、横轴分别代表的事物及其计量单位的小标题。

（6）图例，即对图示中各种线条、形象、颜色等所做的简要说明和注释。

（7）文字说明，即对图示资料的来源，包括范围、计算口径和方法等，所做的简要说明。

（8）底纹和插图，即加强图示效果而增加的图、照片等。

（9）图号，即统计图按照类别或次序排的编号。

3．几种常用的统计图的绘制方法

（1）条形图。条形图是宽度相等、以高度或长度的差异来比较统计指标数值大小的一种图形。条形图是一种简明、醒目、常用的图形。条形图的形式可以分为纵排和横排。纵排条形图通常称为柱形图或直条图；横排条形图通常称为带形图或横条图。纵排或横排条形图在说明统计资料时，又可分为简单条形图、复合条形图、分段条形图等。图3-1所示为简单条形图。

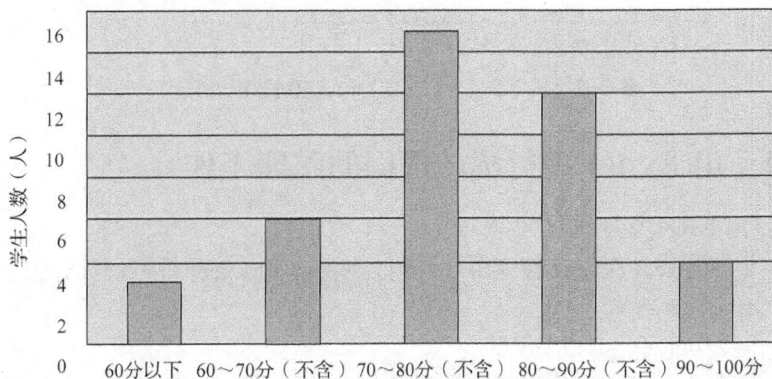

图3-1 某班英语课程考试成绩统计

（2）平面图。平面图是以几何图形（正方形、长方形及圆形等）面积的大小来表示统计资料的一种图形。平面图可以用来比较统计指标，也可以用来说明总体结构及其时间上的变化，还可以用来表述由两个因素构成的复杂经济现象。在实际工作中，平面图有正方形图、方块图、圆形图、长方形图等，其中圆形图最常用。

① 圆形图的绘制方法是根据圆面积等于半径的平方乘以圆周率的原理，首先将图示各项资料数值开平方，将开得的平方根按照适当的比例确定圆半径的长度，即可绘制各个圆面积。

② 圆形结构图的绘制方法是根据扇形面积与圆心角成正比，每1%扇形面积对应圆心角度数为3.6°，因而把总体构成各部分的比重分别乘以3.6°，即可得各组成部分应占的圆心角的度数。据此，利用量角器便可画出总体各组成部分应占的扇形面积，如图3-2所示。

（3）曲线图。曲线图通常简称为折线图。它是利用曲线的升降起伏来表示统计指标数值变化的一种图形。它用于分析社会经济现象的发展变化的规律、趋势以及现象之间的关系，如图3-3所示。

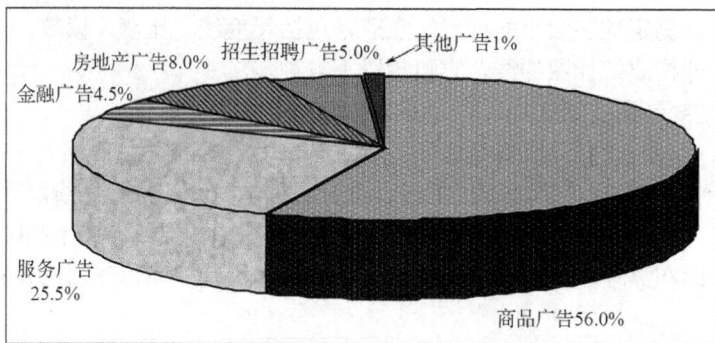

图 3-2　某城市居民关注不同类型广告的人数构成

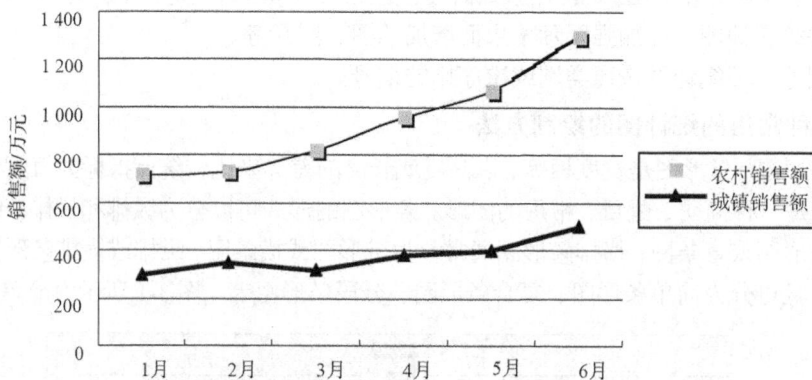

图 3-3　某产品上半年在农村和城镇销售额情况

❋ 五、实训：用 Excel 进行统计数据的整理工作

实训项目：用 Excel 整理统计数据。

实训目的：掌握 Excel 在统计整理中的作用，熟练运用 Excel 进行统计分组、数据排序、编制分配数列，并据此绘制统计图。

实训内容和操作步骤如下。

（一）进行数据分组并制作直方图

实训资料：某班 30 名学生的身高（单位：cm）如下。

163	158	173	156	155	170	165	162	160	167
163	168	170	174	163	164	164	161	159	162
164	154	156	161	171	159	160	172	160	173

操作步骤如下。

启动 Excel 2003，新建一个工作簿 Book 1。准备用 Excel 进行统计分组。

第一步，录入 30 名学生的身高数据，如图 3-4 所示。

第二步，对输入的数据进行排序。首先选中所有的数据资料，然后单击"数据"菜单中的"排序"选项，选择按照身高的升序排列，如图 3-5 所示。

第三步，在"工具"菜单中单击"数据分析"选项，如图 3-6 所示。打开"数据分析"对话框，从"分析工具"列表中选择"直方图"，单击"确定"按钮，如图 3-7 所示，打开"直方图"对话框。

图 3-4　录入身高数据

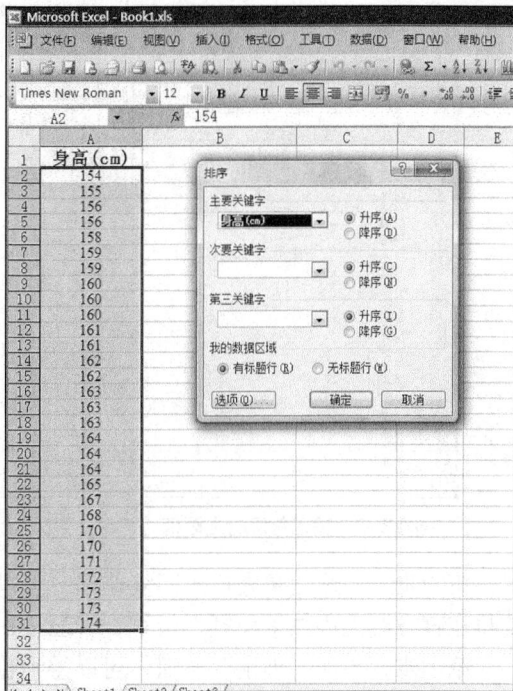

图 3-5　身高数据按升序排列

图 3-6　"数据分析"选项

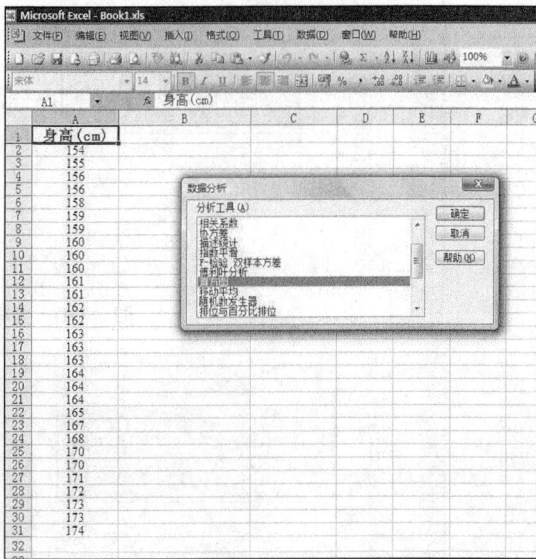

图 3-7　选择"直方图"分析工具

第四步，假定把 30 名学生的分组标志输入到 B2:B6 单元格，值得注意的是，这里只能输入每组的上限值，即 155、160、165、170、175，如图 3-8 所示。在"直方图"对话框中的"输入区域"文本框输入"$A$2:$A$31"，在"接收区域"文本框中输入"$B$2:$B$6"。接收区域指的是分组标志所在的区域。

第五步，选择输出选项，可选择输出区域、新工作表组或新工作簿。在这里选择输入区域，可以直接选择一个区域，也可以直接输入代表输出区域左上角的单元格，推荐只输入一个单元格，本例中输出区域为 B9，如图 3-9 所示，因为事先并不知道具体的输出区域有多大。

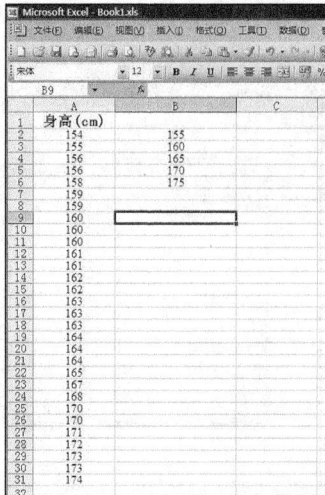

图 3-8　输入每组的上限值　　　　　　图 3-9　"直方图"对话框

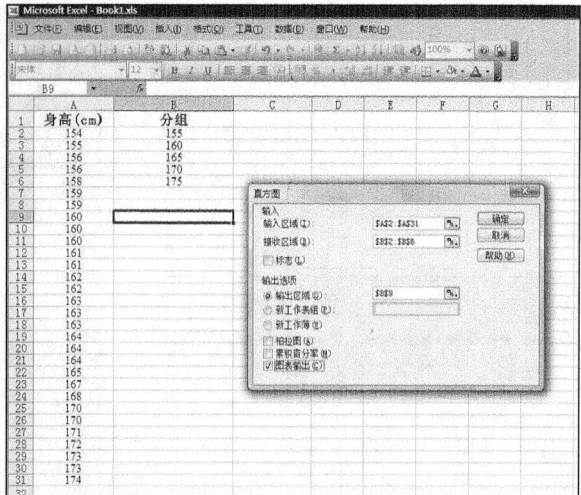

第六步，勾选"图表输出"复选框，可以得到直方图；勾选"累积百分率"复选框，系统将在直方图上添加累积频率折线；勾选"柏拉图"复选框，可以得到按降序排列的直方图。

第七步，单击"确定"按钮，可以得到输出结果，如图 3-10～图 3-12 所示。

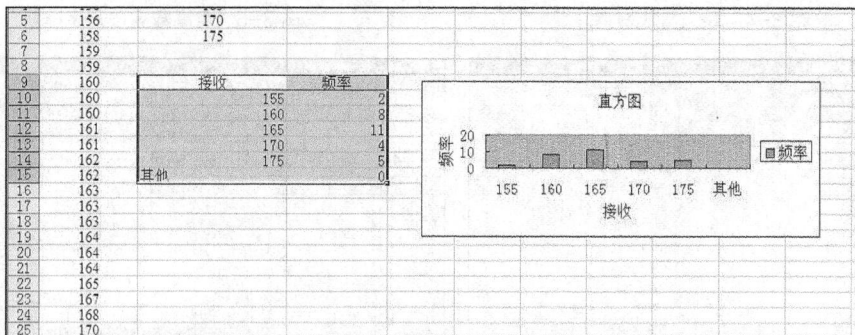

图 3-10　频率分布结果

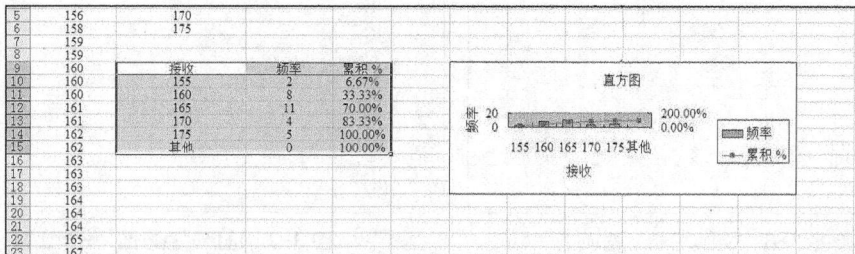

图 3-11　"累积百分率"式分布结果

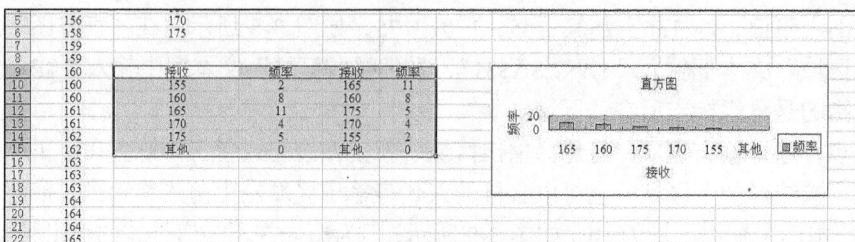

图 3-12　"柏拉图"式分布结果

📖 注意

图 3-10～图 3-12 实际上是都是"草图",是条形图,而并非直方图;若要使其成为直方图,还需要做如下修改。

(1)单击任意直条,然后单击鼠标右键,在弹出的快捷菜单中选择"数据系列格式",再在弹出的"数据系列格式"对话框中单击"选项"选项卡,可以调整"分类间距"为 0,如图 3-13 所示。

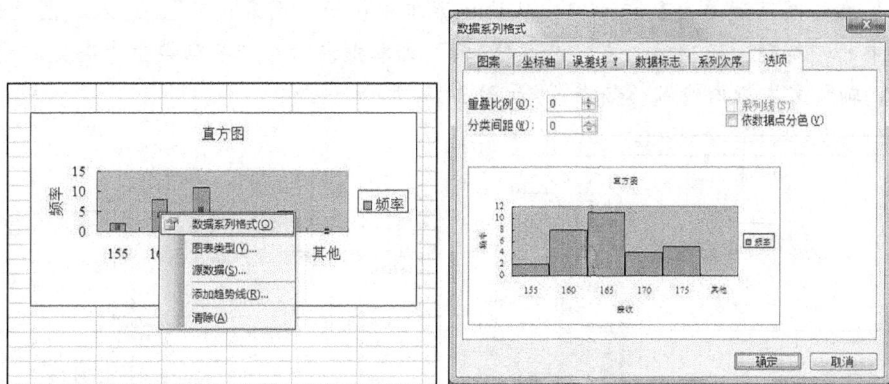

图 3-13 调整分类间距

(2)在图域的非直条处单击鼠标右键,在弹出的快捷菜单中选择"清除",清除背景色,如图 3-14 所示。

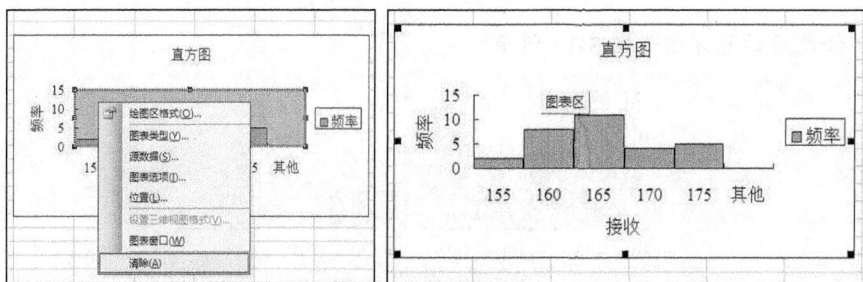

图 3-14 清除背景色

(3)将图 3-14 中的"其他"清除,直方图中的"其他"直条会随之消失,如图 3-15 所示。

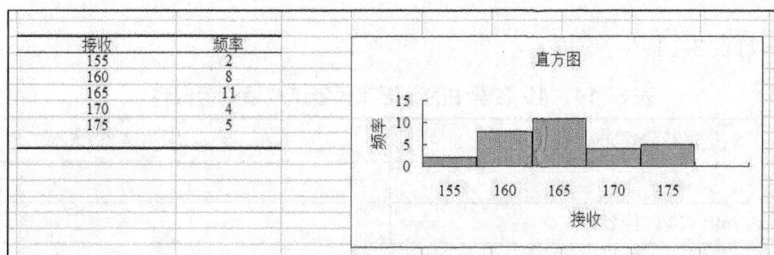

图 3-15 清除"其他"

(4)在图例上单击鼠标右键,在弹出的快捷菜单中选择"清除"清除图例"频率",用类似的方法清除图表标题"直方图",如图 3-16 所示。

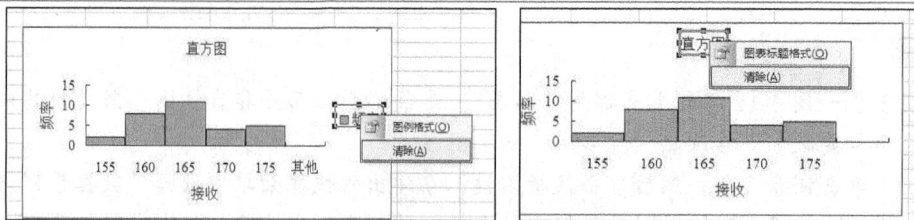

图 3-16　清除图例及图表标题

（5）在绘图区域单击鼠标右键，从快捷菜单中选择"图表选项"，进入"图表选项"对话框中的"标题"选项卡，在"分类(X)轴"文本框内输入"某班学生身高直方图"，在"数值(Y)轴"文本框内输入"频率"，如图 3-17 所示。

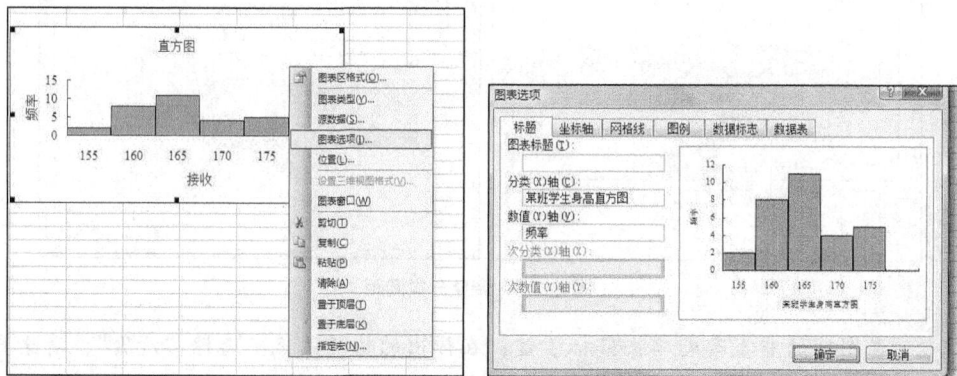

图 3-17　设置"分类轴"和"数值轴"标题

（6）修改后的直方图如图 3-18 所示。

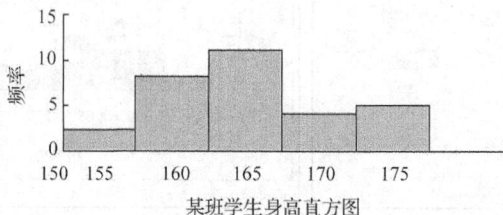

图 3-18　修改后的直方图

（二）运用 Excel 绘制统计图

相关资料如表 3-14 所示。

表 3-14　40 名学生的英语课程考试成绩分组资料

按成绩分组/分	学生人数/人
60 以下	3
60～70（不含）	6
70～80（不含）	15
80～90（不含）	12
90～100	4
合计	40

先将统计分组的数据输入 Excel 工作表中，如图 3-19 所示。

统计图绘制步骤如下。

（1）绘制饼图。饼图也称圆形图，是用圆形及圆内扇形的面积来表示数值大小的图形。饼图主要用于表示总体中各组成部分所占的比例，对于研究结构性问题十分有用。

第一步，在"插入"下拉菜单中选择"图表"。

第二步，打开"图表向导"对话框，在"图表类型"中选择"饼图"，然后在"子图表类型"中选择一种类型，这里选用系统默认的方式，如图 3-20 所示。然后单击"下一步"按钮，打开"源数据"对话框。

图 3-19 输入数据

图 3-20 选择"饼图"

第三步，在"源数据"对话框中输入数据所在区域，或用鼠标直接选择数据所在区域，如图 3-21 所示。

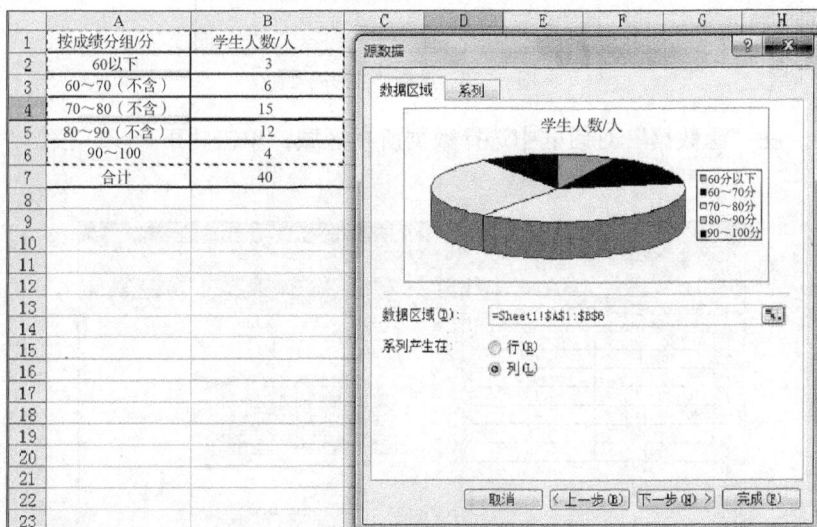

图 3-21 "源数据"对话框中选择数据所在区域（1）

第四步，单击"下一步"按钮，生成饼图，如图 3-22 所示。在图表选项中，可以对"标题""图例""数据标志"进行适当处理。如果要修改图形，可用双击图表，然后双击需要修改的部分即可进行修改。

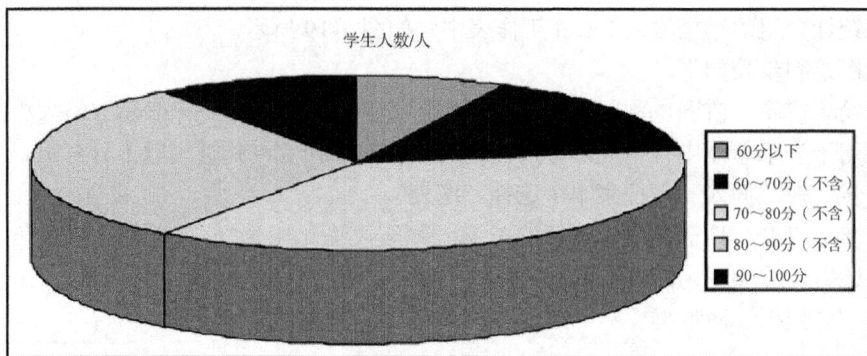

图 3-22　饼图

（2）绘制柱形图。柱形图主要用于显示各个项目之间的比较情况，仍以表 3-14 为例说明柱形图的绘制步骤。

第一步，选中某一单元格，单击"插入"，在下拉菜单中选择"图表"选项，打开"图表向导"对话框，在"图表类型"中选择"柱形图"，单击"下一步"按钮，如图 3-23 所示。

图 3-23　选择"柱形图"

第二步，在"源数据"对话框中选择数据所在区域，单击"下一步"按钮，如图 3-24 所示。

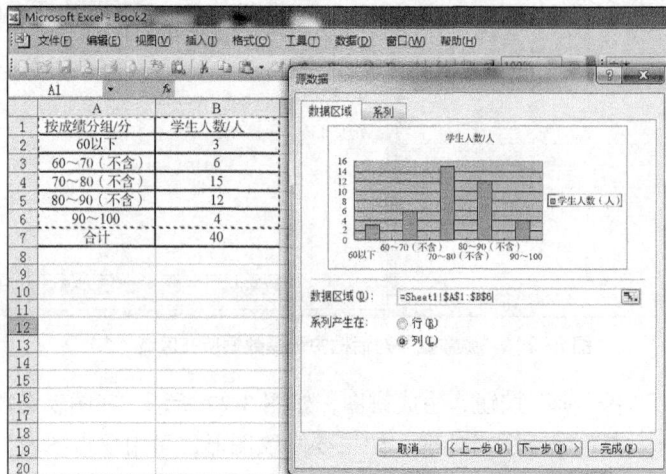

图 3-24　"源数据"对话框中选择数据所在区域（2）

第三步，在"图表选项"对话框中，将图表标题改为"学生成绩表"，如图 3-25 所示。

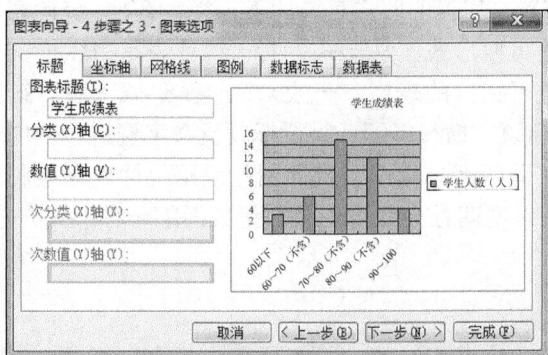

图 3-25 修改图表标题

第四步，单击"下一步"和"完成"按钮，调整后得到的柱形图如图 3-26 所示。

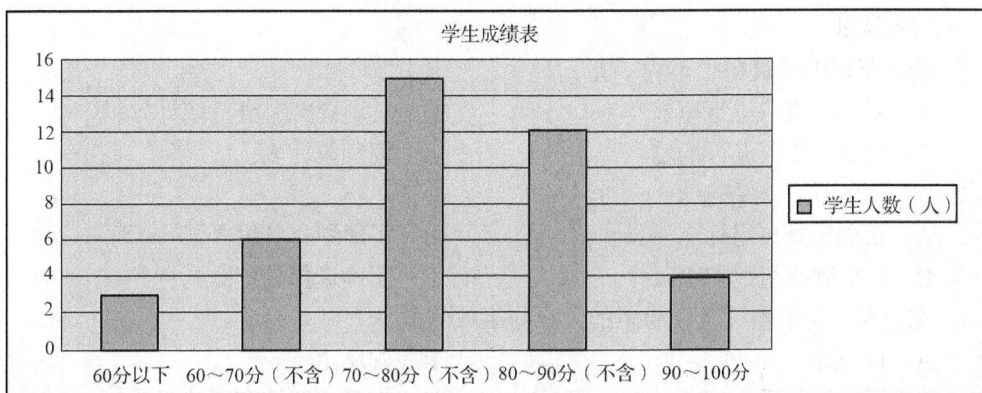

图 3-26 柱形图

任务小结

本任务旨在让读者了解统计整理的意义和内容、统计分组、分配数列及统计图表等相关概念和内容。读者应重点掌握统计分组的方法，其中注意分组标志是统计分组的核心问题。在分组的基础上进行分配数列的编制，熟悉其中的相关概念，例如组数、组距、组中值等，并学会用统计图表来表示统计资料。

统计整理是根据统计任务与要求，对统计调查所收集到的原始资料进行科学加工，使其条理化、系统化的工作过程。统计整理工作的主要内容是统计分组与汇总并编制统计表与统计图等。

统计分组就是根据统计研究的目的和现象总体的内在特点，将统计总体按照某一标志划分为若干性质不同而又有联系的几部分。统计分组的关键问题是选择分组标志和确定各组界限。

分配数列是指在统计分组的基础上，将总体按某标志分组后，形成的组别与各组单位数按一定次序排列起来的数列，也可称为次数分配或次数分布。分配数列有两个组成要素：一个是各组名称，另一个是次数或频率。

　　经过整理的统计资料，其表现形式有统计表、统计图等。统计表是一种用以表现统计数据的重要形式。从形式上看，统计表是由纵横交叉的直线组成的左、右两边不封口的表格。一般来说，从形式上看，统计表由 4 部分组成，即总标题、横行标题、纵栏标题及数字资料。从内容上看，统计表由主词和宾词两部分构成。统计图是根据统计数据绘制的几何图形或具体图形，用以说明社会经济现象数量方面的一种形式，常用的有条形图、平面图、曲线图等。

案例分析

全国电影票房

习题与实训

一、单选题

1. 统计整理的关键在于（　　）。

　　A. 对调查资料进行审核　　　　　　B. 对调查资料进行统计分组

　　C. 对调查资料进行汇总　　　　　　D. 编制统计表

2. 统计分组的关键在于（　　）。

　　A. 正确选择分组标志　　　　　　　B. 正确划分各组界限

　　C. 正确确定组数和组限　　　　　　D. 正确选择分配数列种类

3. 在全距一定的情况下，组距的大小与组数的多少（　　）。

　　A. 成正比　　　　　　　　　　　　B. 成反比

　　C. 无比例关系　　　　　　　　　　D. 有时成正比有时成反比

4. 简单分组与复合分组的区别在于（　　）。

　　A. 总体的复杂程度不同　　　　　　B. 组数多少不同

　　C. 选择分组标志的性质不同　　　　D. 选择分组标志的数量不同

5. 等距分组适合于（　　）。

　　A. 一切变量　　　　　　　　　　　B. 变量变动比较均匀的情况

　　C. 呈急剧升降变动的变量　　　　　D. 按一定比率变动的变量

6. 对职工的生活水平状况进行分组研究，正确地选择分组标志应当用（　　）。

　　A. 职工月工资总额　　　　　　　　B. 职工人均月收入额

　　C. 职工家庭成员平均月收入额　　　D. 职工的人均月岗位津贴及奖金

7. 简单表与分组表的区别在于（　　）。

　　A. 主词是否分组　　　　　　　　　B. 宾词是否分组

　　C. 分组标志的多少　　　　　　　　D. 分组标志是否重叠

8. 统计表的横行标题表示各组的名称，一般应写在统计表的（　　）。

　　A. 上方　　　　　B. 左方　　　　　C. 右方　　　　　D. 以上选项均可以

9. 在统计汇总时，如果只要求计算各组分配数列的单位数，可采用（　　）。

　　A. 过录法　　　　B. 划记法　　　　C. 折叠法　　　　D. 卡片法

10. 在填写统计表时，当发生某项不应有的数字时，用（　　）表示。

　　A. O　　　　　　　B. ×　　　　　　C. ——　　　　　D. …

11. 按某一标志分组的结果表现为（　　　）。
    A. 组内同质性，组间同质性
    B. 组内同质性，组间差异性
    C. 组内差异性，组间同质性
    D. 组内差异性，组间差异性

12. 累计次数或累计频率中的"向上累计"是指（　　　）。
    A. 将各组变量值由小到大依次相加
    B. 将各组次数或频率由小到大依次相加
    C. 将各组次数或频率从变量值最低的一组向最高的一组依次相加
    D. 将各组次数或频率从变量值最高的一组向最低的一组依次相加

13. 下列分组中属于按品质标志分组的是（　　　）。
    A. 学生按考试分数分组
    B. 产品按品种分组
    C. 企业按计划完成程度分组
    D. 家庭按年收入分组

14. 如果数据分布很不均匀，则应编制（　　　）。
    A. 开口组
    B. 闭口组
    C. 等距数列
    D. 不等距数列

15. 次数分布和频率相同的是（　　　）。
    A. 变量数列
    B. 组距数列
    C. 等距数列
    D. 异距数列

16. 统计表的结构按形式分为总标题、横行标题、纵栏标题和（　　　）4部分。
    A. 数字资料
    B. 主词
    C. 宾词
    D. 标志值

17. 在组距分组时，对于连续变量，相邻两组的组限（　　　）。
    A. 必须是重叠的
    B. 必须是间断的
    C. 可以是重叠的，也可以是间断的
    D. 必须取整数

18. 下列属于分组表的是（　　　）。
    A. 主词为各年份，宾词为各产量
    B. 主词为各产业，宾词为各产值
    C. 主词为各姓名，宾词为各年龄
    D. 主词为各国家，宾词为各 GDP

19. 有一个学生的考试成绩为70分，在统计分组中，这个变量值应归入（　　　）。
    A. 60～70 分一组
    B. 70～80 分一组
    C. 60～70 分或 70～80 分两组都可以
    D. 0～100 分一组

20. 某主管局将下属企业先按轻、重工业分类，再按企业规模分组，这样的分组属于（　　　）。
    A. 简单分组
    B. 复合分组
    C. 分析分组
    D. 结构分组

21. 简单分组和复合分组的区别在于（　　　）。
    A. 选择分组标志的性质不同
    B. 选择分组标志的多少不同
    C. 组数的多少不同
    D. 组距的大小不同

22. 20个工人看管机器台数资料如下：2，5，4，4，3，4，3，4，4，2，2，4，3，4，6，3，4，5，2，4。如按以上资料编制分配数列，应采用（　　　）。
    A. 单项式分组
    B. 等距分组
    C. 不等距分组
    D. 以上几种分组均可以

23. 某连续变量数列，其末组为开口组，下限为 200，又知其邻组的组中值为 170，末组的组中值为（　　　）。
    A. 260
    B. 215
    C. 230
    D. 185

24. 下列分组中属于按数量标志分组的是（　　　）。
    A. 男学生按身高分组
    B. 产品的一、二、三等品分组
    C. 学生按民族分组
    D. 家庭户口类型分组

25. 复合分组是（   ）。

    A. 用同一标志对两个或两个以上的总体层叠起来进行分组

    B. 对某一总体选择一个复杂的标志进行分组

    C. 对同一总体选择两个或两个以上的标志层叠起来进行分组

    D. 对同一总体选择两个或两个以上的标志并列起来进行分组

26. 某连续变量组距数列，第一组为 500 以下，又知其邻组组中值为 520，则其末组组中值为（   ）。

    A. 510   B. 520   C. 480   D. 490

27. 对某一总体同时选择 3 个标志进行复合分组，各个标志所分组数分别为 2、4、3，则最后所得组数为（   ）。

    A. 3   B. 9   C. 24   D. 27

28. 分配数列的类型主要决定于（   ）。

    A. 统计总体所处的条件   B. 社会经济现象本身的性质

    C. 分组标志的选择   D. 各组界限的划分

29. 下面属于变量数列的是（   ）。

    A. 学生按班级分组   B. 电站按发电能力分组

    C. 商业企业按所有制类型分组   D. 企业按经济部门分组

30. 一个组距数列中，若某组向上累计频数为 80，则说明总体中（   ）。

    A. 小于该组标志值的单位有 80

    B. 等于该组标志值的单位有 80

    C. 大于该组标志值的单位有 80

    D. 小于或等于该组标志值的单位有 80

二、判断题

1. 按一个标志进行的分组是简单分组，按多个标志进行的分组是复合分组。 （   ）

2. 手动汇总中的折叠法简便易行，省时省力，但一旦出错须从头返工。 （   ）

3. 手动汇总中的点线法只能汇总单位数，不能汇总标志值。 （   ）

4. 统计表中不存在某项数字时，应用"—"表示。 （   ）

5. 统计分组的首要问题就是正确划分各组的界限。 （   ）

6. 在编制变量数列时，若资料有特大或特小的极端数值，则宜采用开口组表示。

                                                      （   ）

7. 连续变量只能做组距式分组，且组限只能是重叠组限表示法。 （   ）

8. 所谓"上限不在内"原则，是指当某单位的标志值恰好等于某组上限时，就把该单位归入该组。 （   ）

9. 分配数列有两种表现方法，一种是用表格表示，另一种是用图表示。 （   ）

10. 统计整理就是对统计资料进行汇总、加工处理。 （   ）

11. 能否对总体进行分组，是由统计总体中各单位所具有的差异性决定的。 （   ）

12. 统计分组的关键问题是确定组距和组数。 （   ）

13. 组中值是根据各组上限和下限计算的平均值，所以它代表了每一组的平均分配次数。 （   ）

14. 分配数列的实质是把总体单位总量按照总体所分的组进行分配。 （   ）

15. 分配数列中的次数也称为频数。频数的大小反映了它所对应的标志值在总体中所起的作用程度。 （　　）

16. 某企业职工按文化程度分组形成的分配数列是一个单项式分配数列。 （　　）

17. 对资料进行组距式分组，是假定变量值在各组内部的分布是均匀的，所以这种分组会使资料的真实性受到损害。 （　　）

18. 按数量标志分组形成的分配数列和按品质标志分组形成的分配数列，都可称为次数分布。 （　　）

19. 按数量标志分组的目的，就是要区分各组在数量上的差异。 （　　）

20. 统计分组以后掩盖了各组内部各单位的差异，而突出了各组之间单位的差异。
（　　）

三、多选题

1. 统计整理的方法有（　　）。
   A. 统计分组　　　　B. 划分经济类型　　C. 检验统计资料库
   D. 统计汇总　　　　E. 编制表统计

2. 统计分组是（　　）。
   A. 在统计总体内进行的一种定性分类
   B. 在统计总体内进行的一种定量分类
   C. 将同一总体区分为不同性质的组
   D. 把总体划分为一个个性质不同、范围更小的总体
   E. 将不同的总体划分为性质不同的组

3. 统计分组的作用是（　　）。
   A. 划分社会经济类型　　　　　　B. 说明总体的基本情况
   C. 研究同质总体的结构　　　　　D. 说明总体单位的特征
   E. 研究现象之间的依存关系

4. 在组距数列中，组中值（　　）。
   A. 是上限和下限之间的中点数值　　B. 用来代表各组标志值的平均水平
   C. 在开放式分组中无法确定　　　　D. 就是组平均数
   E. 在开放式分组中，可以参照相邻组的组距来确定

5. 在分配数列中，（　　）。
   A. 总次数一定，频数和频率成反比
   B. 各组的频数之和等于 100
   C. 各组频率大于 0，频率之和等于 1
   D. 频率越小，则该组的标志值所起的作用越小
   E. 频率表明各组标志值对总体的相对作用程度

6. 统计表按主词是否分组及分组的程度，可分为（　　）。
   A. 简单表　　　　B. 一览表　　　　C. 分组表
   D. 复合表　　　　E. 单一表

7. 下列分组哪些是按品质标志分组？（　　）
   A. 职工按工龄分组　　　　　　B. 科技人员按职称分组
   C. 人口按民族分组　　　　　　D. 企业按经济类型分组
   E. 人口按地区分组

8. 下面哪些分组是按数量标志分组？（　　　）

    A. 企业按销售计划完成程度分组　　　　B. 学生按健康状况分组

    C. 工人按产量分组　　　　　　　　　　D. 职工按工龄分组

    E. 企业按隶属关系分组

9. 将某地区国有企业按产值计划完成程度分为以下4种，（　　　）是正确的。

A. 第一种	B. 第二种	C. 第三种	D. 第四种
100%以下	80 %以下	80%以下	85%以下
100%～110%	80.1%～90%	80%～90 %	85%～95%
110%以上	90.1%～100%	90%～100%	95%～105%
	100.1%～110%	100%～110%	105%～115%
	110.1%以上	110%以上	115%以上

10. 分配数列（　　　）。

    A. 由总体按某标志所分的组和各组单位数两个因素构成

    B. 由组距和组数、组限和组中值构成

    C. 包括品质数列和变量数列两种

    D. 可以用图表形式表现

    E. 可以表明总体结构和分布特征

11. 表 3-15 中的数列属于（　　　）。

表 3-15　数列

身高/cm	人数/人	比重/%
150～160（不含）	40	20
160～170（不含）	100	50
170～180	60	30
合计	200	100

    A. 变量数列　　　　　B. 品质数列　　　　　C. 等距数列

    D. 异距数列　　　　　E. 闭口数列

12. 统计资料表现的形式有（　　　）。

    A. 统计表　　　　　B. 统计图　　　　　C. 问卷

    D. 统计指标　　　　E. 统计报告

13. 分配数列是（　　　）。

    A. 按数量标志分组形成的数列

    B. 按品质标志分组形成的数列

    C. 按数量标志或品质标志分组形成的数列

    D. 按总体单位数分组形成的数列

    E. 就是次数分布

14. 编制变量数列的步骤有（　　　）。

    A. 确定组数　　　　　B. 确定组限　　　　　C. 确定组距

    D. 确定组中值　　　　E. 计算各组频数和频率

15. 从内容上看，统计表的构成要素包括（　　　）。

    A. 主词　　　　　B. 宾词　　　　　C. 标题

    D. 指标数值　　　E. 填表说明

四、计算题

1. 某连续变量数列，其末组为开口组，下限为 200，又知其邻组的组中值为 170。

要求：计算末组的组中值。

2. 某连续变量数列，其首组为 100 以下，其邻组组中值为 130。

要求：计算首组的组中值。

3. 某班 40 名学生统计学考试成绩（单位：分）分别为：

57 89 49 84 86 87 75 73 72 68 75 82 97 81 67 81 54 79 87
95 76 71 60 90 65 76 72 70 86 85 89 89 64 57 83 81 78 87 72
61

学校规定：60 分以下为不及格，60～70 分（不含）为及格，70～80 分（不含）为中，80～90 分（不含）为良，90～100 分为优。

要求：（1）将该班学生分为不及格、及格、中、良、优 5 组，编制分配数列；

（2）指出分组标志及类型、分组方法的类型，分析该班学生考试情况。

4. 某生产车间 30 名工人日加工零件数（单位：件）如下：

30 26 42 41 36 44 40 37 37 25 45 29 43 31 36
36 49 34 47 33 43 38 42 32 34 38 46 43 39 35

要求：根据以上资料分成如下几组，25～30 件（不含）、30～35 件（不含）、35～40 件（不含）、40～45 件（不含）、45～50 件，计算各组的频数、频率和累计频率，整理编制分配数列。

5. 某商店每个职工周薪为 540 元、620 元、450 元、600 元、640 元、490 元、560 元、690 元、580 元、720 元，以 100 元为组距，将上述资料进行分组。

要求：列出各组次数和频率。

五、实训练习

1. 现有某管理局下属 40 个企业产值计划完成百分比（单位：%）资料如下：

97、122、119、112、113、117、105、107、120、107、125、142、103、115、119、88、115、158、146、126、108、110、137、136、108、127、118、87、114、105、117、124、129、138、100、103、92、95、127、104

要求：（1）据此编制分配数列（提示：产值计划完成百分比是连续变量）；

（2）画出分配数列直方图。

2. 某校学生对课堂教学方式看法的统计汇总表如表 3-16 所示。

表 3-16　某校学生对教学方式看法的汇总

序号	应该采用的教学方式	占比/%
1	以自学为主、教师课堂讲述为辅	23.2
2	以教师课堂讲述为主、自学为辅	11
3	自学与教师课堂讲述相结合	50
4	教学完全讲述，学生完成相关作业	9.1
5	没有考虑过	4.4
6	其他	2.3
	合计	100

要求：根据表 3-16，用 Excel 绘制饼图和直方图。

3. 某市 2016—2020 年 GDP 构成如表 3-17 所示。

表 3-17　某市 2016—2020 年 GDP 构成　　　　　　单位：亿元

年份	2016	2017	2018	2019	2020
总投资额	200	230	280	330	380
净出口额	80	85	107	132	146
总消费额	50	42	56	60	63

要求：根据表 3-17，用 Excel 绘制折线图。

总量指标和相对指标分析

知识目标

1. 了解总量指标的概念和作用。
2. 掌握时期指标和时点指标的区别。
3. 了解相对指标的概念和作用。

能力目标

1. 熟练掌握各种相对指标之间的联系与区别。
2. 能运用各种相对指标对经济现象进行计算和分析。

素养目标

1. 树立大局意识和全局观。
2. 培养积极进取、勇于开拓的创新精神。

🛒 知识结构图

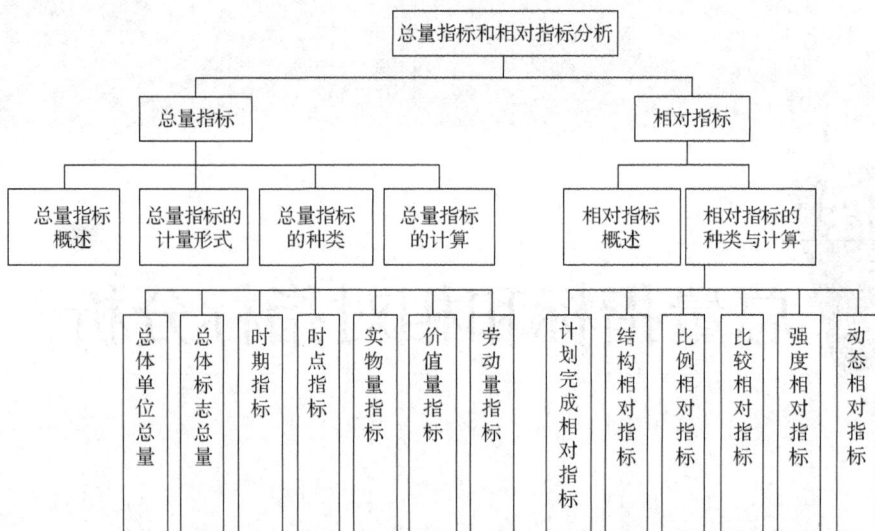

⚙ 任务导入

　　人口密度是单位土地面积上的人口数量。通常使用的计量单位有两种：人/平方公里和人/公顷。它是衡量一个国家或地区人口分布状况的重要指标。计算人口密度的土地面积是指领土范围内的陆地面积和内陆水域面积，不包括领海面积。世界人口密度最高的地区在亚洲，其中有日本、朝鲜半岛、中国、中南半岛、南亚次大陆、伊拉克南部、黎巴嫩、以色列、土耳其沿海地带；在非洲有尼罗河下游、非洲的西北、西南以及几内亚湾的沿海地区；在欧洲，除北欧与俄罗斯的欧洲部分的东部地区以外，都属于人口密度较高的地区；在美洲主要是美国的东北部、巴西的东南部，以及阿根廷和乌拉圭沿拉普拉塔河的河口地区。

　　根据第七次全国人口普查结果，截止到 2020 年 11 月 1 日零时，我国总人口数为 1 443 497 378 人。根据联合国人口基金会公布的《2020 年世界人口状况报告》，世界人口最多的国家前五名分别为：中国、印度（约 13.8 亿）、美国（约 3.31 亿）、印尼（约 2.74 亿）、巴西（约 2.13 亿），2020 年中国依然是世界人口最多的国家；从人口密度来看，中国人口密度约为 150 人/平方公里、印度约为 463 人/平方公里、美国约为 35 人/平方公里、印尼约为 144 人/平方公里、巴西约为 25 人/平方公里，中国并不是世界人口密度最大的国家。世界人口密度较大的国家有：新加坡（约 7 918 人/平方公里）、巴林（约 1 882 人/平方公里）、马尔代夫（约 1 714 人/平方公里）、孟加拉国（约 1 286 人/平方公里）、巴勒斯坦（约 797 人/平方公里）、韩国（约 531 人/平方公里）、荷兰（约 518 人/平方公里）等。

　　本任务主要介绍总量指标和相对指标，在分析社会经济问题时，不能只分析总量指标，要结合相对指标才能有效揭示现象的本质。

一、总量指标

（一）总量指标概述

1．总量指标的概念

总量指标是用来反映客观现象总体在一定时间、地点、条件下的总规模、总水平或工作总量的综合指标，也称为绝对指标，其数值用绝对数表示。总量指标是计算其他综合指标的基础，由 6 个要素构成，即指标名次、计算方法、时间限制、空间限制、指标数值和计量单位。

> 微课
>
> 总量指标的认知

例如，2010 年 11 月 1 日零时我国人口总量为 1 339 724 852 人（不含港、澳、台地区）。指标名次为人口总量；计算方法为统计汇总；时间限制为 2010 年 11 月 1 日零时；空间限制为全国（不包括港、澳、台地区）；指标数值为 1 339 724 852；计量单位为人。

总量指标的概念可以从两个角度来理解。从数学角度看，总量指标是现象总量的增减量，是由总体单位个数的加总或标志值的加总形成的。两个总量指标数值相加或相减得到的结果还是总量指标。从经济意义角度看，总量指标是现象总体的总量。反映经济现象规模和总量的指标值的大小与总体范围的大小直接相关，总体范围越大，总量指标的值越大。

2．总量指标的作用

（1）总量指标是对现象最基本的描述，是认识客观现象的起点。由于社会经济现象基本情况往往表现为总量，即总规模、总水平，因此，要想了解一个国家的国情和国力，一个地区或一个企业人力、物力、财力的基本状况，必须通过总量指标。例如：2020 年某市主要经济数据指标如表 4-1 所示。

表 4-1　2020 年某市主要经济数据指标

指标	金额
生产总值	344 亿元人民币
固定资产投资总额（不含农户）	258 亿元人民币
社会消费品零售总额	3 210 亿元人民币
进出口总值	12 亿美元

（2）总量指标是制定政策、编制计划、实行社会经济管理的基本依据。要实现国民经济的协调发展和企业生产经营活动的正常进行，需要掌握宏观经济和微观经济运行的环境、条件、投入、产出等方面的数量状况，研究各方面的数量关系。而总量指标是能够最具体、最实际地反映客观的数量。

（3）总量指标是计算一系列派生指标的基础指标。所谓派生指标，是指不需要通过对原始数据的整理汇总，只需对已经掌握的指标再进一步加工计算而得到的指标，如相对指标和平均指标。总量指标的计算是否科学、结果是否正确，直接关系到相对指标和平均指标的准确与否。

（二）总量指标的计量形式

总量指标的计量形式都是有名数，都有计量单位。根据总量指标所反映现象性质的不同，其计量单位一般有实物单位、货币单位和劳动单位3种。

1．实物单位

实物单位是根据实物本身的物理特征和化学性质而采用的计量单位，一般包括自然单位、度量衡单位、复合单位和标准实物单位4种形式。

（1）自然单位。自然单位是根据现象的自然属性来表示的单位。例如，人口以"人"为单位、汽车以"辆"为单位、牲畜以"头"为单位等。

（2）度量衡单位。度量衡单位是根据长度、面积、质量等度量衡制度规定的单位来计量的，例如，千克、米、平方米等。

（3）复合单位。复合单位是将两种计量单位组合在一起进行计量的单位。例如，货物周转量用"吨千米"计量，电的度数用"千瓦时"计量等。实际上，复合单位是自然单位和度量衡单位的派生单位。

（4）标准实物单位。标准实物单位是按照统一的折算标准来计量实物数量的一种实物单位。人们在利用实物单位计算产品产量时，对于同一类产品，由于品种、规格、能力或化学成分不同，其使用价值就不同，因而产品混合量往往不能准确地反映生产成果，所以就需要按照某个统一的标准来计量实物单位。例如，发热量不同的煤以每千克发热量7 000卡路里（1卡路里=4.184J）的煤为标准实物单位。

2．货币单位

货币单位，又称价值单位。它是以价值为尺度来计量社会物质财富或劳动成果（例如，国内生产总值、工农业总产值、利税总额、工资总额等）的一种计量单位。常用的货币单位有元、万元、亿元等。货币单位最大的特点是能使不能直接相加的实物量过渡到能够相加的货币量，具有广泛的综合性能。

3．劳动单位

劳动单位是以劳动时间为单位计算产品产量或完成的工作量的一种计量单位，常以复合单位的形式出现，如工时、工日等。

（三）总量指标的种类

1．总量指标按其反映的内容分类

总量指标按其反映的内容可分为总体单位总量和总体标志总量。

总体单位总量是总体单位数之和，是表明总体单位数数量的指标。例如，研究某市工业企业生产情况，每一个工业企业为一个总体单位，全部工业企业数就是总体单位总量。又如，对某地区居民消费情况进行调查，该地区的居民人口数便是总体单位总量。由此可见，对于一个研究目的，总体单位总量只有一个。

总体标志总量是总体各单位某一数量标志的标志值之和。以研究某市工业企业生产情况为例，每个工业企业的职工人数是一个数量标志，则该市所有工业企业职工总数就是总体标志总量。此外，该市的年工业总产值、工业利税总额等指标也都是总体标志总量。可见，对于一个研究目的，总体标志总量可以有若干个。

总体单位总量和总体标志总量并非固定不变，而是随统计研究目的的变动而不同。例如，

当以全部工业企业为总体时，每个工业企业是总体单位，所有工业企业数是总体单位总量，所有企业的工人总数是总体标志总量；而当以全部职工为总体时，每个职工是总体单位，这时的工人总数为总体单位总量。

2．总量指标按其反映的时间状况分类

总量指标按其反映的时间状况可分为时期指标和时点指标。

（1）时期指标。时期指标是反映社会经济现象在一段时期内发展过程的总量，是社会经济现象在一段时间内累积的结果，又称流量指标。例如，我国 2016 年国内生产总值为 744 127 亿元，是指在 2016 年这一年里，我国国民经济各行业每天所创造增加值的总和。又如产品产量、农业总产值、粮食总产量等。时期指标具有以下特点。

① 时期指标可以在不同的时间上累积相加。连续的、不同时期的总量指标相加，会得到一个新的、更长时期的累计总量，表示现象较长时期总的发展水平。

② 时期指标数值的大小与时期长短有直接关系。一般情况下，时期指标包含的时期越长，指标数值就越大；时期越短，指标数值就越小。

③ 时期指标数值是连续登记、累积的结果。例如，某企业某年销售额是将一年 12 个月的销售额累积得到的。

（2）时点指标。时点指标是反映社会经济现象在某一时刻（或瞬间）的总量。例如，2017 年某制衣企业库存总数为 20 000 件，这只说明 2017 年该制衣企业库存数量情况。这个数值只能是取现象在某一时点上的数量状况。时点指标具有以下特点。

① 时点指标不能在不同时间上累积相加，相加后不具有实际意义。例如，人口数每时每刻都在变动，每一时刻的人口数只反映人口在该时点上的数量，若把不同时点上的人口数相加，既不符合实际，又毫无意义。

② 时点指标数值的大小与时点间隔、时间长短没有直接关系。例如，年末职工人数不一定比年初的职工人数多，月末的商品库存额不一定比月初的库存额大。

③ 时点指标数值是按时间段计数的，是通过一次性调查取得的，不具有连续性。

3．总量指标按其计量单位分类

总量指标按其计量单位可分为实物量指标、价值量指标和劳动量指标。

（1）实物量指标是以实物单位计量的总量指标，例如，人口数、土地面积等。

（2）价值量指标是以货币单位计量的总量指标，例如，国内生产总值、工人工资总额等。

（3）劳动量指标是以劳动单位计量的总量指标，例如，工时消耗量、用工总量等。

（四）总量指标的计算

总量指标是通过对总体单位数或总体单位某一数量标志值加总得到的，其计算相对简单。在计算和应用总量指标时应注意以下几点。

（1）对总量指标的内涵与外延做严格的界定。总量指标的计算，并非单纯的汇总技术问题。有一些总量指标，例如，人口数、企业数，从表面上看来是比较简单的，但是首先要对"企业"的含义加以确定，才能统计出准确的企业数；又如，在计算工业总产值时要解决的是工业概念的确定问题，然后要解决的是关于总产值包括的核算范围的界定问题，最后才能进行正确的统计。

（2）计算实物总量指标时，要注意现象的同类性。实物指标通常是针对物质产品而言的。同类性直接反映产品同样的使用价值和经济内容，同名产品无疑是可以综合汇总的。而对于不同类现象，则不能简单相加汇总，计算其实物指标。比如，简单地把钢、煤、粮、棉等产品进行直接加总是毫无意义的。不过，对现象同类性要求不能绝对化。例如，计算货物运输总量时，产品的同类性就不能成为计算的条件，因为它只要求通过货物的质量、里程计算货物量和货物周转量。

（3）要有统一的计量单位。在计算实物总量指标时，不同计量单位代表不同类现象，而同类现象又可能因历史或习惯采用不同的计量单位。计算单位不统一，就容易造成统计上的差错或混乱，所以，重要的总量指标的计量单位应使用全国统一规定的指标目录中的单位计量。

❋ 二、相对指标

（一）相对指标概述

1．相对指标的概念

相对指标又称相对数，是把两个有相互联系的现象的数量进行对比的结果，例如，人口的性别比例和年龄构成、人口的出生率和死亡率、人口密度等。相对指标把两个具体数值抽象化，使人们对现象之间所存在的固有联系有较为深刻的认识。相对指标在社会经济领域广泛存在，借助相对指标对现象进行对比分析是统计分析的基本方法。

2．相对指标的作用

在统计分析中，相对指标的作用主要表现在以下两方面。

（1）相对指标为人们深入认识现象发展的质量与状况提供了客观的依据。社会经济现象总是相互联系、相互制约的。人们要分析一种社会经济现象，仅仅利用某一项指标，而不把有关指标联系起来进行比较分析，就难以对现象发展规模的大小、变化速度的快慢、各种比例是否协调有深刻、全面的认识。例如，2017年1～10月，我国网上零售额为55 350亿元，仅凭这个指标难以对我国网上零售业的发展状况进行评价。如果把55 350亿元这个数据和2016年同期的数据进行对比，计算动态相对指标，我们就能知道我国网上零售额同比增长34%，也就能了解到我国网上零售业规模扩大、速度加快的状况。

（2）相对指标可以使不能直接对比的现象找到可以对比的基础，从而进行更为有效的分析。例如，考察不同类型企业生产经营情况，由于条件不同、产品不同，一般不能用产值指标直接对比，但如果都以各自的工人人数、能源消耗和利润指标作为依据，计算劳动生产率、单位产值能耗和产值利润率指标，就可进行比较、找差距、深入分析。

3．相对指标的表现形式

根据对比的两个指标的计量单位是否相同，相对指标产生了两种表现形式：无名数和有名数。

（1）无名数。无名数是一种抽象化的数值，是指无量纲的计量单位。当相对指标的子项和母项的计量单位相同时，其计量形式是无名数，一般用倍数、系数、成数、百分数、千分数等表示。

① 倍数和系数。倍数和系数都是将对比基数抽象为1计算的相对指标。当分子数值比分母数值大得多时，常用倍数表示，例如，甲企业工业总产值是乙企业的5倍。当分子的数值与分母数值差别不大时，常用系数

表示，系数可以大于 1，也可以小于 1，例如，固定资产磨损系数、变异系数、相关系数等。

② 成数。成数是将对比的基数抽象为 10 计算出来的相对指标。例如，某地区今年的粮食产量和去年相比增产了 2 成，即今年粮食产量比去年增加了 20%。

③ 百分数。百分数是把对比的基数抽象为 100 计算的相对指标，也称作百分比，用%表示。百分数是相对数中应用最广泛的计量单位，例如，产品合格率、利润率、计划完成程度相对数等。

④ 千分数。千分数是将对比基数抽象为 1 000 计算出来的相对指标，用‰表示，例如，人口出生率、人口死亡率等。一般来说，当相对数分子与分母相差不大时，采用百分数较合适；当分子与分母相差较大时，则采用千分数形式；当分子与分母相差特别大时，可以采用万分数的形式。

（2）有名数。有名数是指有量纲的计量单位，是因对比的分子指标和分母指标的计量单位不同而产生的，一般为复名数，可表明事物的密度、普遍程度和强度等。例如，人口密度用"人/平方千米"表示，人均粮食产量用"千克/人"表示等。

（二）相对指标的种类与计算

相对指标是两个有联系的数值对比的结果。根据统计研究的目的和任务不同，对比的基础也不同。相对指标可分为计划完成相对指标、结构相对指标、比较相对指标、比例相对指标、强度相对指标和动态相对指标 6 种，前 5 种为静态相对指标。

1．计划完成相对指标

（1）计划完成相对指标的含义。计划完成相对指标又称计划完成相对数或计划完成程度，是指现象在某一段时间内的实际完成数与计划完成数的对比，用以说明完成计划的程度，检查、监督计划执行情况的统计指标。计划完成相对指标通常用百分数表示。计划完成相对指标是计划管理的特有指标，在计划经济时期曾经发挥过重要作用。市场经济下，国家对国民经济实行宏观调控仍需要编制计划,企业从事生产经营活动也要制订计划。因此，计划完成相对指标仍非常重要。

（2）计划完成相对指标的基本公式。

$$计划完成相对指标=\frac{实际完成数}{计划完成数}\times100\% \qquad (4\text{-}1)$$

公式中的分子和分母不可置换，且指标含义、计算方法、计量单位及时间长度等方面应完全一致。

【例 4-1】某厂某月甲产品计划产量 500 件，实际产量 550 件，则

产量计划完成相对指标=550÷500×100%=110%

结果表明：该月甲产品产量超额完成 10%。

【例 4-2】乙产品单位成本计划 5 元，实际 4.5 元，则

成本计划完成相对指标=4.5÷5×100%=90%

结果表明：成本水平比计划降低 10%，超额完成计划。

要判断计划是否完成，实际完成数是超过计划完成数好还是低于计划完成数好，要根据

计划指标的性质和内容而定。产量、产值等计划指标是按最低限额规定的，计划完成数越多越好，计算出的计划完成相对指标大于等于 100%时为完成计划；单位成本、原材料消耗、流通费用等计划指标是按最高限额规定的，实际完成数越少越好，计算出的计划完成相对指标小于等于 100%为完成计划。

（3）计划完成相对指标的计算。计划指标数值是计算计划完成相对指标的基数，其表现形式有绝对数、相对数和平均数 3 种。根据计划指标数值的 3 种表现形式，计划完成相对指标的计算形式也可以分为以下 3 种。

① 计划指标数值为绝对数。计划指标数值为绝对数是最常见的形式之一，此时实际完成数也一定是绝对数，计算计划完成相对指标可采用基本公式。

② 计划指标数值为相对数。在经济管理中，有些计划任务是以增长或减少的百分数的形式给出的，此时计算计划完成相对指标要注意将基本公式的分子、分母分别包含原来的基数 1 或者 100%。公式为

$$计划完成相对指标=\frac{1\pm实际升降率}{1\pm计划升降率}\times100\%\qquad(4\text{-}2)$$

【例 4-3】某高校本年计划招生数为上年的 110%，而实际招生数仅为上年的 108%，则招生计划完成程度=108%÷110%×100%≈98.2%。

结果表明：实际招生完成计划的 98.2%，差额 1.8%完成计划。

③ 计划指标数值为平均数。计划指标数值为平均数时，计算计划完成相对指标用实际完成的平均水平与计划完成平均水平相比较。它一般适用于考核以平均指标表示的各项经济技术指标的计划完成情况，例如，企业生产经营中的劳动生产率、单位产品成本、平均工资等。其计算公式为

$$计划完成相对指标=\frac{实际平均值}{计划平均值}\times100\%\qquad(4\text{-}3)$$

【例 4-4】某企业 2020 年计划甲产品单位成本为 10 元/件，实际为 9.5 元/件，则计划完成相对指标=9.5÷10×100%=95%

结果表明：甲产品实现了降低单位成本的计划，实际比计划降低了 5%。

（4）长期计划执行情况的检查。在分析国民经济发展的长期计划（5 年或 10 年）时，由于计划任务的要求和制订方法的不同，检查分析其计划执行情况的方式也不同。两种规定计划任务的方式分别是：对于趋势较稳定、变动幅度不大的现象，规定计划期末应达到的水平；对于趋势不稳定、变动幅度较大的现象，则规定全期应完成的累计总数。前者应采用水平法检查其计划执行情况，后者应采用累计法。

① 水平法。水平法适用于中长期计划中只规定最后一年应达到的水平的情况，使用此法计算中长期计划完成相对指标是将最后一年实际达到的水平与最后一年的计划任务数对比。其计算公式为

$$计划完成相对指标=\frac{计划期末年实际水平}{计划期末年规定水平}\times100\%\qquad(4\text{-}4)$$

计算提前完成计划时间的方法：只要有连续 12 个月（可以跨年度）的实际完成水平达到了最后一年的计划任务数，就算完成了计划，之后的时间即提前完成任务的时间。

【例 4-5】某企业"十三五"规划规定，甲产品产量 2020 年应达到 200 万吨，实际执行结果如表 4-2 所示。

表 4-2 某企业"十三五"计划执行结果 单位：万吨

时间	2016 年	2017 年	2018 年		2019 年				2020 年			
			上半年	下半年	一季度	二季度	三季度	四季度	一季度	二季度	三季度	四季度
产量	110	112	66	74	37	38	40	49	53	58	65	72

（1）计算该产品计划完成相对指标。

（2）计算提前完成计划的时间。

解：（1）计划完成相对指标=（53+58+65+72）÷200×100% =124%

结果表明：超额 24% 完成计划。

（2）从 2019 年第三季度至 2020 年第二季度产量之和=40+49+53+58=200（万吨），所以提前完成计划时间为 2 个季度，即 6 个月。

② 累计法。累计法适用于中长期计划中规定各年累计应达到的水平的情况，使用此法计算中长期计划完成相对指标是将整个计划期间实际完成的累计数与计划任务数对比。其计算公式为

$$计划完成相对指标=\frac{计划期实际累计数}{计划期规定累计输}×100% \qquad （4-5）$$

计算提前完成计划时间的方法：将实际数从计划期开始累计，直到达到计划任务数的时间为止，剩余的时间便是提前完成计划的时间。

【例 4-6】 某市 5 年计划规定整个计划期间基建投资总额达到 500 亿元，实际执行情况如表 4-3 所示。

表 4-3 某市 5 年实际投资 单位：亿元

时间	第一年	第二年	第三年	第四年	第五年				5 年合计
					一季度	二季度	三季度	四季度	
投资额	140	135	70	80	0	20	55	25	525

（1）计算该产品计划完成相对指标。

（2）计算提前完成计划的时间。

解：（1）计划完成相对指标=525÷500×100% =105%

结果表明：超额 5% 完成计划。

（2）从第一年到第五年第三季投资总额为 500 亿元，则剩下的时间为提前完成的时间，所以提前了 1 个季度即 3 个月完成任务。

（5）计划执行进度的检查。计划执行进度是在计划执行过程中，为保证按时完成计划，用以分析计划执行进展快慢程度的一个指标。计算公式为

$$计划执行进度（100%）=\frac{起初至分析时累计实际数}{全期计划任务数}×100% \qquad （4-6）$$

【例 4-7】 某商场 2020 年计划销售额为 2 000 万元，1～9 月累计完成销售额为 1 520 万元，则

计划执行进度=1 520÷2 000×100%=76%

结果表明：该商场计划执行进度稍快于时间进程，若第四季度能保持前三季度水平，则有望完成或超额完成年度销售计划。

2．结构相对指标

（1）结构相对指标的概念。结构相对指标又称结构相对数，是在总体分组的基础上，以总体内部各部分数值与总体数值之比，反映各部分在总体中所占的比重，并从宏观上反映总体的内部结构。其公式为

$$结构相对指标=\frac{总体某部分数值}{总体全部数值}\times100\%$$ （4-7）

微课

几种相对指标

研究结构相对指标时，要注意几个特点：结构相对指标的分子与分母可以是部分总体单位数与全部总体单位数值之比，也可以是部分单位的标志总量与全部单位的标志总量之比，但分子与分母属于同一总体且不可逆。由于结构相对指标反映了总体的内部构成，所以各部分的结构相对指标之和等于 1 或 100%。

【例 4-8】某班级有学生 40 人，其中女生 10 人、男生 30 人，则

女生人数占全班的比重=10÷40×100%=25%

男生人数占全班的比重=30÷40×100%=75%

（2）结构相对指标的作用。

① 结构相对指标可以反映总体内部结构特征，从结构上揭示事物的性质和特征。例如，通过计算在国民经济中三大产业所占比重的情况，可以看出这个国家的经济发展程度。

② 通过不同时期结构相对指标的变动，可以看出事物内部结构的变化过程及其发展趋势。例如，从某企业产品在市场上的占有率的变化，可以看出此企业产品在市场上的竞争力的变化。

③ 观察总体各部分比重是否合理，可以了解事物质量的好坏、合理与否等。例如，企业常常通过分析库存结构来判断现有库存商品质量的好坏。

3．比较相对指标

（1）比较相对指标的概念。同一类事物由于所处的空间条件不一样、发展状况不同，要了解它们之间的差异程度，就需要将不同空间条件下的同类事物进行对比。比较相对指标也叫比较相对数，是将不同地区、单位或企业之间的同类指标数值进行静态对比而得出的综合指标，即不同总体同类指标之比，表明同类事物在不同空间条件下的差异程度或相对状态。比较相对指标可以用百分数、倍数和系数表示。比较相对指标的计算公式为

$$比较相对指标=\frac{某一条件下某类指标数值}{另一条件下同类指标数值}\times100\%$$ （4-8）

【例 4-9】甲企业的市场占有率是 30%，同行业的乙企业的市场占有率是 20%。

则甲企业的市场占有率是乙企业的市场占有率的 1.5 倍（30%÷20%），或甲企业的市场占有率是乙企业的市场占有率的 150%；也可以说，乙企业的市场占有率约为甲企业的市场占有率的 0.666 7（20%÷30%），或乙企业的市场占有率约为甲企业的市场占有率的 66.67%。由此可知，比较相对指标的分子与分母的位置可以互换。

（2）计算比较相对指标应注意的问题。

① 比较相对指标用来反映某种现象在同一时间不同空间条件下的差异程度。例如，在经济工作中，把企业的各项技术经济指标与同类企业的先进水平对比，或与国家规定的标准条件对比，借以找差距、挖潜力、定措施，为提高企业的经营管理水平提供依据。

② 计算比较相对指标时，用来对比的两个指标必须是同一性质的，也就是必须是可比的，否则就无法准确地反映事物在不同空间条件下的差异程度。也就是说，计算比较相对指

标的分子与分母，要求在指标类型、时间限制、计算方法、计量单位上有可比性，对比现象的性质要相同。

③ 比较相对指标可以是绝对数对比，也可以是相对数或平均数对比。由于总量指标易受具体条件的影响，因而，计算比较相对指标，更多采用相对数或平均数对比。如果将两个不同国家的国民生产总值进行对比，只能反映国民生产总值总水平在不同国家之间的差异程度，而不能表明经济水平在不同国家之间的差异程度。

④ 比较相对指标既可以用于不同国家、地区、单位的比较，又可以用于先进与落后的比较，还可以用于标准水平与平均水平的比较。比较时以哪个指标作为对比的基础，可以根据研究的目的而定。也就是说，根据研究目的的不同，比较相对指标的分子和分母可以互相交换，从不同的出发点说明问题。

4．比例相对指标

（1）比例相对指标的概念。比例相对指标又称比例相对数，是反映总体中各个组成部分之间的比例关系和均衡状况的综合指标。它是同一总体中某一部分数值与另一部分数值进行静态对比的结果。

比例相对指标能够反映事物内部各部分之间的数量联系程度和比例关系。社会经济生活中的许多重大比例关系，例如，人口性别比、积累与消费比、农轻重的比例关系等，都可以运用比例相对指标。比例相对指标有助于我们认识客观事物是否符合按比例协调发展的要求，参照有关标准，判断比例关系是否合理。在宏观经济管理中，这对研究分析整个国民经济和社会发展是否协调均衡具有重要的意义。比例相对指标的计算公式为

$$比例相对指标=\frac{总体某一部分数值}{总体另一部分数值}\times100\% \qquad (4-9)$$

例如，2020年第七次全国人口普查，男性人口为 723 339 956 人，女性人口为 688 438 768 人，男性人口约为女性人口的 1.05 倍；也可表示为男、女比例约为 105∶100。统计分析中，有时还要求用连比形式表示总体中若干个组的比例关系，例如，国内生产总值中第一、第二、第三产业的比例。

计算比例相对指标，要求分子与分母的数值应是同一时间、同一总体的部分数值，分子与分母的数值类型相同，一般是绝对数，也可以是平均数或相对数，分子、分母可以互换。

（2）比例相对指标和结构相对指标的区别。比例相对指标和结构相对指标有着密切的联系，两者的作用相同，但是两者也有区别。

① 子项与母项内容不同。结构相对指标是同一总体中各组总量与总体总量进行对比；而比例相对指标则是同一总体中不同组成部分的指标数值进行对比的相对指标。

② 说明问题不同。结构相对指标反映总体内部组成或结构情况；比例相对指标说明总体范围内各个分组之间的比例关系和协调平衡状况。

例如，在全国人口总体中，"女性所占比例"是结构相对指标，而"男女性别比"是比例相对指标。又如，在全国工业企业总体中，"工业企业所占的比重"是结构相对指标，而"轻工业企业数和重工业企业数之比"是比例相对指标。

（3）比例相对指标与比较相对指标的区别。比例相对指标与比较相对指标都是两个同类指标进行对比，但它们所反映的内容大不相同。比例相对指标反映的比例关系，在一般情况下有一个宏观标准，若不符合这个标准，就会造成经济上的损失。比较相对指标只是反映客观事物的大小、多少以及达到某一标准的状况，不存在比例是否协调的问题。

5．强度相对指标

（1）强度相对指标的概念。强度相对指标又称强度相对数，是两个性质不同但有密切联系的总量指标的比值，用来分析不同事物之间的数量对比关系，表明某一现象发展的强度、密度和普遍程度。其公式为

$$强度相对指标=\frac{某一总量指标数值}{另一有联系的总量指标数值}\times100\% \qquad (4\text{-}10)$$

【例 4-10】我国土地面积约为 960 万平方千米，截至 2020 年 11 月 1 日零时，我国总人口数为 1 443 497 378 人，我国人口密度为 1 443 497 378÷9 600 000 ≈150（人/平方千米）。

由于强度相对指标是由两个性质不同但有联系的总量指标数值对比而来的，所以其表现形式既可以是有名数，又可以是无名数。

① 用有名数表示。由分子、分母原有计量单位组成的复合单位表示时，强度相对指标用有名数表示。例如，人口密度用"人/平方千米"表示。强度相对指标用有名数表示时，常会出现"人均"字样，例如，人均收入、人均绿地面积等。

② 用无名数表示。当强度相对指标分子与分母的计量单位相同时，可以用无名数表示，即用百分数、千分数等表示，例如，人口自然增长率、成本利润率等。强度相对指标用无名数表示时，由于计量单位相同，分子看起来像是分母的一部分，有时会被看成结构相对指标。实际上，它们的分子、分母是两个不同性质的现象数量，在判断相对指标种类时需要特别注意。

强度相对指标是统计中重要的分析指标，同时也是企业进行经济效益分析最常用的指标。它可以说明一个国家、地区或部门的经济实力及为社会服务的能力，反映社会经济现象间的密切程度或现象的普遍程度，以及社会生产活动的条件和效果。

（2）正指标与逆指标。若强度相对指标数值的大小与所研究现象的发展程度或密度成正比例，称为正指标；其数值大小与所研究现象的发展程度或密度成反比例，则称为逆指标。例如

$$零售商业网点密度（正指标）=\frac{零售商业机构数（个）}{地区人口数（人）}$$

$$零售商业网点密度（逆指标）=\frac{地区人口数（人）}{零售商业机构数（个）}$$

【例 4-11】某城市有人口 1 200 万人，有零售商业机构 3 000 个，则该城市零售商业网点密度为

$$\frac{3\ 000\ 个}{1\ 200\ 万人}=2.5\ 个/万人$$

说明该城市每万人有 2.5 个零售商业机构为其服务。指标的数值越大，说明零售商业网点密度越大，此为正指标。

如果把分子、分母互换，则

$$\frac{1\ 200\ 万人}{3\ 000\ 个}=0.4\ 万人/个$$

说明该城市每个零售商业机构所服务的人数是 4 000 人。指标的数值越大，表示零售商业网点密度越小，此为逆指标。

（3）计算强度相对指标需要注意的事项。

① 计算强度相对指标必须注意社会经济现象之间的内在本质联系，这样两个指标进行对比才会有现实的经济意义。例如，人口数和土地面积进行对比，说明人口的密度，但要是鞋产量和土地面积相比，就没有意义。

② 从数值的表现形式上看，强度相对指标带有"平均"的意义。例如，按人口计算的主要产品产量指标用"吨（千克）／人"表示；按全国人口分摊的平均国民收入用"元／人"表示。但究其实质，强度相对指标与统计平均数有根本的区别。统计平均数是同一总体中的标志总量与单位总量之比，是将总体的某一数量标志的各个变量值加以平均。而强度相对指标是两个性质不同但有联系的总量指标数值之比，它表明两个不同总体之间的数量对比关系。

（4）强度相对指标与结构相对指标的区别。在统计中，反映现象普遍程度的指标很多都具有反映结构的作用。例如，每万人口医务人员数、每万人口大学生数，前者反映一个国家每个医务人员所负担的人口数，表明一个国家的医疗服务水平，后者反映的是一个国家大学生的普遍程度，表明一个国家的人口素质状况。从反映现象的普遍程度角度上看，此类指标可以定性为强度相对指标。然而，从另一个角度出发，这两个指标也反映了医务人员和大学生在总人口中占的比例，可以划分为结构相对指标。所以，此类指标被单纯地划分为相对指标不够严谨，应根据研究目的与任务的不同确定其性质。如果研究的是一个国家的大学生或医务人员的普遍程度，并且用复名数"人／百万人"表示，则为强度相对指标；如果侧重研究人口的结构比例，医务人员或大学生占总人数的百分比，并且用百分数表示，则为结构相对指标。

6. 动态相对指标

动态相对指标又称动态相对数或发展速度，是将同类现象数值在两个不同时期进行对比，用来反映同类现象在不同时期的变动程度，一般用百分数或倍数表示。其公式为

$$动态相对指标 = \frac{报告期指标数值}{基期指标数值} \times 100\% \qquad (4-11)$$

通常情况下，作为比较基础的时期称为基期，同基期对比的时期称为报告期或计算期。

【例 4-12】某大学在校生人数 2019 年为 10 000 人，2020 年为 12 000 人，则该校动态相对指标为

12 000÷10 000×100% =120%

表明 2020 年在校生人数发展到 2019 年的 120%。

动态相对指标对分析研究现象的发展变化过程具有重要意义，这将在时间数列分析中详细阐述。

❋ 三、实训：用 Excel 计算总量指标和相对指标

实训项目：用 Excel 计算总量指标和相对指标。

实训目的：掌握 Excel 在计算总量指标和相对指标中的作用，熟练运用 Excel 中的 COUNT 及 COUNTIF 函数。

实训内容和操作步骤如下。

（一）利用 Excel 计算总量指标

利用 Excel 计算总量指标，一般有以下两种情况。

1．计数

Excel 中，常用函数 COUNT 或 COUNTIF 来实现计数功能。其中，COUNT 函数主要用于计算指定单元格区域中包含数字以及包含参数列表中数字的单元格的个数。COUNTIF 函数主要用于计算指定单元格区域中满足给定条件的单元格的个数，其语法格式为 COUNTIF(range，criteria)。其中，range 为数值区间，criteria 为条件。

2．求和

Excel 中，常用函数 SUM 或 SUMIF 来实现求和功能。其中，SUM 函数主要用于计算指定单元格区域中所有数字的总和。SUMIF 函数主要用于根据指定条件对若干单元格求和，其语法格式为 SUMIF(range,criteria,sum_range)。其中，range 为数值区间，criteria 为条件，sum_range 为需要求和的实际单元格。

实训资料：某班部分学生的考试成绩以及在图书馆借书数量如表 4-4 所示。根据表中资料，运用 Excel 分别计算以下总量指标：考试及格学生的人数、考试不及格学生的人数、考试成绩大于等于 80 分的人数、所有学生的借书总数量、考试成绩不及格的学生的借书总数量、考试成绩在 90 分以上的学生的借书总数量。

表 4-4 某班部分学生考试成绩及借书数量

姓名	马强	赵普	张磊	李想	陈涛	方芳	边少	高天
成绩/分	80	75	92	不及格	73	82	不及格	95
借书量/本	4	3	6	1	2	5	2	7

操作步骤如下。

（1）COUNT 函数。

第一步，将表中资料输入 Excel 表，选定一个输出单元格，如图 4-1 所示。

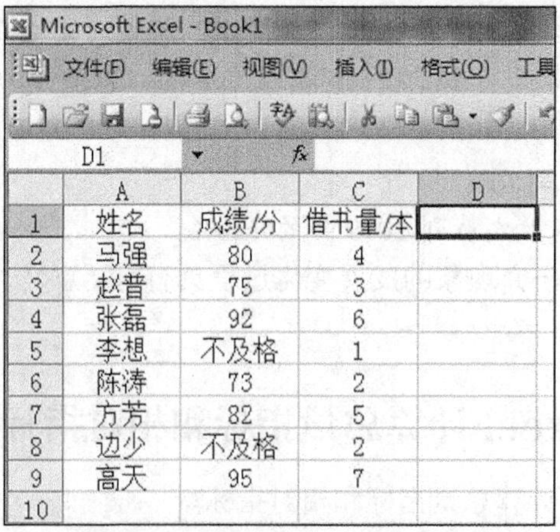

图 4-1 输入数据并选定输出单元格

第二步，直接在单元格中输入等号，再输入相应的函数语法；或者在"插入"菜单中单击"函数"，在弹出的"插入函数"对话框中选择所需函数"COUNT"，再单击"确定"按钮，如图 4-2 所示。

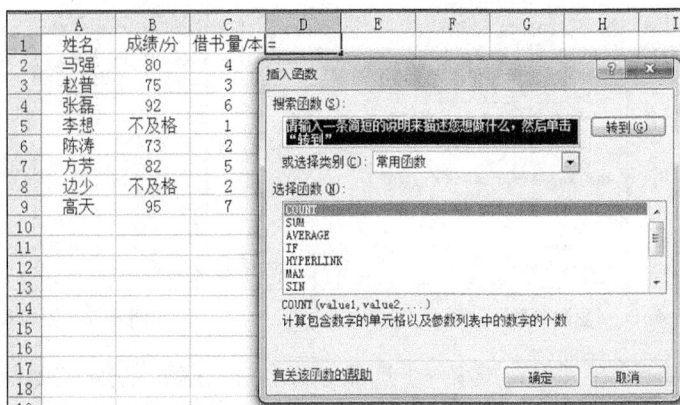

图 4-2 "插入函数"对话框

第三步，在弹出的"函数参数"对话框中，选择数据区域，并单击"确定"按钮，如图 4-3 所示。

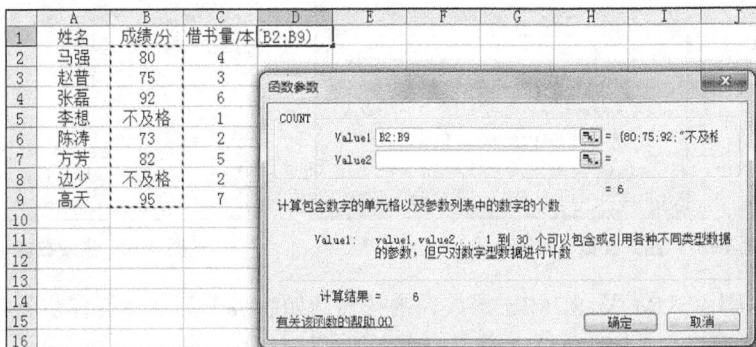

图 4-3 选择数据区域

第四步，生成数据，如图 4-4 所示。成绩及格的学生人数为 6 人。

（2）COUNTIF 函数。

第一步，选定一个输出单元格，在"插入"菜单中单击"函数"，在弹出的"插入函数"对话框中选择 COUNTIF 函数，并单击"确定"按钮，如图 4-5 所示。

图 4-4 生成数据（1）

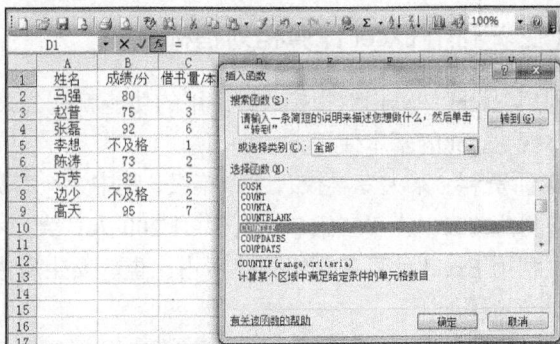

图 4-5 选择函数

第二步，在弹出"函数参数"对话框中，选择数据区域，选定"Range"为"B2:B9"，在"Criteria"中输入"不及格"，单击"确定"按钮，如图 4-6 所示。

第三步，生成数据，如图 4-7 所示。成绩不及格的学生人数为 2 人。

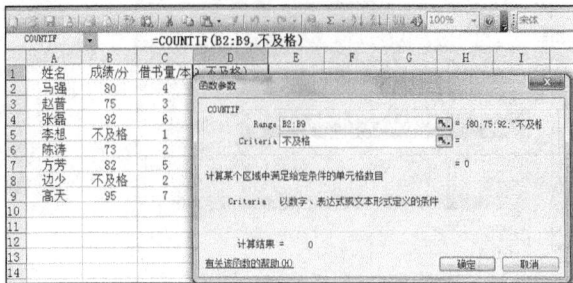

图 4-6 "函数参数"对话框（1）

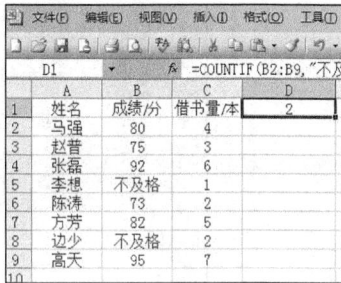

图 4-7 生成数据（2）

第四步，另选一个单元格，按第一步选择 COUNTIF 函数，选定 "Range" 为 B2：B9，在 "Criteria" 中输入 ">=80"，单击 "确定" 按钮，如图 4-8 所示。

第五步，生成数据，如图 4-9 所示。成绩大于或等于 80 分的学生人数为 4 人。

图 4-8 "函数参数"对话框（2）

图 4-9 生成数据（3）

本例中还需用 SUM 及 SUMIF 函数，函数表达如表 4-5 所示。操作步骤与 COUNT 及 COUNTIF 函数相似。

表 4-5 使用 SUM 及 SUMIF 函数统计某班部分学生考试成绩及借书数量的语法及说明

函数语法	计算结果	函数表达含义
SUM(C2:C9)	30	所有学生的借书总量
SUMIF(B2:B9，"不及格"，C2:C9)	4	成绩不及格的学生借书总量
SUMIF(B2:B9，">=90"，C2:C9)	13	成绩在 90 分及以上的学生借书总量

（二）利用 Excel 计算相对指标

利用 Excel 计算相对指标，最常用的功能就是公式及公式复制。这些操作比较简单直观，只需掌握 Excel 的基本使用方法即可。

实训资料： 某大专学校有 3 个年级，其中大一有男生 800 人、女生 600 人，共 1 400 人；大二有男生 700 人、女生 500 人，共 1 200 人；大三有男生 600 人、女生 400 人，共 1 000 人。试利用 Excel 计算各年级男生所占比重、女生所占比重和性别比（以女生人数为 100）。

操作步骤如下。

第一步，在 Excel 工作表中输入相关数据以及需要计算的相对指标的名称，如图 4-10 所示。

第二步，选定输出区域 E2:G4，单击 "格式" / "单元格"，在弹出的 "单元格格式" 对话框中选择 "数字" 选项卡，在 "分类" 列表中选择 "数值"，将 "小数位数" 设置为 "2"，单击 "确定" 按钮，如图 4-11 所示。

图 4-10 在 Excel 中输入数据

图 4-11 设置输出格式

第三步，在单元格 E2 中输入公式"=C2/B2*100"，按 Enter 键；在单元格 F2 中输入公式"=D2/B2*100"，按 Enter 键；在单元格 G2 中输入公式"=C2/D2*100"，按 Enter 键。显示结果如图 4-12 所示。

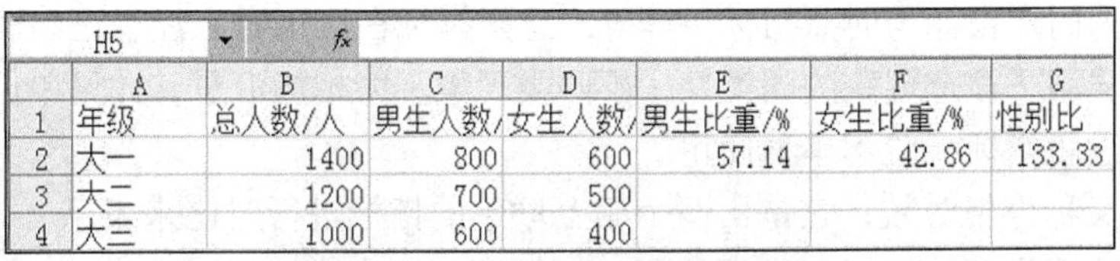

	A	B	C	D	E	F	G
1	年级	总人数/人	男生人数	女生人数	男生比重/%	女生比重/%	性别比
2	大一	1400	800	600	57.14	42.86	133.33
3	大二	1200	700	500			
4	大三	1000	600	400			

图 4-12 大一年级性别构成结果

第四步，选中 E2、F2、G2 单元格，并复制，如图 4-13 所示。

图 4-13 复制单元格

第五步，选中其他需要得到数据的单元格，即 E3、F3、G3 与 E4、F4、G4，并粘贴，如图 4-14 所示。输出结果如图 4-15 所示。

图 4-14 粘贴单元格

	A	B	C	D	E	F	G
	年级	总人数/人	男生人数/人	女生人数/人	男生比重/%	女生比重/%	性别比
2	大一	1400	800	600	57.14	42.86	133.33
3	大二	1200	700	500	58.33	41.67	140.00
4	大三	1000	600	400	60.00	40.00	150.00

图 4-15 输出结果

任务小结

统计调查取得的原始资料经过分组、汇总和计算，得到对客观现象总体进行简单描述和比较的统计数字，即总量指标和相对指标。通过本任务的学习，熟练掌握总量指标的含义、种类及计算；掌握相对指标的概念、表现形式及各种相对指标的计算。掌握这些指标的计算原则、计算方法，明确它们之间的联系与区别，是应用它们进行统计资料整理与分析的重要保证。

数据汇总整理的结果是总量指标，它反映了具体条件下客观存在现象的综合数量特征和性质。总量指标根据反映的内容不同，分为总体单位总量与总体标志总量；根据反映的时间状况不同，分为时期指标与时点指标；等等。总量指标在应用时应注意正确确定指标的内涵及不同指标的界限，注意现象的同类性，不同类现象不能相加汇总，计量单位必须统一。在实际应用时，总量指标一般不单独使用。

相对指标又称为相对数，它是由两个相互联系的指标进行对比来表示相关现象之间联系程度的指标。常用的相对指标有计划完成相对指标、结构相对指标、比例相对指标、比较相对指标、强度相对指标和动态相对指标等。运用这些相对指标对社会经济现象进行比较、评价，必须注意相对指标数值的可比性。此外，还必须注意两点：一是正确选择对比的基数；二是相对指标与总量指标结合应用，多种相对指标要结合应用。

案例阅读

经济高质量发展
扎实推进

习题与实训

一、单选题

1. 某企业计划规定本年产值比上年增长 4%，实际增长 6%，则该企业产值计划完成相对指标为（　　）。

    A. 150%　　　　　　B. 101.9%　　　　　　C. 66.7%　　　　　　D. 无法计算

2. 在出生婴儿中，男性占 53%，女性占 47%，这是（　　）。

    A. 比例相对指标　　　　　　　　　　B. 强度相对指标

    C. 比较相对指标　　　　　　　　　　D. 结构相对指标

3. 某公司第一季度单位产品原材料消耗量为 5kg，第二季度计划降低 5%，第二季度实际单耗为 4.5kg，计划完成相对指标为（　　）。

    A. 90%，差 10%没有完成单耗降低计划　　B. 90%，超额 10%完成单耗降低计划

    C. 95%，差 5%没有完成单耗降低计划　　D. 95%，超额 5%完成单耗降低计划

4. 将粮食产量与人口数相比得到的人均粮食产量指标是（　　　）。

    A. 统计平均数 　　　　　　　　　　B. 结构相对指标

    C. 比较相对指标 　　　　　　　　　　D. 强度相对指标

5. 正确计算和应用相对指标的前提条件是（　　　）。

    A. 正确选择对比基础 　　　　　　　　B. 严格保持分子、分母的可比性

    C. 相对指标应与总量指标结合应用 　　D. 分子、分母必须同类

6. 总量指标是用（　　　）表示的。

    A. 绝对数形式 　　　B. 相对数形式 　　　C. 平均数形式 　　　D. 百分比形式

7. 直接反映总体规模大小的指标是（　　　）。

    A. 平均指标 　　　B. 相对指标 　　　C. 总量指标 　　　D. 变异指标

8. 计算结构相对指标时，总体各部分数值与总体数值对比求得的比重之和（　　　）。

    A. 小于 100% 　　　　　　　　　　　B. 大于 100%

    C. 等于 100% 　　　　　　　　　　　D. 小于或大于 100%

9. 某企业单位产品成本计划在上月的基础上降低 2%，实际降低 1.5%，则单位产品成本降低计划完成相对指标为（　　　）。

    A. 75% 　　　　　B. 100.5% 　　　　C. 99.5% 　　　　D. 133.2%

10. 不同时间上的指标数值能够相加的指标是（　　　）。

    A. 时期指标 　　　B. 时点指标 　　　C. 平均指标 　　　D. 相对指标

11. 总量指标数值（　　　）。

    A. 随总体范围的扩大而增大 　　　　　B. 随总体范围的扩大而减小

    C. 随总体范围的缩小而增大 　　　　　D. 与总体范围大小无关

12. 下列属于总量指标的是（　　　）。

    A. 出勤率 　　　B. 及格率 　　　C. 达标率 　　　D. 企业职工人数

13. 总量指标按其反映的时间状况不同，可分为（　　　）。

    A. 时期指标和时点指标 　　　　　　　B. 数量指标和质量指标

    C. 总体单位总量和总体标志总量 　　　D. 实物指标和价值指标

14. 某企业 A 产品年产量为 10 万件，期末库存量为 2 万件，这两个总量指标是（　　　）。

    A. 时期指标 　　　　　　　　　　　　B. 时点指标

    C. 前者为时期指标，后者为时点指标 　D. 前者为时点指标，后者为时期指标

15. 用水平法检查长期计划完成情况适用于（　　　）。

    A. 规定计划期初应达到的水平 　　　　B. 规定计划期内应达到的水平

    C. 规定计划期累计应达到的水平 　　　D. 规定计划期末应达到的水平

16. 某企业某型号电视机，上年实际成本每台 6 000 元，本年计划降低 4%，实际降低了 5%，则该产品成本计划完成相对指标为（　　　）。

    A. 1% 　　　　　B. 104.0% 　　　　C. 98.96% 　　　　D. 95%

17. 反映总体各部分之间数量联系程度和比例关系协调平衡状况的相对指标是（　　　）。

    A. 结构相对指标 　　　　　　　　　　B. 强度相对指标

    C. 比较相对指标 　　　　　　　　　　D. 比例相对指标

18. 下列属于比较相对指标的是（　　　）。

    A. 废品量与产量之比 　　　　　　　　B. 国民收入与人口总数之比

    C. 积累与消费之比 　　　　　　　　　D. 不同国家的粮食产量之比

19. 某国某年的钢产量与人口总数之比是（　　　）。

    A. 比较相对指标   B. 比例相对指标

    C. 强度相对指标   D. 平均指标

20. 已知 2017 年甲国人均粮食产量为 1 712kg，乙国为 129kg，甲国约为乙国的 13 倍，以上指标中（　　　）。

    A. 有两个总量指标、一个相对指标

    B. 有两个强度相对指标、一个比较相对指标

    C. 有两个平均指标、一个比较相对指标

    D. 有两个平均指标、一个比例相对指标

二、判断题

1. 同一总体中，时期指标数值的大小与时期长短有关，时点指标数值的大小与时点间隔长短没有直接关系。　　　　　　　　　　　　　　　　　　　　　（　　）

2. A、B、C 这 3 个企业产量计划完成相对指标分别为 95%、100%、105%，则这 3 个企业产量计划平均完成相对指标为 100%。　　　　　　　　　　　　　　（　　）

3. 强度相对指标是两个不同质的指标对比得到的，其计量单位用无名数表示。

                                                  （　　）

4. 比较相对指标的分子和分母可以互换。　　　　　　　　　　　　　（　　）

5. 同一个总体，时期指标值的大小与时期长短成正比，时点指标值的大小与时点间隔成反比。　　　　　　　　　　　　　　　　　　　　　　　　　　（　　）

6. 同一总体一部分数值与另一部分数值对比得到的相对指标是比较相对指标。

                                                  （　　）

7. 某年甲、乙两地社会商品零售额之比为 1:3，这是个比例相对指标。　（　　）

8. 某企业生产某种产品的单位成本，计划在上年的基础上降低 2%，实际降低了 3%，则该企业差一个百分点没有完成计划任务。　　　　　　　　　　　　　（　　）

9. 相对指标可以使不能直接对比的总量指标找到对比的基础。　　　　（　　）

10. 全国人口出生率是强度相对指标。　　　　　　　　　　　　　　　（　　）

11. 在一定条件下，比较相对指标和比例相对指标可相互转化。　　　　（　　）

12. 比例相对指标是一种结构性比例，而强度相对指标则是一种依存性比例。

                                                  （　　）

13. 生产工人人均产值是强度相对指标。　　　　　　　　　　　　　　（　　）

14. 全国人均国民收入是强度相对指标。　　　　　　　　　　　　　　（　　）

15. 每千个居民拥有的医生数属于逆指标。　　　　　　　　　　　　　（　　）

三、多选题

1. 下列相对指标中，分子、分母属于两个不同总体的有（　　　）。

    A. 比例相对指标   B. 比较相对指标   C. 动态相对指标

    D. 强度相对指标   E. 计划完成相对指标

2. 下列相对指标中，分子、分母可以互换的有（　　　）。

    A. 结构相对指标   B. 比较相对指标   C. 比例相对指标

    D. 强度相对指标   E. 动态相对指标

3. 下列指标中，属于强度相对指标的有（　　）。

   A. 全国人均国民收入　　　　　　　B. 某地区人口密度

   C. 某市人口就业率　　　　　　　　D. 某单位职工平均工资

   E. 某省人口出生率

4. 应用相对指标的原则包括（　　）。

   A. 保持分子与分母的可比性　　　　B. 正确选择对比基数

   C. 与总量指标结合应用　　　　　　D. 各种相对指标结合应用

   E. 与定性分析结合应用

5. 分子、分母属于同类现象对比的相对指标有（　　）。

   A. 结构相对指标　　B. 比较相对指标　　C. 比例相对指标

   D. 强度相对指标　　　E. 计划完成相对指标

6. 下列属于同一时期指标值对比的相对指标有（　　）。

   A. 结构相对指标　　　B. 比较相对指标　　C. 比例相对指标

   D. 强度相对指标　　　E. 计划完成相对指标

7. 比较相对指标可用于（　　）。

   A. 不同国家、地区和单位水平之间的比较

   B. 先进水平与落后水平的比较

   C. 不同时期水平的比较

   D. 实际水平与计划水平的比较

   E. 实际水平与标准水平或平均水平的比较

8. 强度相对指标可用于评估（　　）。

   A. 经济实力　　　　B. 经济效益　　　C. 普遍程度

   D. 服务状况　　　　E. 密度和强度

9. 下列属于强度相对指标的有（　　）。

   A. 资金利税率　　　B. 流通费用率　　C. 人口密度

   D. 人口出生率　　　E. 企业全员劳动生产率

10. 长期计划执行结果的检查方法包括（　　）。

   A. 水平法　　　　　B. 方程法　　　　C. 累计法

   D. 几何平均法　　　E. 最小平方法

11. 相对指标的计量单位有（　　）。

   A. 百分数　　　　　B. 千分数　　　　C. 系数或倍数

   D. 成数　　　　　　E. 复名数

12. 下列统计指标属于总量指标的有（　　）。

   A. 工资总额　　　B. 商业网点密度　　C. 商品库存量

   D. 人均国民生产总值　E. 进出口总额

13. 下列指标中，属于结构相对指标的是（　　）。

   A. 集体所有制企业职工总数的比重　　B. 某工业产品产量比上年增长的百分比

   C. 大学生占全部学生的比重　　　　　D. 某年积累额占国民收入的比重

   E. 某年人均消费额

14. 以下表述不正确的有（　　　　）。

A. 计算相对指标的两个指标计量单位必须相同

B. 相对指标必须就同质总体计算

C. 所有指标都具有可加性

D. 所有总量指标都具有可加性

E. 平均指标必须就同质总体计算

15. 超额完成计划的有（　　　　）。

A. 单位成本计划完成百分数 103.5%

B. 利润计划完成百分数 103.5%

C. 劳动生产率计划完成百分数 103.5%

D. 单位成本计划完成百分数 98.3%

E. 利润计划完成百分数 98.3%

四、计算题

1. 某企业"五年计划"要求最后一年产量达到 46 万吨，实际执行情况如表 4-6 所示。

表 4-6　某企业"五年计划"实际执行情况

时间	2016 年	2017 年	2018 年	2019 年				2020 年			
				一季度	二季度	三季度	四季度	一季度	二季度	三季度	四季度
产量/万吨	31	35	39	9	10	10	11	11	12	12	14

要求计算：（1）提前完成计划时间；（2）计划完成相对指标。

2. 某企业"五年计划"规定，甲产品产量 5 年共达到 702 万吨，实际执行结果如表 4-7 所示。

表 4-7　某企业 5 年实际产量

时间	2016 年	2017 年	2018 年		2019 年				2020 年			
			上半年	下半年	一季度	二季度	三季度	四季度	一季度	二季度	三季度	四季度
产量/万吨	110	112	66	74	37	38	42	49	53	56	65	72

要求计算：（1）提前完成计划时间；（2）计划完成相对指标。

3. 某企业 2019 年某种产品单位成本为 800 元，2020 年计划规定比 2019 年下降 8%，实际下降 6%。企业 2020 年产品销售量计划为上年的 108%，2019—2020 年动态相对指标为 114%。

要求计算：（1）该产品 2019 年单位成本计划与实际的数值；

（2）2020 年单位产品成本计划完成相对指标；

（3）2020 年单位产品成本实际比计划多或少降低的百分点；

（4）2020 年产品销售计划完成相对指标。

五、实训练习

1. 某班部分学生本月消费额及是否获得补助金的相关信息如表 4-8 所示。

表 4-8　某班部分学生本月消费额及是否获得补助金信息

姓名	迟国强	柯普	洪红	郑重	陈彬彬	刘云海	单文
月消费额/元	800	750	600	500	700	1 000	900
是否获得补助金	是	否	是	是	否	是	否

　　要求：根据表中资料，运用 Excel 分别计算所有学生的消费总额、月消费额在 600 元以上的人数、月消费额在 600 元以下的人数、生活费在 600 元以上且获得补助金的人数。

　　2. 某车间分为 4 个班组，相关职员属性如表 4-9 所示。

表 4-9　某车间班组人员信息

班组	总人数/人	合同工人数/人	实习工人数/人
第一组	30	15	15
第二组	35	15	20
第三组	40	15	25
第四组	38	18	20

　　要求：根据表中资料，运用 Excel 分别计算各组的结构相对指标和比例相对指标。

平均指标与标志变异指标分析

知识目标

1. 了解平均指标和标志变异指标的概念和作用。
2. 了解平均指标的分类。
3. 掌握平均指标和标志变异指标的关系。

能力目标

1. 熟练运用算术平均数、调和平均数和几何平均数进行社会经济现象分析。
2. 熟练掌握平均差、标准差和标志变异系数的计算。

素养目标

1. 培养与时俱进的创新精神。
2. 提升个人修养，恪守职业道德，塑造美好的个人品德。

知识结构图

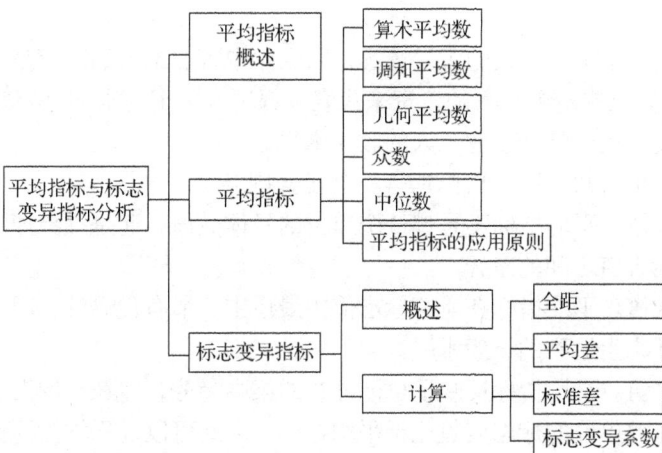

任务导入

人们在日常生活和学习中经常用到平均指标，一方面，平均指标代表了事物发展的一般趋势，例如，平均人数、平均身高、平均月薪等，揭示的都是客观现象的普遍水平；另一方面，平均指标的代表性有高有低，不能一概而论。例如，A 公司有 10 名员工，这个月每个员工的工资都是 4 000 元，所以 A 公司员工平均月薪为 4 000 元；B 公司也有 10 名员工，其中总经理本月的工资为 17 500 元，其他 9 名员工本月的工资为 2 500 元，这样 B 公司员工的平均月薪也是 4 000 元。显然，用 4 000 元分别代表 A、B 两个公司的平均月薪，A 公司的代表性更高。再举一个简单的例子，甲的身高是 226cm，乙的身高是 160cm，两个人的平均身高为 193cm，不能借此来说明乙很高，因为 193cm 既不能代表甲的身高，也不能代表乙的身高。那么怎么衡量平均指标的代表性呢？这就要用到标志变异指标。本任务讲述的就是平均指标和标志变异指标。

相关知识

✳ 一、平均指标概述

（一）平均指标的概念与作用

1．平均指标的概念

平均指标又称平均数，是反映现象总体各单位某一数量标志值在一定时间、地点和条件下一般水平的综合指标。平均指标能够反映总体内部的一般分布特征，是社会经济现象中最常用的一种综合指标。

例如，人们经常计算的某班某门课的平均成绩就是全班学生的一般水平。在全班学生总

微课

认识平均指标

体中，每位学生是总体单位，成绩的具体分数是标志值。大家成绩参差不齐，各不相同，如何反映全班学生的总体水平呢？由于平均成绩是全班学生成绩的一般水平，因此，最具有代表性。

再如，要研究一个企业工人的工资情况，因企业中每位工人的工资是不等的，彼此之间存在着差异，不能以其中一名工人的工资来代表全部工人工资的水平。应该计算出平均工资，用工人的平均工资来反映整个企业工人的收入水平。

由以上简单分析得知，平均指标具有 3 个显著特点。

（1）抽象化数值。平均指标不是哪一个单位的具体数值，而是抽象掉（抵消）了某一数量标志下各单位标志值之间的差异。

（2）代表性数值。平均指标在所有标志值中最适中、最有代表性，因而能够代表总体各单位在某一数量标志上达到的一般水平。

（3）集中趋势值。平均指标反映了总体分布的集中趋势，即在平均指标周围分布的次数最多。这表明大多数单位的标志值趋近于平均指标，因此可以说平均指标反映了总体的共性特征，如图 5-1 所示。

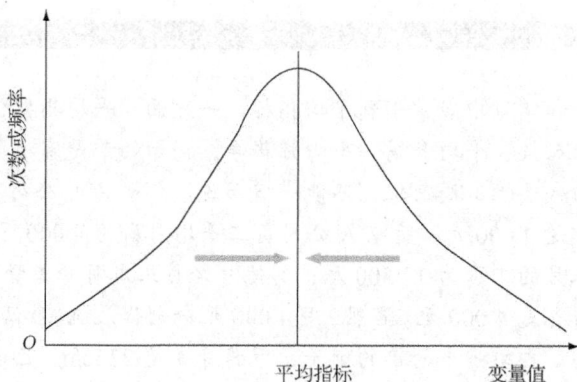

图 5-1　平均指标

2．平均指标的作用

由于平均指标能够综合反映某种社会经济现象总体在一定条件下的一般水平，所以应用很广，其作用主要表现在以下几个方面。

（1）概括说明总体的一般水平。在社会经济现象中，总体各单位某一变量从小到大形成一定的分布。由于标志值很小或很大的单位数值都比较少，而逐渐靠近平均指标的单位数逐渐增多，即标志值围绕平均指标周围的单位数占总体单位数最大的比重，显示总体各单位向平均指标集中，所以，平均指标反映了总体各单位变量分布的一般水平。例如，2017 年某市城镇非私营单位就业人员年平均工资为 46 330 元，私营单位就业人员年平均工资为 30 940元。平均指标具有高度的综合性和概括能力，给人以鲜明、深刻的印象。

（2）比较同类现象在不同单位的发展水平。比较不同单位的同类现象的发展水平，一般不能用总量指标来对比，因为总量指标受到规模大小的影响。例如，评价两个村的农产品收获量水平，就不能直接用农产品收获量指标来对比，因为农产品产量会受耕地面积规模大小的影响。如果用单位面积产量来进行比较，就可以比较客观地说明问题。所以，平均指标在说明生产水平、经济效益或工作质量等方面以及投资项目评估、制定生产消耗定额、核算产品成本等场合都被广泛应用。

（3）比较同类现象在不同时期的发展变化趋势或规律。社会经济现象的变化受多种因素的影响，个别单位或标志总量的变化易受偶然因素和现象规模的影响。用平均指标来分析，既可以消除偶然因素的作用，又可以避免受现象规模的影响，能够比较准确地反映总体现象变化的基本趋势。例如，研究一个地区居民消费水平的变动趋势，由于个别居民户的消费变动有其特殊性，不足以反映一般水平的变化，而居民消费总额的变动又受居民人数的影响。所以，如果将各年居民的平均消费水平进行对比，就可以明显地反映出居民消费水平的变动趋势。

（4）分析现象之间的依存关系。分析现象之间的依存关系，必须借助平均指标。例如，将工业企业按照规模的大小进行分组，再计算不同规模工业企业的劳动生产率、利润率等指标，就可以反映出企业规模的大小与劳动生产率或利润率之间的关系。

（二）平均指标的种类

（1）根据平均指标反映的内容不同，平均指标可以分为静态平均数和动态平均数。反映在同一时间范围内总体各单位某一数量标志一般水平的平均指标称为静态平均数；反映不同时间同一总体某一数量指标一般水平的平均指标称为动态平均数。本任务所称的平均指标都是指静态平均数，又称为一般平均数。

（2）根据平均指标计算方法的不同，平均指标可以分为数值平均数和位置平均数。凡是根据总体各单位标志值计算的平均指标，称为数值平均数，常见的有算术平均数、调和平均数和几何平均数等；凡是根据总体标志值在分配数列中的位置确定的平均数，称为位置平均数，常见的位置平均数有众数和中位数等。

❋ 二、平均指标

（一）算术平均数

1. 算术平均数的概念

算术平均数是平均指标中最重要的一种。算术平均数是分析社会经济现象一般水平和典型特征的最基本、最常用的一种平均指标。其基本计算形式是用现象总体各单位标志值的总和与总体单位总量对比进行计算。不加特别说明，所称的"平均数"都是指算术平均数，表示为

$$算术平均数 = \frac{总体标志总量}{总体单位总量}$$

【例 5-1】某企业某月职工工资总额为 640 000 元，职工总人数为 200 人，则该企业该月职工的平均工资为

640 000 ÷ 200 = 3 200（元）

这里需要明确的是，算术平均数是同质总体的标志总量和单位总量的比率关系，它要求总体标志总量和总体单位总量相适应。也就是说，总体标志总量必须是总体各单位标志值的总和，总体标志总量会随着总体单位总量的变化而变化。而强度相对指标没有这种关系，即使有的强度相对指标也带有"平均"的意思。

【例 5-2】某工厂有职工 100 人，其中工人 90 人，上月生产某产品 1 800 件，则

工人劳动生产率 = 1 800 ÷ 90 = 20（件/人）

全员劳动生产率 = 1 800 ÷ 100 = 18（件/人）

在例【5-2】中，工人劳动生产率和全员劳动生产率都带有平均的意思。工人劳动生产率中的分子（标志总量—生产产品数量）会随着分母（单位总量—工人数）的变化而变化，故工人劳动生产率为算术平均数；而全员劳动生产率的分子、分母没有这种关系，故全员劳动生产率为强度相对指标。

2．算术平均数的计算

由于掌握的资料不同，算术平均数可分为简单算术平均数和加权算术平均数两种。

（1）简单算术平均数。若所给资料是总体各单位的标志值，则先将各标志值简单相加得出标志总量，再除以标志值的个数，求得平均数。用此法计算的平均数称为简单算术平均数。其公式为

$$\bar{x} = \frac{x_1 + x_2 + x_3 + \cdots + x_n}{n} = \frac{\sum x}{n} \qquad (5\text{-}1)$$

式中：

$\bar{x}$ 代表算术平均数；

x 代表总体各单位的标志值（变量值）；

n 代表总体单位数；

$\sum$ 代表加总符号。

【例 5-3】某机械厂 5 名工人，每人日产零件数分别为 20 件、21 件、22 件、24 件、25 件，则人均日产零件数为

$$\bar{x} = \frac{20 + 21 + 22 + 24 + 25}{5} = 22.4 \text{（件）}$$

（2）加权算术平均数。若所给资料为一变量数列，则需要先将各组的标志值乘以次数，得出各组的标志总量，并加总出总体的标志总量，再除以各组次数之和（总次数），求得平均数。用此法计算的平均数，称为加权算术平均数。其公式为

$$\bar{x} = \frac{x_1 f_1 + x_2 f_2 + x_3 f_3 + \cdots + x_n f_n}{f_1 + f_2 + f_3 + \cdots + f_n} = \frac{\sum xf}{\sum f} \qquad (5\text{-}2)$$

式中：f 代表权数，即变量值出现的次数。

从式（5-2）可以看出，加权算术平均数不仅受变量值大小的影响，而且受各组单位数的影响。由于各组单位数 f 起着一种权衡轻重的作用，所以把 f 称为权数。而计算的平均数称为加权算术平均数。

在具体计算加权算术平均数时，数列又可以分为单项数列与组距数列两种形式。

① 按单项数列计算加权算术平均数。按单项数列计算加权算术平均数是通过各组观察值与各组频数乘积的总和除以各组频数之和来进行的。

【例 5-4】某车间 100 名工人，按日产零件数分组编制的单项数列如表 5-1 所示，计算每个工人平均日产零件数。

表5-1　工人日产零件情况

每人日产零件数 x/件	工人数 f/人	权重系数	每组日产零件数/件
16	12	0.12	192
17	20	0.2	340
18	30	0.3	540
19	23	0.23	437
20	15	0.15	300
合计	100	1	1 809

$$\overline{x} = \frac{\Sigma xf}{\Sigma f} = \frac{1\ 809}{100} = 18.09 \quad (\text{件})$$

② 按组距数列计算加权算术平均数。在组距数列中，用各组的组中值来代替各组的变量值。这种代替是假定各组的变量值是均匀分布的，由这种假定所产生的误差影响较小。由组距数列计算的加权算术平均数只是平均数的近似值。组距越小，越接近实际的平均数。如遇"开口组"时，例如表 5-2 中第一组缺下限，最后一组缺上限，在这种情况下，一般假定它们的组距与相邻的组距相同。

【例 5-5】某车间工人月奖金情况如表 5-2 所示。

$$\overline{x} = \frac{\Sigma xf}{\Sigma f} = \frac{5\ 370}{90} \approx 59.67 \quad (\text{元})$$

表 5-2　工人月奖金情况

工人按月奖金额分组/元	工人数 f/人	组中值 x/元	工人奖金总额 xf/元
40 以下	8	35	280
40～50（不含）	12	45	540
50～60（不含）	25	55	1 375
60～70（不含）	28	65	1 820
70～80（不含）	9	75	675
80 及以上	8	85	680
合计	90	—	5 370

计算加权算术平均数时，必须慎重选择权数，一定要使各组的标志值（或组中值）和权数的乘积等于各组的标志总量，并具有实际的经济意义。标志总量必须是全部总体单位标志值的总和，从而用标志总量除以总体单位总量才能表明总体各单位标志值的一般水平。同时，采用的权数可以是具体的总体单位数，也可以是百分数。在同一变量数列中，不论用绝对数加权还是用相对数加权，计算结果完全相同，因为

$$\overline{x} = \frac{\Sigma xf}{\Sigma f} = \Sigma x \frac{f}{\Sigma f} \tag{5-3}$$

【例 5-6】根据【例 5-4】中 100 名工人日产零件分组的权重资料，计算平均每人日产零件数。

$$\overline{x} = 16 \times 0.12 + 17 \times 0.2 + 18 \times 0.3 + 19 \times 0.23 + 20 \times 0.15 = 1.92 + 3.4 + 5.4 + 4.37 + 3 = 18.09 (\text{件})$$

可以看出，用两种方法算出的结果完全一致。

（3）简单算术平均数和加权算术平均数的关系。若各组次数相同（f = 常数），权数作用相同或消失，权数就不再起权衡轻重的作用，此时加权算术平均数等于简单算术平均数。若 $f_1 = f_2 = f_3 = \cdots = f_n$，则

$$\overline{x} = \frac{x_1 f_1 + x_2 f_2 + x_3 f_3 + \cdots + x_n f_n}{f_1 + f_2 + f_3 + \cdots + f_n} = \frac{(x_1 + x_2 + x_3 + \cdots + x_n)k}{nk} = \frac{\Sigma x}{n}$$

可见，简单算术平均数是加权算术平均数的特例。

（二）调和平均数

1．调和平均数的概念

调和平均数是各个变量值（标志值）倒数的算术平均数的倒数。它是根据各个变量值的

倒数计算的平均数，所以又称为倒数平均数，一般用符号 H 表示。

2．调和平均数的特点

（1）调和平均数易受极端值的影响，且受极小值的影响比受极大值的影响更大。

（2）只要有一个变量值为零，就不能计算调和平均数。

（3）当组距数列有开口组时，其组中值即使按相邻组距计算，假定性也很大。这时，调和平均数的代表性就很不可靠。

3．调和平均数的计算

调和平均数从其计算方法来说，有简单调和平均数和加权调和平均数两种。

（1）简单调和平均数。简单调和平均数是标志值倒数的简单算术平均数的倒数。各标志值对应的标志总量为 1 或相等时，采用简单调和平均法计算平均数。简单调和平均数公式为

$$H = \frac{1}{\frac{1}{n}\left(\frac{1}{x_1} + \frac{1}{x_2} + \cdots + \frac{1}{x_n}\right)} = \frac{n}{\sum \frac{1}{x}} \tag{5-4}$$

【例5-7】某蔬菜早、中、晚的价格分别为 0.5 元/千克、0.4 元/千克和 0.2 元/千克，若早、中、晚各买 1 元，求该种蔬菜的平均菜价。

$$H = \frac{n}{\sum \frac{1}{x}} = \frac{3}{\frac{1}{0.5} + \frac{1}{0.4} + \frac{1}{0.2}} \approx 0.32 \ （元/千克）$$

（2）加权调和平均数。当各标志值对应的标志总量不相等，存在权数问题时，应以标志总量（m）作为权数，对标志值的倒数进行加权，计算加权调和平均数。

其公式为

$$H = \frac{m_1 + m_2 + \cdots + m_n}{\frac{m_1}{x_1} + \frac{m_2}{x_2} + \cdots + \frac{m_n}{x_n}} = \frac{\sum m}{\sum \frac{m}{x}} \tag{5-5}$$

式中：m 代表权数，标志总量；x 代表各标志值水平。

【例5-8】某蔬菜早、中、晚的价格分别为 0.5 元/千克、0.4 元/千克和 0.2 元/千克，若早、中、晚各买 3 元、2 元和 1 元，求购买该种蔬菜的平均菜价。

$$H = \frac{n}{\sum \frac{1}{x}} = \frac{3+2+1}{\frac{3}{0.5} + \frac{2}{0.4} + \frac{1}{0.2}} = 0.375 \ （元/千克）$$

（3）加权算术平均数和加权调和平均数的关系。加权算术平均数和加权调和平均数都遵循标志总量/单位总量，可以认为加权调和平均数是加权算术平均数的一种变形。

无论是 $\sum xf$ 还是 $\sum m$，都表示总体的标志总量，所以 $\sum xf = \sum m$，则

$$H = \frac{\sum m}{\sum \frac{m}{x}} = \frac{\sum xf}{\sum f}$$

所以，已知标志值和标志总量时，计算用加权调和平均数；已知标志值和单位数时，计算用加权算术平均数。

【例5-9】某企业两个分厂生产 A 产品的有关资料如表 5-3 所示，根据不同的资料，分别计算这两个分厂的平均成本。

表 5-3 某企业两个分厂生产 A 产品的情况

产品批次	一分厂		二分厂	
	单位成本 x/元	产量 f/件	单位成本 x/元	总成本 m/万元
一批	520	1 500	500	100.0
二批	510	1 800	520	182.0
三批	500	2 200	550	137.5
合计	—	5 500	—	419.5

一分厂的平均成本为

$$\bar{x} = \frac{\Sigma xf}{\Sigma f} = \frac{520 \times 1\ 500 + 510 \times 1\ 800 + 500 \times 2\ 200}{5\ 500} \approx 508.73 \ (元)$$

二分厂的平均成本为

$$H = \frac{\Sigma m}{\Sigma \dfrac{m}{x}} = \frac{4\ 195\ 000}{\dfrac{1\ 000\ 000}{500} + \dfrac{1\ 820\ 000}{520} + \dfrac{1\ 375\ 000}{550}} = 524.375 \ (元)$$

（三）几何平均数

1. 几何平均数的概念

算术平均数和调和平均数适用于总量等于各分量和的情况。但有些社会经济现象，总量不等于各分量之和，而等于各分量之积，比如平均速度问题和平均比率问题，对于这类社会经济现象，不能采用算术平均数和调和平均数反映其一般水平，这就需要用到几何平均数的方法来计算平均数。

几何平均数是 n 个变量值乘积的 n 次方根，用以反映呈几何基数特点的变量的集中趋势。它是计算平均比率和平均速度的一种方法。一般用 G 表示。

2. 几何平均数的特点

（1）几何平均数受极端值的影响较算术平均数小。

（2）如果变量值有负值，计算出的几何平均数就会是负数或虚数。

（3）仅适用于具有等比或近似等比关系的数据。

（4）几何平均数的对数是各变量值对数的算术平均数。

3. 几何平均数适用的情况

（1）变量值是相对数。

（2）变量值能够连乘。

（3）变量值的乘积有明确的经济内涵和直观的解释。

4. 几何平均数在社会经济现象中运用的场合

（1）连续生产的产品合格率。

（2）连续销售的本利率。

（3）连续储蓄的本息率。

（4）连续比较（环比）的发展速度。

所以几何平均数主要用于计算平均比率和平均速度。

5. 几何平均数的计算

根据所掌握的资料不同，几何平均数分为简单几何平均数和加权几何平均数两种形式。

（1）简单几何平均数。简单几何平均数适用于未分组的资料，就是 n 个标志值 x 乘积的 n 次方根。其计算公式为

$$G = \sqrt[n]{x_1 \cdot x_2 \cdot x_3 \cdots\cdots x_n} = \sqrt[n]{\prod x} \qquad (5\text{-}6)$$

式中：G 代表几何平均数；x_n 代表数列中第 n 个单位的标志值；$\prod$ 代表连乘。

【例 5-10】某产品需经 3 个车间加工，已知第一个车间加工合格率为 95%，第二个车间加工合格率为 90%，第三个车间加工合格率为 98%，求 3 个车间的平均加工合格率。

由于产品是由 3 个车间连续加工的，第二个车间加工的是第一个车间加工的合格品，第三个车间加工的又是第二个车间加工的合格品，所以 3 个车间的总合格率是各车间加工合格率的乘积：95%×90%×98%=83.79%。而不是合格率的总和：95%+90%+98%=283%。所以应当用几何平均法求 3 个车间的平均加工合格率。

$$G = \sqrt[3]{95\% \times 90\% \times 98\%} \approx 94.28\%$$

（2）加权几何平均数。如果变量值较多，且出现的次数不同，则应采用加权几何平均数。其计算公式为

$$G = \sqrt[\Sigma f]{x_1^{f_1} \cdot x_2^{f_2} \cdot x_3^{f_3} \cdots\cdots x_n^{f_n}} = \sqrt[\Sigma f]{\prod x^f} \qquad (5\text{-}7)$$

【例 5-11】将一笔资金存入银行，期限为 10 年，按复利计算利息，各年利率如表 5-4 所示，求该笔存款年平均利率。

表 5-4　各年利率

年利率	年数 f/年
4%	2
6%	4
8%	3
9%	1

按复利计算第 n 年的本利和（本金与利息的总和）公式为

$$F = p(1+i)^n \qquad (5\text{-}8)$$

式中：

F 代表第 n 年的本利和；

p 代表本金；

i 代表利率；

n 代表年数。

所以本例中，假设存入银行的本金为 1 元，则 10 年后的本利和为

$$(1+4\%)^2 \times (1+6\%)^4 \times (1+8\%)^3 \times (1+9\%)$$

这里，由标志值连乘而形成标志总量，且次数出现各不相同，所以应该用加权几何平均数。平均每年的本利和为

$$\sqrt[2+4+3+1]{(1+4\%)^2 \times (1+6\%)^4 \times (1+8\%)^3 \times (1+9\%)}$$

则年平均利率为 $\sqrt[10]{1.04^2 \times 1.06^4 \times 1.08^3 \times 1.09} - 1 \approx 6.49\%$，其中"1"为本金。

6．计算几何平均数应该注意的问题

（1）变量数列中任何一个变量值都不能为 0，否则无意义。

（2）用环比指数计算的几何平均数易受最初水平和最末水平的影响。

（3）主要用于动态平均数的计算。

算术平均数、调和平均数、几何平均数都属于变量值的计算平均数，是指对总体某种标志所表现的变量值进行数学计算所得到的各类平均数。与此不同的是在对标志值分组排队的基础上，根据分配数列的特征位置确定的平均数，称为位置平均数，主要有众数和中位数。

（四）众数

1．众数的概念

众数是指总体中最常见的标志值，是在研究和考察某种社会经济现象时，重复出现次数最多的标志值。它能直观地说明客观现象分布的集中趋势。因此，它具有普遍性，可以近似地表明现象的一般水平。众数适用于总体单位的变量值分布相当集中的情况，在变量数列中两极端值极差（全距）很大的情况下，采用众数作为代表值效果更好。通常，如果只要求掌握一般、常见的变量值作为研究问题、安排工作时的参考，就可以采用众数。例如，说明企业职工最普遍的工资和工人的一般文化水平，反映某地区某种农作物通常达到的单位面积产量，表明某种商品成交量最多的价格水平等，就可以不计算算术平均数而采用众数。确定众数一般要根据变量的分布来确定。

2．众数的特点

（1）众数是以它在所有标志值中所处的位置确定的全体单位标志值的代表值。它不受分配数列极大值或极小值的影响，从而增强了众数对分配数列的代表性。

（2）当分配数列没有任何一组的次数占多数，即分配数列中没有明显的集中趋势，而是近似于均匀分布时，该分配数列无众数。若将无众数的分配数列重新分组或各组频数依序合并，会使分配数列出现明显的集中趋势。

（3）如果与众数组比邻的上、下两组的次数相等，则众数组的组中值就是众数；如果与众数组比邻的上一组的次数较多，而下一组的次数较少，则众数在众数组内会偏向该组下限；如果与众数组比邻的上一组的次数较少，而下一组的次数较多，则众数在众数组内会偏向该组上限。

（4）缺乏敏感性。这是由于众数的计算只利用了众数组的数据信息，不像数值平均数那样需要利用全部数据信息。

3．众数的计算

众数的计算有以下两种方法。

（1）由单项数列确定众数。在单项数列中，只要直接判断哪一组的次数最多，该组的变量值即众数。

【例 5-12】某企业工人加工零件的分配资料如表 5-5 所示。

表 5-5　某企业工人加工零件分配资料

加工零件数 x/件	8	9	10	11	12	合计
工人数 f/人	20	30	80	15	5	150

表 5-5 中，工人每日加工零件数最集中的组是 10 件组。在 150 个工人中，有 80 个工人集中在这一组，所以 10 就是众数。

（2）由组距数列确定众数。由组距数列确定众数，应首先确定众数组，然后通过一定的公式计算众数的近似值。在等距分组条件下，众数组就是次数最多的那一组；在不等距分组的条件下，众数组则是频数密度或频率密度最高的那一组。众数值是依据众数组的次数与众数组相邻的两组次数的关系来近似计算的。

下限公式为

$$M_0 = L + \frac{f_2 - f_1}{(f_2 - f_1) + (f_2 - f_3)} \times d \qquad (5\text{-}9)$$

上限公式为

$$M_0 = U - \frac{f_2 - f_3}{(f_2 - f_1) + (f_2 - f_3)} \times d \qquad (5\text{-}10)$$

式中：

M_0 代表众数；

L 代表众数组的下限；

U 代表众数组的上限；

f_1 代表众数组上一组的次数；

f_2 代表众数组的次数；

f_3 代表众数组下一组的次数；

d 代表众数组的组距。

【例5-13】某企业的员工工资如表5-6所示，计算其员工工资的众数。

表5-6 某企业员工工资

月工资/元	员工数/人
500 以下	19
500~700（不含）	32
700~900（不含）	16
900~1 100（不含）	60
1 100~1 300（不含）	96
1 300~1 500（不含）	43
1 500 及以上	34
合计	300

$$M_0 = L + \frac{f_2 - f_1}{(f_2 - f_1) + (f_2 - f_3)} \times d = 1100 + \frac{96 - 60}{(96 - 60) + (96 - 43)} \times 200 \approx 1180.90 \text{（元）}$$

或

$$M_0 = U - \frac{f_2 - f_3}{(f_2 - f_1) + (f_2 - f_3)} \times d = 1\,300 - \frac{96 - 43}{(96 - 60) + (96 - 43)} \times 200 \approx 1180.90 \text{（元）}$$

众数是一种位置平均数，是总体中出现次数最多的变量值，因而在实际工作中，有时有它特殊的用途。例如，说明一个企业中工人最普遍的技术等级，说明消费者需要的内衣、鞋袜、帽子等最普遍的尺码，说明农贸市场上某种农副产品最普遍的成交价格等，都需要利用众数。但是必须注意，从分布的角度看，众数是具有明显集中趋势点的数值，是一组数据分布的最高峰点所对应的数值。当然，如果数据的分布没有明显的集中趋势或最高峰点，众数也可能不存在；如果有两个最高峰点，也可以有两个众数。只有在总体单位比较多，而且又明显地集中于某个变量值时，计算众数才有意义。

（五）中位数

中位数是将总体各个单位按其标志值的大小顺序排列，处于数列中点的那个单位的标志值。中位数的概念表明，在总体中，标志值小于中位数的单位占一半；标志值大于中位数的单位也占一半。用中位数来代表总体标志值的一般水平，可以避免数列中极端值的影响，有时更具有代表性。例如，人口的平均年龄会受到一些特别长寿的人的年龄的影响，使计算结果偏大，而年龄中位数往往能够较好地体现人口年龄结构特征。

中位数的确定方法，根据所掌握的资料条件不同，有以下几个方法。

1．由未分组资料确定中位数

在资料未分组时，确定中位数的方法是：先将总体各单位的标志值按照大小顺序排列，然后确定中位数的位置，处于中间位置的标志值就是中位数。

当总体单位数 n 为奇数时，中位数位置为 $\dfrac{n+1}{2}$，即处于中间位置的标志值就是中位数。

当总体单位数 n 为偶数时，中位数是处于中间位置的两个单位标志值的算术平均数。

2．由单项式分组资料确定中位数

单项式分组已经将资料的标志值序列化，这时总体单位数 $n=\Sigma f$，确定中位数位置的方法要通过累计次数计算。

【例 5-14】某村居民户按子女数分组资料如表 5-7 所示，求家庭子女数的中位数。

表 5-7　某村居民户按子女数分组资料

家庭子女数 x/人	0	1	2	3	4	合计
家庭户 f/户	50	122	155	306	18	651
累计家庭户/户	50	172	327	633	651	—

中位数位置 $=\dfrac{\Sigma f+1}{2}=\dfrac{651+1}{2}=326$，所以中位数为 2 个子女。

3．由组距式分组资料确定中位数

组距式分组也已经将资料的标志值序列化，确定中位数的方法先由单项式分组，即先通过累计次数确定中位数所在的组，再根据比例插值法计算中位数的近似值。确定中位数所在的组

下限公式为

$$M_e = L + \frac{\Sigma f / 2 - S_{m-1}}{f_m} \times d \qquad (5-11)$$

上限公式为

$$M_e = U - \frac{\Sigma f / 2 - S_{m+1}}{f_m} \times d \qquad (5-12)$$

式中：

M_e 表示中位数；

L 表示中位数所在组的下限；

U 表示中位数所在组的上限；

S_{m-1} 表示向上累计至中位数所在组前一组的次数；

S_{m+1} 表示向下累计至中位数所在组后一组的次数；

f_m 表示中位数所在组的次数；

d 表示中位数所在组的组距。

【例 5-15】根据表 5-8 中的资料计算农户年均收入中位数。

表 5-8　农户年均收入中位数计算

农户年均收入/元	户数 f/户	向上累计/户	向下累计/户
4 000 以下	17	17	90
4 000～5 000（不含）	19	36	73
5 000～7 000（不含）	35	71	54
7 000～10 000（不含）	15	86	19
10 000 及以上	4	90	4
总计	90	—	—

首先确定中位数所在组：

$$\frac{\Sigma f}{2} = \frac{90}{2} = 45$$

用下限公式计算：

$$M_e = L + \frac{\Sigma f / 2 - S_{m-1}}{f_m} \times d = 5\ 000 + \frac{45-36}{35} \times 2\ 000 \approx 5\ 514.3\ （元）$$

用上限公式计算：

$$M_e = U - \frac{\Sigma f / 2 - S_{m+1}}{f_m} \times d = 7\ 000 - \frac{45-19}{35} \times 2\ 000 \approx 5\ 514.3\ （元）$$

两种公式的计算结果相同。这种计算的前提是，假定中位数所在组的组内次数分布是均匀的，所以按比例推算的中位数只是近似值。

在将标志值排成序列时，容易确定中位数，同时也可以对某些不能用数字表现的品质标志，如颜色、外观，用排序方法，找出中位数，作为该种现象的一般水平。但是由于中位数只取决于中间项目的数值，除中间项目外，其他变量值的变动对中位数都不会产生影响，因此，用中位数代表一般水平缺少敏感性。而由分组资料确定中位数时，还需要计算累计次数，因此计算比较麻烦。

（六）平均数的应用原则

在统计研究和分析中，平均数是一种广泛应用的指标，具有十分重要的作用。为了正确发挥平均数的作用，在应用时应该注意以下几个基本原则。

（1）总体的同质性是计算和应用平均数的前提条件和基本原则。所谓同质性，就是研究现象总体单位在某一标志上性质相同。因为只有在同质总体中，总体单位才具有共同的特征，从而才能按某一数量标志计算平均数，用一个代表性数值来说明总体的一般水平。如果总体单位是不同质的，那么计算出来的平均指标非但不能说明事物的性质及其规律，反而会掩盖现象之间的本质差别，甚至歪曲事实。

（2）社会经济统计中应用的算术平均数、调和平均数、几何平均数、中位数和众数，各有其特点和适用条件，应该从研究对象的实际内容出发，根据统计资料的特点和研究的目的来选用各种平均数。有时，还可以把几种平均数结合应用，以利于全面分析社会经济现象总体某一标志的一般水平及分布情况。

（3）要用组平均数补充说明总平均数。根据同质总体计算的平均数，称为总平均数，反映现象总体的一般水平。但在很多情况下，只计算总平均数还不足以说明问题。对于同质总体要从多种不同角度来研究，这就需要对统计总体进行分组。在研究总体平均数的时候也不能只看单一的存在状态，需要分析总体分组中各组平均数的变化对总平均数产生的影响，补充说明总平均数。

（4）应当用分配数列和典型单位的资料补充说明平均数。因为平均数在反映现象总体一般水平的同时，掩盖了总体某一标志在各个单位之间的差异及分布状况。因此，为了深入、全面地说明问题，在应用平均数时，要按被平均的数量标志进行分组，编制分配数列来补充说明平均数。此外，反映现象总体一般水平的平均数，体现一定范围内的现象总体的共性，但同时又体现了被研究现象的个性。因此，平均数必须和总体单位的典型事例相结合，特别要研究先进和后进的典型，使平均数具有丰富的内容，以发挥平均数对社会经济现象的认识作用。

❋ 三、标志变异指标

（一）标志变异指标概述

1．标志变异指标的概念

标志变异指标又称标志变动度指标，是综合反映社会经济现象总体各单位标志值之间差异程度的综合指标。它可用来反映平均数代表现象一般水平的代表性程度，标志变异指标越小，则平均数的代表性越大。它可以说明现象的稳定性和均衡性。

标志变异指标和平均指标是一对相互联系的对应指标，它们从两个不同的方面反映同质总体的共同特征。平均指标表明总体各单位标志值的一般水平，说明变量数列中变量值的集中趋势；标志变异指标则表明总体各单位标志值的差异的程度，说明变量值的离中趋势。标志变异指标和平均指标结合应用还可以比较不同总体标志值的相对差异程度。

2．标志变异指标的作用

在统计分析中，计算总体标志值平均数的同时，进一步测定标志变异指标。这对于全面认识总体的特征，探讨其变动的规律性，进行科学管理与预测等都有重要的意义。

测定标志变异指标是应用平均指标进行统计分析的重要方法之一。标志变异指标主要有以下作用。

（1）标志变异指标可以测定平均数的代表性程度。平均数是一个代表值，其代表程度的高低取决于各变量值之间差异程度的大小。如果总体各单位标志值的差异程度大，则平均数的代表性低；反之，标志值变动范围或差异程度小，则平均数的代表性高。

【例5-16】有甲、乙两个服装专卖店，每个服装专卖店有员工5人，某月甲、乙专卖店员工的销售提成（元）资料如下。

甲专卖店：970，980，1 000，1 020，1 030

乙专卖店：500，700，1 000，1 300，1 500

这两个专卖店员工平均销售提成都是1 000元，但是各专卖店销售提成差异程度有很大不同。很明显，甲专卖店每名员工平均销售提成1 000元，代表性较高，因为甲专卖店每个人销售提成变动范围较小，所以平均数1 000元能够代表他们销售提成的一般水平。而乙专卖店每名员工平均销售提成1 000元，代表性就较低，因为乙专卖店每个人销售提成变动范

微课

标志变异指标

围较大。可见，变量值差异的大小直接决定了平均数代表性的高低。

（2）标志变异指标可以反映研究总体的均衡性、节奏性和稳定性。标志变异指标小，说明总体内各单位数值相互间比较稳定和均衡。例如，从【例5-16】中甲、乙两个专卖店员工销售提成的资料可以看到，虽然甲、乙两个服装专卖店的平均销售提成都是1 000元，但是甲专卖店员工的销售提成分配比较均衡，其平均销售提成1 000元的代表性高，也就是变量值之间的差异小。因此可以说，数量的均衡性、稳定性与数量的差异是讨论相同的问题，即数量现象表现得越均衡、整齐，数量的差异性越小。

（3）标志变异指标可以提示总体变量分布的离中趋势，是研究总体分布的重要特征值。社会经济现象受多种因素的影响，其中，由于主要的、必然的因素的作用，次要的、偶然的因素则在平均数周围因正负作用相互抵消，从而使总体各单位标志值以平均数为中心上下波动。因此，平均数揭示了总体变量分布的集中趋势，成为研究总体分布的重要特征值。而标志变异指标则从另一方面揭示了以平均数为中心，各标志值偏离中心的程度。

一般来说，标志变异指标值越大，平均数的代表性越低；标志变异指标越小，平均数的代表性越高。通过对标志值的离中分析，可以进一步研究标志变量的分布是否接近或偏离正态分布，从而帮助人们更好地认识数列分布的规律性。

3. 标志变异指标的种类

标志变异指标可以有多种分类，本书主要讨论以下两类。

（1）反映总体各单位标志值变动绝对量的标志变异指标。这类标志变异绝对指标主要有全距、平均差和标准差等。这类变异指标主要用来反映标志变动的绝对程度，用绝对数表示，一般不能用于不同总体之间离散程度大小的直接比较。一般来说，这类标志变异指标有计量单位，它的计算单位与平均数的一致。

（2）反映总体各单位标志值变动相对量的标志变异指标，即标志变动系数，又称离散系数或变异系数。标志变动系数主要有全距系数、平均差系数和标准差系数等，其中标准差系数的应用最普遍。这类标志变异指标无计量单位，用无名数表示。

（二）标志变异指标的计算

1. 全距

全距也叫极差，是总体各单位标志值中的最大值与最小值的差距，表明总体标志值差异范围的大小，一般用R表示。

未分组或单项分组资料计算全距，其公式为

$$全距=最大变量值-最小变量值 \tag{5-13}$$

组距式分组资料有开口组和闭口组两种，一般只就闭口组分组资料计算全距，公式为

$$全距=最大组的上限-最小组的下限 \tag{5-14}$$

采用全距可以评价标志变异程度，全距值越小，说明总体各单位变量值越集中，则平均数的代表性就越高；反之，全距值越大，说明总体各单位变量值越分散，则平均数的代表性就越低。

【例5-17】有两个班组，甲班组5名工人生产产品的件数分别为120件、150件、210件、250件、270件；乙班组4名工人生产产品的件数分别为90件、100件、110件、500件。它们的全距分别为

甲班组的全距=270-120=150（件）

乙班组的全距=500-90=410（件）

由上面的计算可以看出，虽然两个班组工人生产产品的平均件数为200件，但由于甲班组的全距为150件，小于乙班组的全距为410件，所以甲班组的平均产量代表性高，甲班组的平均产量水平比较均衡。

全距是测定标志变异指标最简单的方法，计算简便，而且容易理解，因此在很多场合采用全距概略地说明某些现象的标志变动程度，如农作物收获率的差距、某一商品价格的差距等。特别是在现代化高速生产的工艺过程中，常用全距检查产品质量的稳定性和进行产品质量控制。但由于全距不是根据全部标志值计算的，因此，很容易受极端数值的影响，其结果不能充分反映现象的实际离散程度，因而在应用方面有一定的局限性。

2. 平均差

平均差（$A.D$）是总体各单位标志值对其算术平均数的离差绝对值的算术平均数，它能综合反映总体各单位标志值的变动程度。平均差越大，表示标志变动程度越大；反之，平均差越小，表示标志变动程度越小。

由于掌握的资料不同，平均差的计算分为简单算术平均差和加权算术平均差两种。

（1）在资料未经分组的情况下，平均差可用简单算术平均差计算。其计算公式为

$$A.D = \frac{\sum |x - \bar{x}|}{n} \tag{5-15}$$

由于各标志值与其算术平均数的离差的代数和恒等于零，所以要用离差的绝对值（$|x - \bar{x}|$）计算平均差。

可见，平均差所反映的离中趋势实质上是以算术平均数为中心，各标志值到算术平均数之间的平均距离。

【例5-18】甲、乙两个学习小组英语成绩平均分都为85分，具体如表5-9所示。

表5-9 甲、乙两个小组的英语成绩　　　　　　　　　　　　　　单位：分

甲组		乙组	
成绩 x	离差绝对值$|x-\bar{x}|$	成绩 x	离差绝对值$|x-\bar{x}|$
83	2	80	5
84	1	82	3
85	0	85	0
86	1	88	3
87	2	90	5
合计	6	合计	16

$$A.D_{甲} = \frac{\sum |x - \bar{x}|}{n} = \frac{6}{5} = 1.2 （分）$$

$$A.D_{乙} = \frac{\sum |x - \bar{x}|}{n} = \frac{16}{5} = 3.2 （分）$$

甲组平均差为1.2分，表示甲组中平均每个人与85分相差1.2分；乙组平均差为3.2分，表示乙组中平均每个人与85分相差3.2分，故甲组的平均分更具有代表性。

（2）在资料分组的情况下，平均差可用加权算术平均差计算。其计算公式为

$$A.D = \frac{\sum |x - \bar{x}| f}{\sum f} \tag{5-16}$$

【例5-19】某系学生话费支出分组资料具体如表5-10所示，计算话费平均差。

表 5-10　某系学生话费支出

话费 x/元	人数 f/人	组中值/元	xf	$\lvert x-\bar{x}\rvert$/元	$\lvert x-\bar{x}\rvert f$
30 以下	10	25	250	17	170
30～40（不含）	70	35	2 450	7	490
40～50（不含）	90	45	4 050	3	270
50 及以上	30	55	1 650	13	390
合计	200	—	8 400	—	1 320

该系学生平均话费支出为

$$\bar{x} = \frac{\Sigma xf}{\Sigma f} = \frac{8\,400}{200} = 42\ （元）$$

话费的平均差为

$$A.D = \frac{\Sigma \lvert x-\bar{x}\rvert f}{\Sigma f} = \frac{1\,320}{200} = 6.6\ （元）$$

平均差意义明确，且根据所有标志值计算，受极端值影响较小，能够综合反映总体各单位标志值的差异程度。但平均差采用取绝对值的方法来消除离差，不适用于代数运算，因此它在实际应用上受到一定限制。

3．标准差

标准差又称均方差，是指总体各单位的标志值与其算术平均数的离差平方的算术平均数的平方根。它是测定标志变异指标最主要的指标，用 σ 表示。

标准差的意义与平均差相似，也是数据与平均指标的平均离差。不同的是，平均差平均的是离差绝对值，而标准差平均的是离差平方。标准差彻底解决了正、负离差不能相加的问题，能够准确、综合地反映总体的离散程度。标准差的平方即方差，用 σ^2 表示。

计算标准差可采用两种方法，即简单平均法和加权平均法。

（1）简单平均法。如果数据未经整理分组，应采用简单平均法计算标准差。其计算公式为

$$\sigma = \sqrt{\frac{\Sigma (x-\bar{x})^2}{n}} \tag{5-17}$$

【例 5-20】 以表 5-9 中甲、乙两个学习小组英语成绩资料说明标准差的计算过程。甲、乙两组平均分都为 85 分。离差平方和计算结果如表 5-11 所示。

表 5-11　甲、乙英语成绩离差平方和计算结果

甲组		乙组	
成绩 x/分	离差平方和 $(x-\bar{x})^2$	成绩 x/分	离差平方和 $(x-\bar{x})^2$
83	4	80	25
84	1	82	9
85	0	85	0
86	1	88	9
87	4	90	25
合计	10	合计	68

$$\sigma_{甲} = \sqrt{\frac{\Sigma (x-\bar{x})^2}{n}} = \sqrt{\frac{10}{5}} \approx 1.414\ （分）$$

$$\sigma_{\text{乙}} = \sqrt{\frac{\Sigma(x-\overline{x})^2}{n}} = \sqrt{\frac{68}{5}} \approx 3.688 \text{（分）}$$

甲组的标准差小于乙组，故甲组的平均分更具有代表性。

（2）加权平均法。如果数据已经整理分组，则应采用加权平均法计算标准差。其计算公式为

$$\sigma = \sqrt{\frac{\Sigma(x-\overline{x})^2 f}{\Sigma f}} = \sqrt{\Sigma(x-\overline{x})^2 \frac{f}{\Sigma f}} \qquad （5\text{-}18）$$

而方差为标准差的平方，即

$$\sigma^2 = \frac{\Sigma(x-\overline{x})^2 f}{\Sigma f} \qquad （5\text{-}19）$$

【例 5-21】以表 5-10 中某系学生话费支出说明标准差的计算过程。计算如表 5-12 所示。

表 5-12 某系学生话费标准差计算

话费 x/元	人数 f/人	组中值/元	xf	$(x-\overline{x})^2$	$(x-\overline{x})^2 f$
30 以下	10	25	250	289	2 890
30~40（不含）	70	35	2 450	49	3 430
40~50（不含）	90	45	4 050	9	810
50 及以上	30	55	1 650	169	5 070
合计	200	—	8 400	—	12 200

$\overline{x} = 42$（元）

话费支出标准差为

$$\sigma = \sqrt{\frac{\Sigma(x-\overline{x})^2 f}{\Sigma f}} = \sqrt{\frac{12\ 200}{200}} = \sqrt{61} \approx 7.81 \text{（元）}$$

（3）是非数据的标准差。是非数据，就是统计数据只表现为"是"或"非"两种情况。例如，某人口总体中每个人的性别、某班每个学生的成绩（按"及格""不及格"统计）、某厂每件产品的质量（按"合格""不合格"统计）等都属于是非数据。也就是说，是非数据，就是每个数据具有某种属性（记为"是"），或者不具有某种属性（记为"非"）。

由于是非数据不能用数字表示，因而不能计算其平均数和标准差，所以有必要将其虚拟数量化。一般将反映"是"的数据记为 1，将反映"非"的数据记为 0，同时，用 n 表示数据总数，用 n_1 表示总体中"是"的数据个数，用 n_0 表示总体中"非"的数据个数，用 p 表示总体中"是"的数据所占比重，用 q 表示总体中"非"的数据所占比重，则

$$p = \frac{n_1}{n} \qquad\qquad q = \frac{n_0}{n}$$

由于 $n = n_1 + n_0$，故 $p + q = 1$。

$$\overline{x} = \frac{\Sigma xf}{\Sigma f} = \Sigma x \frac{f}{\Sigma f} = 1 \times p + 0 \times q = p \qquad （5\text{-}20）$$

是非数据的方差为

$$\sigma^2 = \frac{\Sigma(x-\overline{x})^2 f}{\Sigma f} = \frac{(1-p)^2 n_1 + (0-p)^2 n_0}{n} = \frac{q^2 n_1}{n} + \frac{p^2 n_0}{n} = p(1-p) \qquad （5\text{-}21）$$

是非数据的标准差为

$$\sigma = \sqrt{p(1-p)} \qquad (5\text{-}22)$$

【例 5-22】某批产品有 1 000 件，其中合格品 900 件，则产品合格率为 90%。将"合格"记为"1"，"不合格"记为"0"，则该批产品质量状况的平均数为

$$\overline{x} = 90\%$$

方差和标准差分别为

$$\sigma^2 = p(1-p) = 90\% \times 10\% = 9\% \qquad \sigma = \sqrt{p(1-p)} = \sqrt{9\%} = 30\%$$

标准差是根据全部标志值计算的。任何一个标志值发生变化，都会使标准差发生变化。所以标准差反应灵敏，能准确反映总体分布的离散趋势。另外，标准差克服了平均差计算中用绝对值消除离差正负号带来的运算问题，在计算上比平均差更简便。标准差是实际应用最广泛的标志变异指标。在统计分析中，计算算术平均数的同时，往往也计算标准差。在相关回归、抽样推断、统计预测等方面均要使用标准差。

但是由于标准差的大小与平均数有关，且标准差带有与标志值相同的计量单位，因此标准差不适宜用于比较平均数相差较大或计量单位不同的两个总体分布的离散程度。

4．标志变异系数

标志变异系数又称离散系数，是用标志变异指标与相应的算术平均数进行对比，反映总体各单位标志值之间离散程度的指标，是以相对数表示的标志变异指标，一般用 V 表示。

前面介绍的各种标志变异指标都是表示标志变动程度的绝对指标，其数值的大小，受总体单位标志值本身水平高低的影响。在分析比较两组数字资料的离散趋势时，如果两组数字的平均数不同，或数字的计量单位不同，则不能使用绝对变异指标，必须进一步计算标志变异系数。标志变异系数包括全距系数、平均差系数、标准差系数等，实际统计分析中最常用的是标准差系数。计算公式为

$$全距系数 V_R = \frac{R}{\overline{x}} \qquad (5\text{-}23)$$

$$平均差系数 V_{A.D} = \frac{A.D}{\overline{x}} \qquad (5\text{-}24)$$

$$标准差系数 V_\sigma = \frac{\sigma}{\overline{x}} \qquad (5\text{-}25)$$

【例 5-23】某学院会计专业 2016 级甲、乙个班，英语期末考试平均成绩分别为 86 分和 75 分，标准差分别为 12 分和 11 分。分析哪个班的平均成绩更具有代表性。

虽然甲班成绩的标准差大于乙班成绩的标准差，但由于两个班平均成绩不同，所以不能由标准差说明甲班平均成绩的代表性比乙班的差。为了说明两个班考试成绩的离散程度，可以通过比较标准差系数来进行。

$$V_{\sigma甲} = \frac{\sigma}{\overline{x}} = \frac{12}{86} \approx 0.1395\% , \quad V_{\sigma乙} = \frac{\sigma}{\overline{x}} = \frac{11}{75} \approx 0.1467\%$$

由于甲班的标准差系数 0.1395% 小于乙班的标准差系数 0.1467%，所以得出结论：甲班的考试成绩比较均匀，平均成绩更有代表性。

标准差系数是无名数，在应用时不受计量单位和标志值水平的限制，消除了不同总体之间在计量单位、平均水平方面的不可比性，适用于对比分析平均水平不同或计量单位不同的两组数据离散程度。标准差系数大，说明数据的离散程度大；标准差系数小，说明数据的离散程度小。

总之，反映总体离散趋势的各种标志变异指标，适用于不同的总体状况。其中，标准差应用最广。当需要对不同总体数据的离散程度进行比较时，标准差系数最常用。

❋ 四、实训：用 Excel 描述并计算统计量

常用的统计量有算术平均数、调和平均数、几何平均数、中位数、众数、标准差、方差、标准差系数等。一般来说，在 Excel 中计算这些统计量时，未分组的资料需要用函数计算，分组资料可用公式计算。

实训项目：用 Excel 描述并计算统计量。

实训目的：能运用"描述统计"工具熟练进行描述统计分析，能利用函数计算标志变异指标。

实训内容和操作步骤如下。

（一）用 Excel 描述统计量

实训资料：根据某企业甲车间 30 名工人日产量资料，利用函数计算加权平均数、平均差、标准差、众数及中位数。日产量（单位：件）资料如下。

36 49 34 47 33 43 38 42 32 34 38 46 43 39 35
30 26 42 41 36 44 40 37 37 25 45 29 43 31 36

操作步骤如下。

第一步，启动 Excel 2003，新建一个工作簿，在工作表 Sheet1 中将 30 名工人日产量数据输入到 A1:A30 单元格，如图 5-2 所示。

第二步，在"工具"菜单中选择"数据分析"选项，从弹出的"数据分析"对话框中选择"描述统计"，如图 5-3 所示。单击"确定"按钮后，打开"描述统计"对话框，在"输入区域"中输入"$A$1:$A$30"，在"输出区域"中输入"$C$1"，其他复选项可根据需要选定，如图 5-4 所示。

图 5-2　输入数据（1）

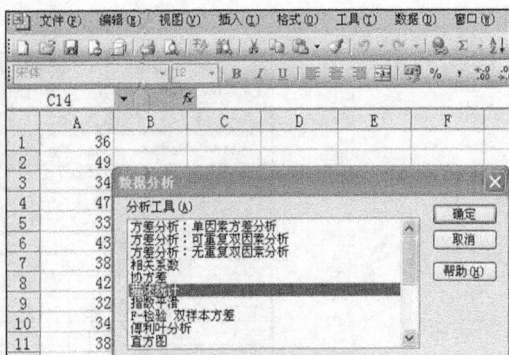

图 5-3　选择"描述统计"

第三步，单击"确定"按钮，得到图 5-5 所示的统计结果。

（二）用函数计算加权平均数和标准差

实训资料：根据 A、B 两班学生学习成绩资料，计算各自的平均数、标准差及标准差系数。相关资料如表 5-13 所示。

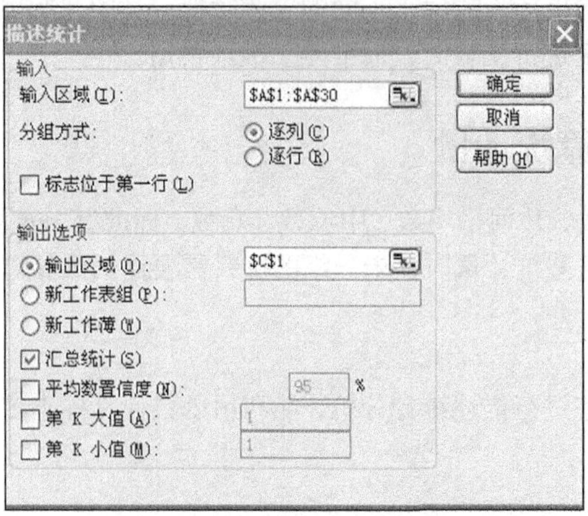

图 5-4 "描述统计"对话框

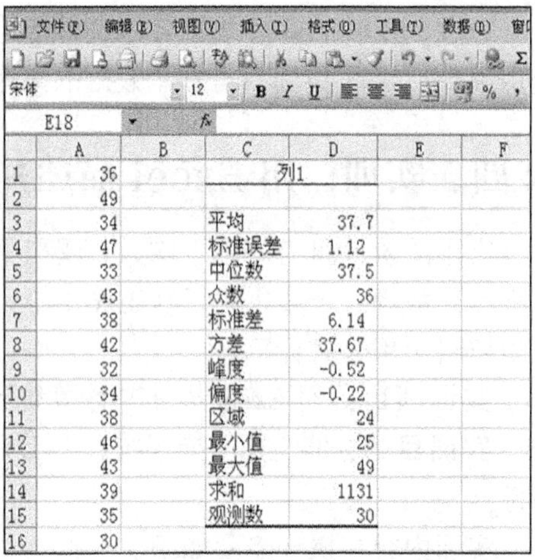

图 5-5 统计结果

表 5-13 A、B 两班学生统计学成绩统计

A 班		B 班	
统计学成绩/分	人数/人	统计学成绩/分	人数/人
60 以下	1	60 以下	3
60～70（不含）	2	60～70（不含）	6
70～80（不含）	3	70～80（不含）	9
80～90（不含）	10	80～90（不含）	11
90 及以上	4	90 及以上	4
合计	20	合计	33

下面以 A 班学生的成绩为例计算。操作步骤如下。

第一步，打开 Excel，新建一个工作簿 Book2，将表 5-13 中的数据输入工作簿，如图 5-6 所示。

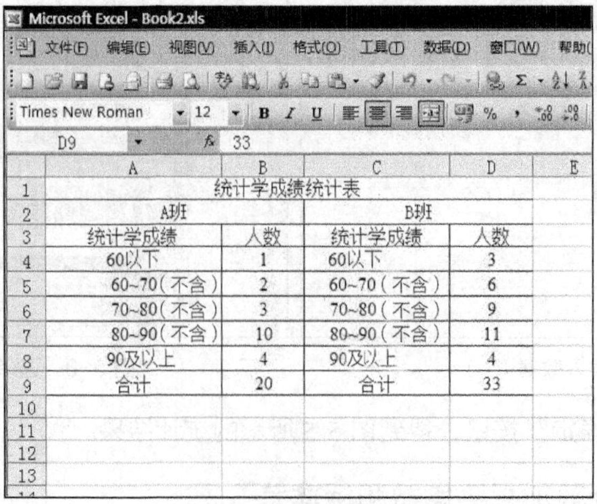

图 5-6 输入数据

第二步，计算 A 班学生各组的组中值并填充到 C4～C8；计算各组的成绩之和 xf，例如，D4=B4*C4，并填充单元格；求和，D9=SUM(D4:D8)，如图 5-7 至图 5-9 所示。

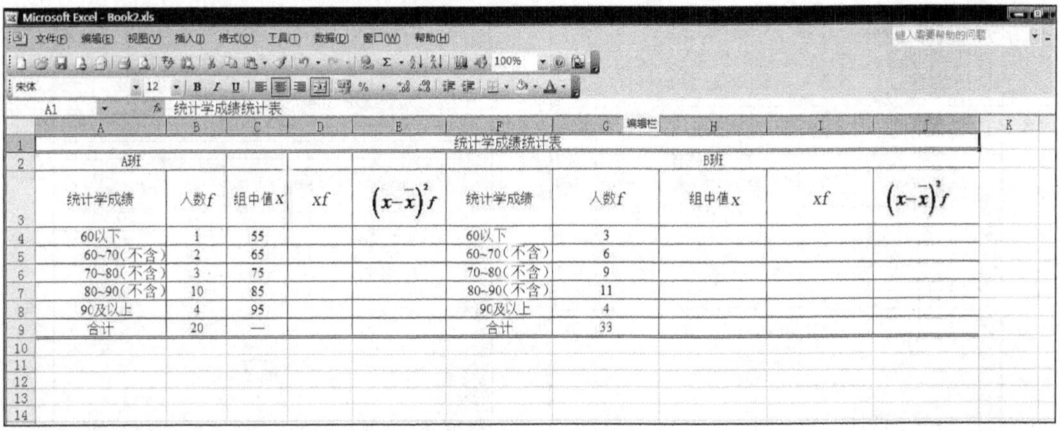

图 5-7　计算组中值

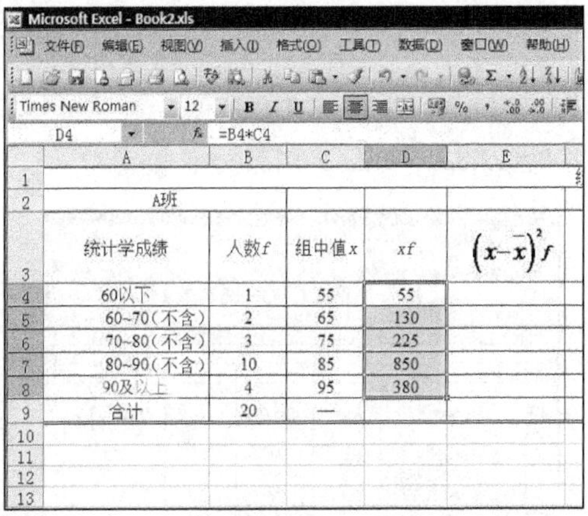

图 5-8　计算 *xf*

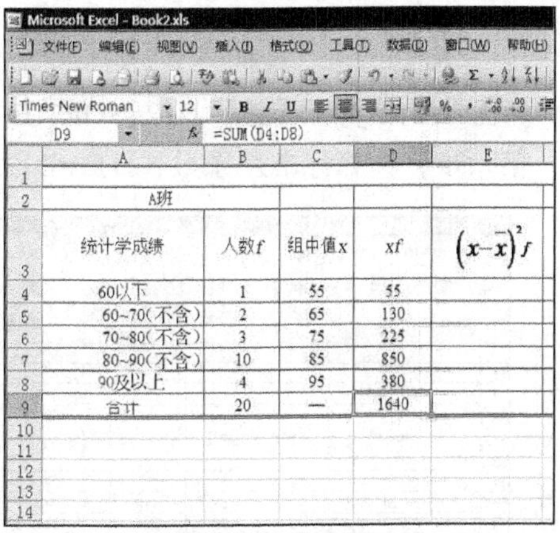

图 5-9　计算 Σ*xf*

第三步，计算 A 班学生的平均成绩即算术平均数：D11=D9/B9=82（分），如图 5-10 所示。

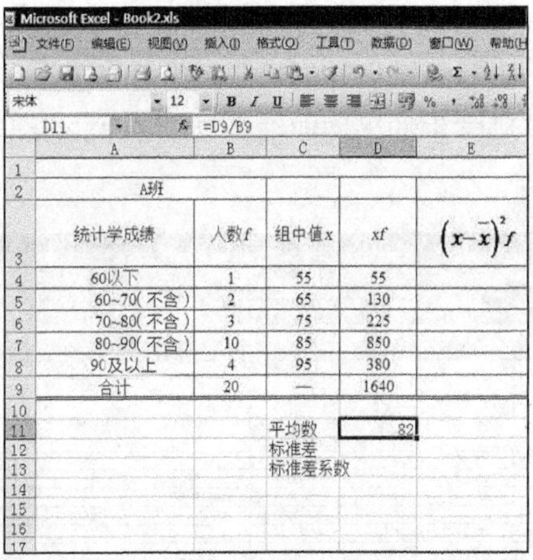

图 5-10　计算算术平均数

第四步，计算 $\left(x-\bar{x}\right)^2 f$：E4=(C4-$D$11)^2*B4。填充并求和：E9=SUM(E4:E8)，如图 5-11 和图 5-12 所示。

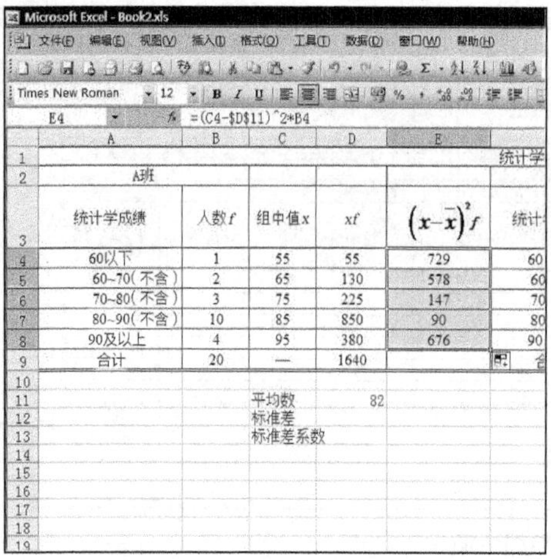
E4 $=(C4-\$D\$11)\wedge 2*B4$

	A班				
3	统计学成绩	人数 f	组中值 x	xf	$(x-\bar{x})^2 f$
4	60以下	1	55	55	729
5	60~70（不含）	2	65	130	578
6	70~80（不含）	3	75	225	147
7	80~90（不含）	10	85	850	90
8	90及以上	4	95	380	676
9	合计	20	—	1640	
11			平均数	82	
12			标准差		
13			标准差系数		

图 5-11　计算 $(x-\bar{x})^2 f$

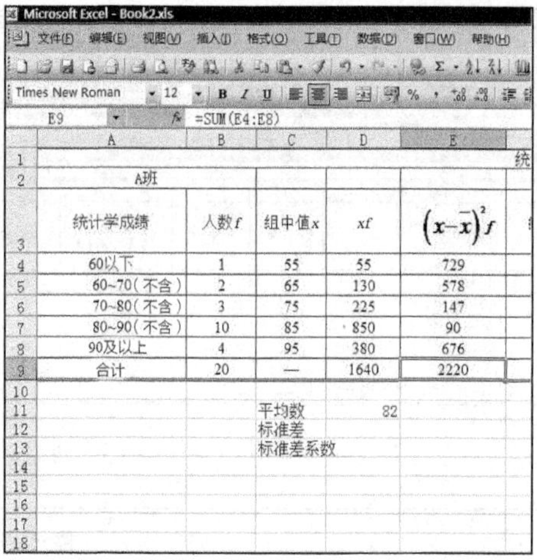
E9 =SUM(E4:E8)

	A班				
3	统计学成绩	人数 f	组中值 x	xf	$(x-\bar{x})^2 f$
4	60以下	1	55	55	729
5	60~70（不含）	2	65	130	578
6	70~80（不含）	3	75	225	147
7	80~90（不含）	10	85	850	90
8	90及以上	4	95	380	676
9	合计	20	—	1640	2220
11			平均数	82	
12			标准差		
13			标准差系数		

图 5-12　计算 $\Sigma(x-\bar{x})^2 f$

第五步，计算标准差：D12=SQRT(E9/B9)=10.54（分），如图 5-13 所示。

第六步，计算标准差系数：D13=D12/D11*100= 12.85，如图 5-14 所示。

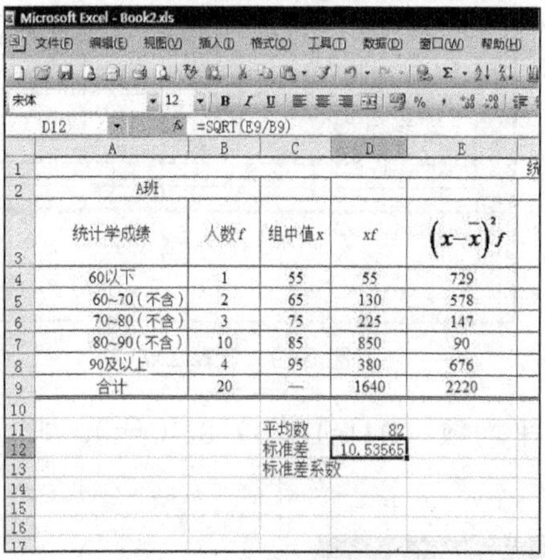
D12 =SQRT(E9/B9)

	A班				
3	统计学成绩	人数 f	组中值 x	xf	$(x-\bar{x})^2 f$
4	60以下	1	55	55	729
5	60~70（不含）	2	65	130	578
6	70~80（不含）	3	75	225	147
7	80~90（不含）	10	85	850	90
8	90及以上	4	95	380	676
9	合计	20	—	1640	2220
11			平均数	82	
12			标准差	10.53565	
13			标准差系数		

图 5-13　计算标准差

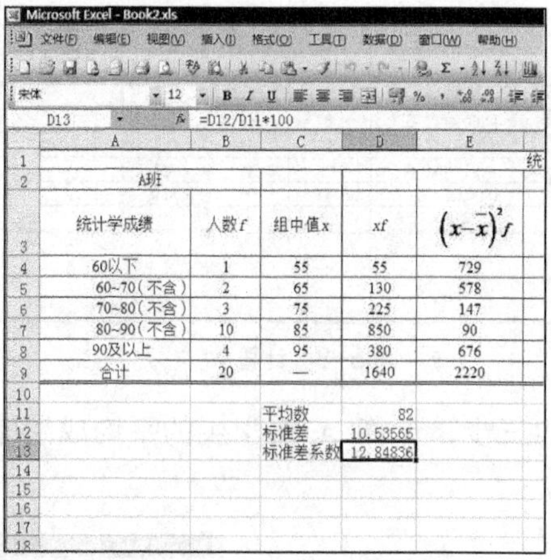
D13 =D12/D11*100

	A班				
3	统计学成绩	人数 f	组中值 x	xf	$(x-\bar{x})^2 f$
4	60以下	1	55	55	729
5	60~70（不含）	2	65	130	578
6	70~80（不含）	3	75	225	147
7	80~90（不含）	10	85	850	90
8	90及以上	4	95	380	676
9	合计	20	—	1640	2220
11			平均数	82	
12			标准差	10.53565	
13			标准差系数	12.84836	

图 5-14　计算标准差系数

同理，也可以计算出 B 班学生的平均成绩为 77.12 分，标准差为 72.12 分，标准差系数为 93.51，如图 5-15 所示。

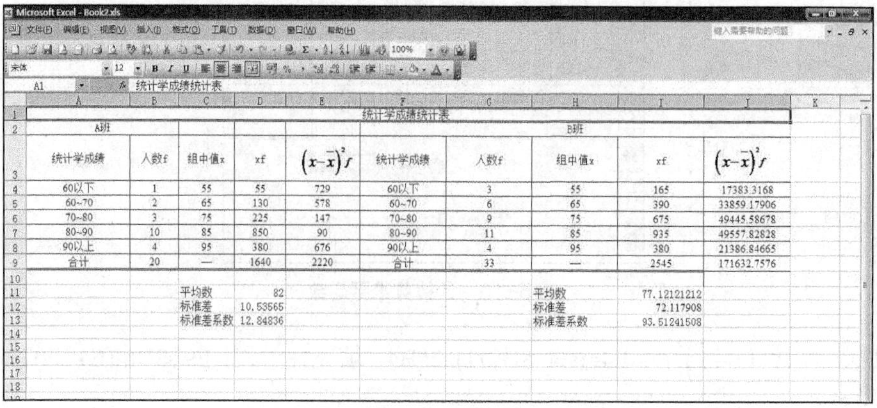
统计学成绩统计表

A班					B班				
统计学成绩	人数f	组中值x	xf	$(x-\bar{x})^2 f$	统计学成绩	人数f	组中值x	xf	$(x-\bar{x})^2 f$
60以下	1	55	55	729	60以下	3	55	165	17383.3168
60~70	2	65	130	578	60~70	6	65	390	33859.17906
70~80	3	75	225	147	70~80	9	75	675	49445.58678
80~90	10	85	850	90	80~90	11	85	935	49557.82828
90以上	4	95	380	676	90以上	4	95	380	21386.84665
合计	20	—	1640	2220	合计	33	—	2545	171632.7576
		平均数	82				平均数	77.12121212	
		标准差	10.53565				标准差	72.117908	
		标准差系数	12.84836				标准差系数	93.51241508	

图 5-15　计算结果

任务小结

本任务系统地学习了平均指标与标志变异指标。平均指标反映数据分布的集中趋势，以及各数据向其中心靠拢或聚集的程度。

算术平均数是统计分析中最基本的指标之一，计算简便，容易理解。调和平均数是算术平均数的一种变形，两者在本质上是一致的。几何平均数适用于变量的表现形式为比率且各比率的乘积等于总比率，适用范围有一定限制。众数与中位数是两种位置平均数。在实际工作中，统计人员要根据掌握资料和研究对象的特点，选择适当的方法计算平均数，熟练掌握数值平均数类型的适用范围和计算方法。

标志变异指标主要包括全距、平均差、标准差和标志变异系数。当算术平均数相同时，用全距、平均差和标准差比较其差异程度，多用标准差来衡量；当算术平均数不相等时，用标志变异系数来比较其差异程度。标志变异指标越小，说明平均指标的代表性越高，总体内部的均衡性和稳定性就越好；标志变异指标越大，说明平均指标的代表性低，总体内部的均衡性和稳定性就越差。

案例阅读

全国规模以上企业
就业人员年平均
工资情况

习题与实训

一、单选题

1. 在加权算术平均数中，如果各个变量值都扩大 3 倍，而频数都减小为原来的三分之一，则平均数（　　）。

　　A. 不变　　　　　　B. 减小　　　　　C. 扩大 3 倍　　D. 不能确定

2. 平均差与标准差的主要区别在于（　　）。

　　A. 计算条件不同　　　　　　　　B. 指标意义不同

　　C. 数学处理方法不同　　　　　　D. 计算结果不同

3. 若两数列平均水平不同，在比较两数列离散程度时，应采用（　　）。

　　A. 全距　　　　　　B. 平均差　　　　C. 标准差　　　D. 标准差系数

4. 各变量值与其算术平均数的离差平方和为（　　）。

　　A. 0　　　　　　　B. 最大值　　　　C. 最小值　　　D. 平均值

5. 由组距数列确定众数时，如果众数组的两个邻组的次数相等，则（　　）。

　　A. 众数为 0　　　　　　　　　　B. 众数组的组中值就是众数

　　C. 众数组的上限就是众数　　　　D. 众数组各单位变量值的平均数为众数

6. 不能全面反映总体各单位标志值变异程度的标志变异指标是（　　）。

　　A. 全距　　　　　　B. 平均差　　　　C. 标准差　　　D. 标准差系数

7. 在标志变异指标中，能相对反映总体各单位标志值变异程度的指标是（　　）。

　　A. 平均差　　　　　B. 标准差　　　　C. 全距　　　D. 离散系数

8. 甲、乙两生产小组人均月工资分别为 3420 元和 3557 元，其标准差均为 80 元，则两小组人均工资的代表性（　　　）。

    A. 甲大于乙　　　　B. 甲等于乙　　　　C. 甲小于乙　　　　D. 难以判断

9. 平均指标中最常用的是（　　　）。

    A. 算术平均数　　　B. 调和平均数　　　C. 几何平均数　　　D. 位置平均数

10. 标志变异指标中最常用的是（　　　）。

    A. 全距　　　　　　B. 平均差　　　　　C. 标准差　　　　　D. 离散系数

11. 已知 5 个水果商店苹果的单价和销售额，要求计算这 5 个商店苹果的平均单价，应采用（　　　）。

    A. 简单算术平均法　　　　　　　　　B. 加权算术平均法

    C. 加权调和平均法　　　　　　　　　D. 几何平均法

12. 第一组工人的平均工龄为 6 年，第二组为 8 年，第三组为 10 年，第一组工人数占总数的 30%，第二组工人数占总数的 50%，则三组工人的平均工龄为（　　　）。

    A. 8 年　　　　　　B. 7.55 年　　　　C. 32.5 年　　　　D. 7.8 年

13. 由组距数列确定众数，如果众数组前一组和后一组次数相等，则众数值（　　　）。

    A. 偏向上限　　　　B. 偏向下限　　　C. 为 0　　　　　　D. 等于组中值

14. 标志变异指标中最容易受极端值影响的是（　　　）。

    A. 全距　　　　　　B. 平均差　　　　C. 标准差　　　　　D. 标准差系数

15. 简单算术平均数作为加权算术平均数特例的条件是（　　　）。

    A. 各组权数相等　　　　　　　　　　B. 各组权数不相等

    C. 各组标志值相等　　　　　　　　　D. 各组标志值不相等

16. 各标志值加上（或减去）某一常数后计算的平均数（　　　）。

    A. 与原平均数相等　　　　　　　　　B. 等于 0

    C. 等于原平均数加上（或减去）该常数　D. 与原平均数无关

17. 平均差与标准差计算公式中的平均数是（　　　）。

    A. 算术平均数　　　　　　　　　　　B. 调和平均数

    C. 几何平均数　　　　　　　　　　　D. 以上选项都可以

18. 权数对算术平均数的影响作用，实质上取决于（　　　）。

    A. 作为权数的各组单位数占总体单位数比重的大小

    B. 各组标志值占总体标志总量比重的大小

    C. 标志值本身的大小

    D. 标志值数量的多少

19. 下列指标中，用无名数表示的是（　　　）。

    A. 平均数　　　　　B. 全距　　　　　C. 标准差　　　　　D. 离散系数

20. 已知某局 12 个企业的职工人数和工资总额，计算该局职工的平均工资时应采用（　　　）。

    A. 简单算术平均法　　　　　　　　　B. 加权算术平均法

    C. 加权调和平均法　　　　　　　　　D. 几何平均法

二、判断题

1. 如果两个变量数列的标准差相等，则它们的平均数的代表性也一定相同。（　　　）

2. 平均差表示各标志值对其算术平均数的平均离差。 （　　　）

3. 直接用标准差比较两个平均数代表性大小的前提条件是两个被比较的平均数相等。 （　　　）

4. 根据组距数列计算的算术平均数只是一个近似值。 （　　　）

5. 当变量值的连乘积等于总比率或总速度时，宜用几何平均法计算平均数。 （　　　）

6. 当变量数列的单位数不多或单位数虽多但无明显集中趋势时，不宜计算众数。 （　　　）

7. 权数对算术平均数的影响作用取决于权数本身绝对值的大小。 （　　　）

8. 算术平均数的大小，只受总体各单位标志值大小的影响。 （　　　）

9. 众数和中位数都属于平均数，因此它们数值的大小受到总体内各单位标志值大小的影响。 （　　　）

10. 中位数是处于一组数据正中间位置的标志值。 （　　　）

11. 标志变异指标值的大小与平均数代表性的高低成正比。 （　　　）

12. 当总体呈右偏分布时，算术平均数的值最小。 （　　　）

13. 若各组标志值不变，而每组频数均增加 10%，则标志值的平均数也增加 10%。 （　　　）

14. 如果两个数列的全距相同，那么它们的离中程度也相同。 （　　　）

15. 总体中各标志值之间的差异程度越大，标准差系数就越小。 （　　　）

16. 算术平均数总是大于众数。 （　　　）

17. 若 A、B、C 这 3 个企业去年的产量计划完成程度分别为 85%、100% 和 115%，则其平均计划完成程度为 100%。 （　　　）

18. 若两组数据的平均数与标准差都相同，则其分布也相同。 （　　　）

19. 若平均数为 $\bar{X}$，标准差为 σ，则标准差系数为 $V = \dfrac{\bar{X}}{\sigma}$。 （　　　）

20. 如果总体分布没有明显的集中趋势，众数也可以不存在。 （　　　）

三、多选题

1. 下列平均数中，不受极端值影响的有（　　　）。

   A. 算术平均数　　　B. 众数　　　　C. 调和平均数

   D. 中位数　　　　　E. 几何平均数

2. 算术平均数的计算公式包括（　　　）。

   A. $\dfrac{\Sigma x}{n}$　　　　　　B. $\dfrac{n}{\Sigma \dfrac{1}{x}}$　　　　　C. $\sqrt[n]{\Pi x}$

   D. $\dfrac{\Sigma xf}{\Sigma f}$　　　　　　E. $\Sigma x \cdot \dfrac{1}{\Sigma f}$

3. 加权算术平均数的大小受哪些因素的影响？（　　　）

   A. 受各组频率和频数的影响　　　　　B. 受各组标志值大小的影响

   C. 受各组标志值和权数的共同影响　　D. 只受各组标志值大小的影响

   E. 只受权数大小的影响

4. 下列指标中，反映总体分布离中趋势的有（　　　）。

   A. 众数　　　　　B. 全距　　　　C. 平均差

   D. 标准差　　　　E. 中位数

5. 有些离中趋势指标是用有名数表示的，它们是（　　）。
   A. 全距　　　　　　　　B. 平均差　　　　　C. 标准差
   D. 平均差系数　　　　　E. 标准差系数

6. 应该用加权算术平均法计算平均数的有（　　）。
   A. 已知各组职工工资水平和各组职工人数，求平均工资
   B. 已知各组职工工资水平和各组工资总额，求平均工资
   C. 已知各组计划完成百分数和各组计划产值，求平均计划完成百分数
   D. 已知各组计划完成百分数和各组实际产值，求平均计划完成百分数
   E. 已知各组职工的劳动生产率和各组职工人数，求平均劳动生产率

7. 一般平均数包括（　　）。
   A. 算术平均数　　　　　B. 调和平均数　　　C. 几何平均数
   D. 众数　　　　　　　　E. 中位数

8. 下列指标中，反映总体所有数值变异大小的有（　　）。
   A. 全距　　　　　　　　B. 离差　　　　　　C. 平均差
   D. 标准差　　　　　　　E. 标准差系数

9. 平均指标的作用包括（　　）。
   A. 反映总体的综合特征
   B. 反映变量值分析的集中趋势
   C. 反映变量值分布的离中趋势
   D. 可反映现象在同一时间不同空间的一般水平
   E. 可反映现象在同一空间不同时间的一般水平

10. 加权算术平均数的权数应具备的条件有（　　）。
    A. 权数与标志值的乘积等于标志总量　　B. 权数一般为标志值的承担者
    C. 权数与标志值的乘积有经济意义　　　D. 权数一定是总体单位数
    E. 权数一定是单位数比重

11. 几何平均法主要适用于计算（　　）。
    A. 具有等差关系的数列
    B. 具有等比关系的数列
    C. 变量值的代数和等于标志值总量的现象
    D. 变量值的连乘积等于总比率的现象
    E. 变量值的连乘积等于总速度的现象

12. 众数是（　　）。
    A. 数值平均数　　　　　　　　　B. 根据全部变量值计算
    C. 不受极端值的影响　　　　　　D. 易受极端值的影响
    E. 总体中出现次数最多的标志值

13. 下列平均数中，要用几何平均法计算的有（　　）。
    A. 生产同种产品的 3 个车间的平均合格率
    B. 前后工序的 3 个车间的平均合格率
    C. 以复利支付利息的年平均利率
    D. 平均发展速度
    E. 平均单位生产成本

14. 应用平均指标时应注意（　　）。

    A. 总体的同质性

    B. 极端值的影响

    C. 用组平均数补充说明总平均数

    D. 用分配数列补充说明总平均数

    E. 将平均数与典型事例相结合

15. 标志变异指标的作用包括（　　）。

    A. 衡量平均数代表性的高低　　　　B. 说明产品质量的稳定性

    C. 说明总体分布的集中趋势　　　　D. 说明总体分布的离中趋势

    E. 反映生产经营活动过程的均匀性、均衡性和稳定性

四、计算题

1. 某工业集团公司工人工资情况如表 5-14 所示。

要求：请根据表中资料计算该集团工人的平均工资。

表 5-14　某工业集团公司工人工资情况

按周工资分组/元	工人数/人	各组工人所占比重/%
400～500（不含）	3	20
500～600（不含）	6	25
600～700（不含）	4	30
700～800（不含）	4	15
800 及以上	5	10
合计	22	100

2. 某厂 3 个车间一季度生产情况如下：第一车间实际产量为 190 件，完成计划的 95%；第二车间实际产量 250 件，完成计划的 100%；第三车间实际产量 609 件，完成计划的 105%。3 个车间产品产量的平均计划完成程度为

$$\frac{95\%+100\%+105\%}{3}=100\%$$

另外，第一车间产品单位成本为 18 元，第二车间产品单位成本为 12 元，第三车间产品单位成本为 15 元，则 3 个车间平均单位成本为

$$\frac{18+12+15}{3}=15（元）$$

要求：判断以上平均指标的计算是否正确。如不正确，请说明理由，并改正。

3. 2017 年 7 月甲、乙两农贸市场某农产品价格和成交量、成交额资料如表 5-15 所示。

要求：判断哪个市场农产品的平均价格较高，并说明原因。

表 5-15　两农贸市场某产品价格和成交情况

品种	价格/（元/千克）	甲市场成交额/万元	乙市场成交量/千克
A	2.2	1.2	10 000
B	2.8	2.8	5 000
C	3.0	1.5	5 000
合计	—	5.5	20 000

4. 某车间工人操作机床台数情况如表 5-16 所示。

要求：计算该车间工人操作机床台数的平均数、平均差和标准差。

表 5-16 某车间工人操作机床台数情况

按操作机床台数分组/台	各组工人数占工人总数比重/%
5	10
6	60
7	30
合计	100

5. 某商业系统所属 20 个商店 2017 年的商品销售额与流通费用率情况如表 5-17 所示。

要求：计算该系统所属商店的平均流通费用率和销售额计划平均完成百分数。

表 5-17 某商业系统所属 20 个商店 2017 年的商品销售额与流通费用率情况

按销售计划完成程度分组/%	企业数/个	组销售额/万元	流通费用率/%
90 以下	3	459	14.6
90~100（不含）	4	648	13.2
100~110（不含）	8	1 380	12.0
110 及以上	5	943	11.0
合计	20	3 430	—

6. 根据不同已知条件计算：

（1）某数列的平均数为 1 000，标准差系数为 0.256，求标准差；

（2）某数列的平均数为 12，各变量值平方的平均数为 169，求标准差系数；

（3）某数列的标准差为 3，各变量值平方的平均数为 25，求平均数；

（4）某数列的标准差为 30，平均数为 50，求变量值对 90 的方差。

7. 已知甲班 50 名学生统计学考试成绩的平均数为 80 分，标准差为 10 分，乙班成绩资料如表 5-18 所示。

要求：通过计算比较甲、乙两班学生平均成绩代表性的高低。

表 5-18 乙班学生统计学考试成绩

按成绩分组/分	学生人数/人
60 以下	3
60~70（不含）	10
70~80（不含）	20
80~90（不含）	15
90 及以上	2
合计	50

8. 设甲、乙两钢铁企业某月上旬的钢材供货量资料如表 5-19 所示。（注：1 吨=1 000 千克。）

要求：通过计算比较甲、乙两企业的供货量哪一个更均匀些。

表 5-19　甲、乙两钢铁企业某月上旬钢材供货量资料　　　　　　　　单位：吨

供货日期		1	2	3	4	5	6	7	8	9	10
供货量	甲企业	260	260	180	180	190	300	300	300	230	260
	乙企业	150	150	170	180	190	190	180	160	160	170

9. 某农科院研究出 A 类水稻新品种，有关资料如表 5-20 所示。（注：1 亩 ≈ 666.67 平方米。）

要求：根据资料计算众数及中位数。

表 5-20　A 类水稻新品种资料

亩产量/kg	播种面积/亩
700 以下	5
700～750（不含）	10
750～800（不含）	17
800～850（不含）	12
850 及以上	6
合计	50

10. 某银行 5 年的利率分别为 2%、3%、4%、4.2%、4.5%。

要求：计算在单利和复利情况下 5 年的平均利率。

五、实训练习

1. 根据表 5-2 中某车间工人月奖金情况，用 Excel 描述工人月奖金的平均数、众数、中位数。

2. 根据【例 5-19】中某系学生手机话费支出的分组资料，用 Excel 计算该系学生手机话费支出的平均差、标准差及标准差系数。

时间数列分析

学习目标

知识目标

1. 了解时间数列的基本概念、分类。
2. 熟悉时间数列水平分析指标与速度分析指标的种类。
3. 了解时间数列的 3 种变动。
4. 掌握时间数列长期趋势的测定方法。

能力目标

1. 能够熟练掌握水平指标和速度指标的分类及计算方法。
2. 能够熟练掌握长期趋势的 3 种测定方法及实际应用。

素养目标

1. 弘扬爱国主义精神、增强民族自豪感。
2. 树立创新、协调、绿色、开放、共享的理念。

🛒 知识结构图

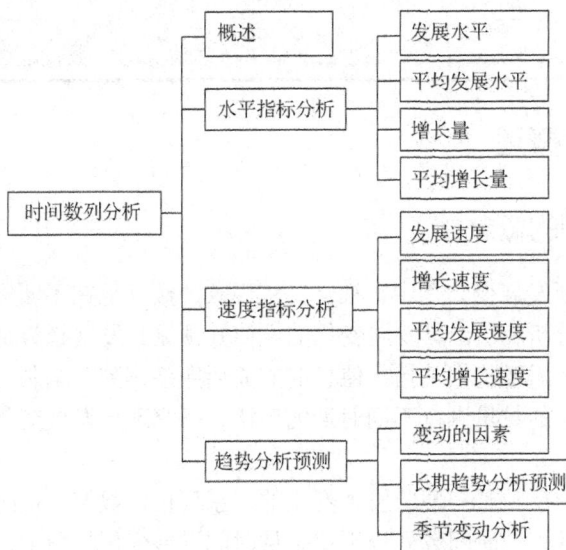

⚙ 任务导入

　　2020年，我国货物贸易进出口总值32.16万亿元人民币，比2019年增长1.9%。其中，出口17.93万亿元，增长4%；进口14.23万亿元，下降0.7%；贸易顺差3.7万亿元，增加27.4%。全年进出口、出口总值双双创历史新高。

　　根据世界贸易组织（WTO）和各国已公布的数据，2020年前10个月，我国进出口、出口、进口国际市场份额分别达12.8%、14.2%、11.5%，均创历史新高。我国成为全球唯一实现货物贸易正增长的主要经济体，货物贸易第一大国地位进一步巩固。

　　2020年是极不平凡的一年，我国外贸展现出强大韧性和综合竞争力。除了增速保持稳定增长，外贸质量也得到显著提升。

　　一是外贸结构进一步优化。2020年，我国民营企业进出口增速比同期我国外贸整体增速高出9.2个百分点，成为我国外贸进出口增长的重要拉动力量。一般贸易进出口占比持续提升，2020年，一般贸易进出口比例比2019年提升了0.9个百分点。外贸区域发展更加平衡，中西部承接东部产业转移取得新进展，2020年中西部地区外贸进出口增长了11%，占比较2019年提升了1.4个百分点，达到17.5%。

　　二是外贸发展动能进一步增强。外贸新业态蓬勃发展，全年跨境电商进出口1.69万亿元，增长了31.1%，市场采购出口增长了25.2%。中欧班列全年开行1.24万列，发送113.5万标准箱，同比分别增长了50%和56%，综合重箱率达到98.4%。

　　三是高水平开放平台带动作用明显。全年综合保税区进出口增长17.4%，自由贸易试验区进出口增长10.7%，海南自由贸易港免税品进口增长了80.5%。

　　所谓静态分析，是在同一时间对社会经济现象之间的相互关系进行比较、分析的方法。任务五的平均指标、标志变异指标的计算分析都属于静态分析。但是，任何社会经济现象都是变化发展的，所以，仅有静态分析是不够的。本任务将从动态上对社会经济现象的变化发展进行分析。

一、时间数列概述

（一）时间数列的概念

客观世界处在不断发展变化之中，社会经济现象的数量也在不断增减变化。因此，对社会经济现象进行动态分析，认识其发展变化的规律并预见其发展趋势是统计分析的一项重要任务。进行动态分析，需要将相关指标值按时间先后顺序排列、编制时间数列。有了时间数列，我们就可以对现象的数量进行不同时期的对比，研究现象发展变化的方向、发展变化速度及发展变化的规律。

时间数列，就是把反映某一现象发展变化的一系列指标数值，按时间先后顺序排列所构成的数列，又叫动态数列。时间数列分析就是从时间发展变化的角度，研究事物在不同时期的发展状况，探索事物随时间推移的演变趋势和规律，揭示其数量变化和时间的关系，预测事物在未来时间可能达到的数量和规模。例如，由 2014—2019 年我国国内生产总值构成的时间数列如表 6-1 所示。

表 6-1　2014—2019 年我国国内生产总值情况　　　　　　单位：亿元

年份	2014	2015	2016	2017	2018	2019
国内生产总值	635 910	689 052	743 585	820 754	919 281	986 515

从表 6-1 可以看出，时间数列一般由两个基本要素构成：一是被研究现象所属的时间，如表中的 2014 年、2015 年等；二是现象在各个时间上的统计指标数值，如表中的国内生产总值。在时间数列中，统计指标数值也称为发展水平。

时间数列在统计和经济分析中有着极为重要的作用。当人们对以往工作进行总结时，可以通过对时间数列的编制和分析，描绘社会经济现象变化的过程；当人们立足现在对现状态势进行分析时，可以运用时间数列，将不同地区或国家进行对比分析；当人们展望未来进行经济预测时，可以研究时间数列中现象发展变化的方向、速度、水平、趋势和规律性，为社会经济现象的预测提供依据。

（二）时间数列的种类

时间数列按其统计指标表现的不同形式可分为 3 种，即总量指标时间数列、相对指标时间数列和平均指标时间数列。

1．总量指标时间数列

总量指标时间数列又称为绝对数时间数列，是由一系列同类总量指标按时间顺序排列形成的时间数列。它反映某种社会经济现象在一段时间内达到的绝对水平及其增减变化情况。表 6-1 就反映了我国在 2014—2019 年各个时期国内生产总值达到的绝对水平。

总量指标时间数列按指标反映的社会经济现象的时间状况不同，可分为时期指标数列和时点指标数列两种，简称时期数列和时点数列。

（1）时期数列及其特点。

在总量指标时间数列中，如果指标数值都是反映某种社会经济现象在一定时期内发展过程的总量，则这种时间数列就称为时期数列。表 6-1 所示的数列就是时期数列，其中每项指标分别反映 2014—2019 年的国内生产总值。时期数列的特点如下。

① 时期数列的每一指标数值总是和一定的时期相对应，数列中各指标值可以累加，相加之后表示现象在更长一段时期内的发展总量。

② 时期数列中每个指标数值的大小与其所属的时期长短有关，时期越长，指标数值越大；时期越短，指标数值越小。

③ 时期数列中各指标数值通常是通过经常性调查及连续不断登记、汇总取得的。

（2）时点数列及其特点。

在总量指标时间数列中，如果指标数值都是反映某种社会经济现象在某一时刻（时点）上的状况及水平，则这种时间数列就称为时点数列。表 6-2 所示的数列就是时点数列。

表 6-2　2014—2019 年年末我国国家外汇储备　　　　　　　单位：亿美元

年份	2014	2015	2016	2017	2018	2019
年末国家外汇储备	38 430	33 304	30 105	313 99	307 27	310 79

与时期数列相对比，时点数列的特点如下。

① 时点数列中的每一指标只表明社会经济现象在一定时点上的水平，各指标值不能累加，若相加就产生了重复计算，且无实际意义。

② 时点数列中每个指标数值的大小与其时间间隔长短无直接关系。

③ 时点数列中各指标数值是通过一次性调查登记取得的，即时点数列不具有连续统计的特点。

在运用统计资料进行分析时，正确区分时期数列和时点数列具有十分重要的意义，因为根据这两种数列计算平均发展水平时，其计算方法是截然不同的。

2．相对指标时间数列

相对指标时间数列又称为相对数时间数列，是由一系列相对指标数值按时间顺序排列形成的时间数列。它反映社会经济现象之间数量对比关系的发展变化过程和趋势。由于相对指标一般表现为两个相关的总量指标之比，因此，两个时期指标，两个时点指标或一个时期指标、一个时点指标的对比，都可以形成相对指标时间数列。例如，表 6-3 就是由"第三产业增加值"与"国内生产总值"两个时期指标之比形成的相对数时间数列。

表 6-3　2012—2016 年我国第三产业增加值占国内生产总值比重

年份	2012	2013	2014	2015	2016
第三产业增加值占国内生产总值比重/%	44.6	46.1	48.1	50.2	51.6

由于相对指标数值的基数不同，因此相对指标时间数列中的各项数值不能直接相加。

3．平均指标时间数列

平均指标时间数列又称为平均数时间数列，是由一系列同类平均指标数值按时间顺序形成的时间数列。它反映社会经济现象一般水平的变化过程和发展趋势，表 6-4 所示就是平均指标时间数列。

表 6-4　2015—2020 年某公司职工年平均工资 单位：元

年份	2015	2016	2017	2018	2019	2020
职工年平均工资	39 453	40 765	42 867	46 987	50 765	52 468

平均指标时间数列中的各项指标数值也不能相加，因为加总后的结果不具有实际意义。

总量指标时间数列、相对指标时间数列和平均指标时间数列这 3 种时间数列中，总量指标时间数列是最基本的时间数列，相对指标时间数列和平均指标时间数列则是在其基础上派生的数列。

这 3 种时间数列，实际上并不是彼此孤立的。基于社会经济现象的复杂性和关联性，在很多情况下，为了准确、全面地分析事物发展变化过程，这 3 种时间数列必须结合起来运用。

❈ 二、时间数列的水平指标分析

为了研究社会经济现象发展变化的过程和规律，我们需要编制时间数列进行动态分析，主要是计算一系列分析指标。将时间数列看作由许多因素共同影响所致，任何一个时间数列都是由这些因素的全部或部分构成的。通过对这些构成因素的分解分析，揭示现象随时间变化而演变的规律，并在揭示这些规律的基础上，假定事物今后的发展也遵循这些规律，从而对事物的未来发展做出预测。

微课

时间数列和时间数列的水平分析

动态分析包括分析现象发展的水平和现象发展的速度。水平分析是速度分析的基础，速度分析是水平分析的深入和继续。本节介绍时间数列的水平分析指标，即发展水平、平均发展水平、增长量和平均增长量。

（一）发展水平

发展水平又称为发展量，狭义上是指社会经济现象在一定时期内或一定时点上所达到的水平，表现为总量指标；广义上是指时间数列中的各项指标数值，可以是总量指标，也可以是相对指标，还可以是平均指标。一般情况下，在计算平均发展水平时，应用的发展水平是广义上的，其他应用多数是狭义上的。

发展水平是表明社会经济现象发展变动的重要基础指标，是计算动态分析指标的基础。如果发展水平计算不准确，进行有关的动态分析就会失真，甚至会得出错误的结论。发展水平由于在时间数列中所处的位置和作用不同而有所区别。

发展水平用 a 表示，最初水平用 a_0 表示，最末水平用 a_n 表示，中间水平用 $a_1, a_2, \cdots, a_{n-1}$ 表示。

在时间数列分析中，将所研究的那一时期的指标水平称为报告期水平或计算期水平；将用来作为比较基础的那一时期的指标水平称为基期水平。

这些发展水平并不是固定不变的，而是会随着动态分析的目的、任务的改变而变动。

发展水平在文字说明上，习惯用"增加到""增加为""降低到""降低为"来表示。

（二）平均发展水平

平均发展水平又称为序时平均数或动态平均数，它是将整个时间数列作为一个整体，反映这个整体的一般水平，即将时间数列不同时间上的发展水平加以平均而得到的平均数。平

均发展水平用 $\bar{a}$ 表示。

1．平均发展水平与算术平均数的区别与联系

平均发展水平与前面所讲的算术平均数有共同之处，都是将现象总体的个体数量差异抽象化，反映社会经济现象的一般水平。但两者也有区别，主要表现在以下几个方面。

（1）平均发展水平平均的是事物在不同时间上的数量差异，算术平均数平均的是总体各单位某一数量标志在同一时间上的数量差异。

（2）平均发展水平是从动态上说明某一事物在不同时间上发展的一般水平，算术平均数是从静态上说明同一事物总体的不同单位在同一时间上的一般水平。

（3）平均发展水平是根据时间数列计算的，算术平均数是根据变量数列计算的。

在动态分析中，利用平均发展水平来分析社会经济现象的动态变化有很重要的作用。首先，平均发展水平可以反映社会经济现象在一段时间内发展变化的一般水平，并对其做出概括的说明；其次，利用平均发展水平可以消除社会经济现象在短期内所受波动的影响，便于在更广泛的范围内进行对比，可以观察现象的发展趋势；最后，利用平均发展水平还可以对某一段时间内某一事物发展达到的一般水平进行不同单位、不同地区之间的比较。

2．平均发展水平的计算方法

（1）根据总量指标时间数列计算平均发展水平。由总量指标时间数列计算平均发展水平的类型较多，如图 6-1 所示。计算平均发展水平需要根据时间数列的不同特点采用不同的方法，现分别讨论。

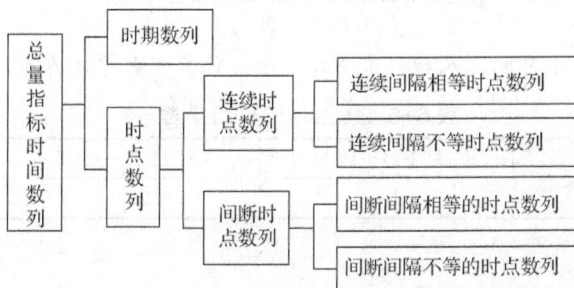

图 6-1　由总量指标时间数列计算平均发展水平的类型

① 根据时期数列计算平均发展水平。由于时期数列中的各项指标数值都是反映社会经济现象在一定时期内的过程总量，具有可加性，因此可以采用简单算术平均的方法计算平均发展水平，即将时期数列中研究范围内的各项指标数值之和除以时期项数。计算公式为

$$\bar{a} = \frac{a_0 + a_1 + a_2 + \cdots + a_{n-1} + a_n}{n} = \frac{\Sigma a}{n} \tag{6-1}$$

【例 6-1】根据表 6-5，计算某地平均生产总值。

表 6-5　某地 2015—2019 年生产总值　　　　　　　　　　　　　单位：万元

年份	2015	2016	2017	2018	2019
生产总值	109 655	120 333	135 823	159 878	182 321

在该例中，由于生产总值为时期指标，因此可以用简单算术平均法。

平均生产总值为

$$\bar{a} = \frac{\Sigma a}{n} = \frac{109\ 655 + 120\ 333 + 135\ 823 + 159\ 878 + 182\ 321}{5} = \frac{708\ 010}{5} = 141\ 602\ （万元）$$

② 根据时点数列计算平均发展水平。由于时点数列中的各项指标数值都是社会经济现象在某一具体时点条件下的瞬间水平，要计算其平均数，就必须知道该经济现象在每一时点上的指标数值。事实上，这是不可能的，因此在实际中都有一定的时间间隔。根据资料的掌握情况及排列情况，时点数列又可分为连续时点数列与间断时点数列。在实践中，通常用"天"作为最小的时点单位，如果资料逐日登记，就将它看成连续时点数列；如果资料是通过间隔一定时期登记取得的，例如，是期初或期末（如月初或月末、季初或季末、年初或年末）登记取得的，就将它看成间断时点数列。

a. 由连续间隔相等时点数列计算平均发展水平。此时点数列的统计资料逐日记录，逐日排列，未加任何分组。该数列的时点数可视为同时期长度只有一天的"时期数"（因为每个时点数可以代表当天的情况），因而它的平均发展水平同时期数列一样，采用简单算术平均法计算。

【例 6-2】某班上周每天的早操人数分别为 52 人、52 人、55 人、55 人、55 人、50 人，则平均每天早操人数为

$$\bar{a} = \frac{\Sigma a}{n} = \frac{52+52+55+55+55+50}{6} = \frac{319}{6} \approx 53 \text{（人）}$$

b. 由连续间隔不等时点数列计算平均发展水平。此数列的统计资料并非逐日登记和排列，而是根据研究时期内每次变动的资料进行分组，因此可以以每次变动的间隔长度为权数，用加权算术平均数的方法计算。

$$\bar{a} = \frac{a_1 f_1 + a_2 f_2 + \cdots + a_n f_n}{f_1 + f_2 + \cdots + f_n} = \frac{\Sigma af}{\Sigma f} \tag{6-2}$$

【例 6-3】某企业 1 月职工人数如表 6-6 所示，计算 1 月平均人数。

表 6-6　某企业 1 月职工人数　　　　　　　　　　　　　　　单位：人

日期	1 月 1 日—10 日	1 月 11 日—15 日	1 月 16 日—31 日
职工人数	200	220	210

1 月平均人数为

$$\bar{a} = \frac{\Sigma af}{\Sigma f} = \frac{200 \times 10 + 220 \times 5 + 210 \times 16}{10+5+16} = \frac{6\,460}{31} \approx 208 \text{（人）}$$

c. 由间断间隔相等时点数列计算平均发展水平。间断时点数列缺乏逐日的资料，每个时点数对所缺时点上的水平没有代表性，不能直接加总平均。统计上常假定现象在相邻两个时点之间均匀变动，先取相邻两个时点数的简单算术平均数，作为该时段的代表值，再对各时段平均数进行平均。

间断间隔相等时点数列，在掌握间隔相等的每期期初（末）资料时，可将两个相邻时点指标值相加后除以 2，得到这两个时点之间的平均发展水平，然后根据这些平均数，用简单算术平均法求得整个数列的平均数。

【例 6-4】某商场 2019 年 4 个季度库存额情况如表 6-7 所示，计算该商场年平均库存额。

表 6-7　某商场 2019 年 4 个季度库存额情况　　　　　　　　　　单位：万元

时间	上年末	一季度末	二季度末	三季度末	四季度末
商品库存额	14	18	20	17	19

根据资料，分别计算各季度的平均库存额。

一季度平均库存额 $=\dfrac{14+18}{2}=16$（万元）

二季度平均库存额 $=\dfrac{18+20}{2}=19$（万元）

三季度平均库存额 $=\dfrac{20+17}{2}=18.5$（万元）

四季度平均库存额 $=\dfrac{17+19}{2}=18$（万元）

所以全年的平均库存额为 $=\dfrac{16+19+18.5+18}{4}=17.875$（万元）

上述计算可简化为

全年平均库存额 $=\dfrac{\dfrac{14+18}{2}+\dfrac{18+20}{2}+\dfrac{20+17}{2}+\dfrac{17+19}{2}}{4}=\dfrac{\dfrac{14}{2}+18+20+17+\dfrac{19}{2}}{5-1}=17.875$（万元）

由此可见，根据间隔相等的间断时点数列计算平均数，可将最初水平的 1/2 加上中间水平，再加上最末水平的 1/2，然后除以采样的项数减 1。这种方法叫作"简单序时平均法"或"首末折半法"，用公式表示为

$$\bar{a}=\dfrac{\dfrac{a_0}{2}+a_1+a_2+\cdots+a_{n-1}+\dfrac{a_n}{2}}{n-1} \qquad (6\text{-}3)$$

首末折半法存在一定的假设前提：假设上期期末时点数据即本期期初时点数据，并假定相邻两时点间现象的数量变动是均匀的。

d. 由间断间隔不等时点数列计算平均发展水平。间隔不等的间断时点数列的平均发展水平，可将时点数列的间隔长度作为权数，将各相应时点的平均发展水平加权，用加权算术平均数的方法计算。这种方法叫作"分层加权序时平均法"，计算公式为

$$\bar{a}=\dfrac{\dfrac{a_1+a_2}{2}f_1+\dfrac{a_2+a_3}{2}f_2+\cdots+\dfrac{a_{n-1}+a_n}{2}f_{n-1}}{\Sigma f} \qquad (6\text{-}4)$$

【例 6-5】某股票 2019 年各统计时点的收盘价格如表 6-8 所示，计算该股票 2019 年的年平均价格。

$$\bar{a}=\dfrac{\dfrac{5.22+4.82}{2}\times2+\dfrac{4.82+7.58}{2}\times4+\dfrac{7.58+6.34}{2}\times3+\dfrac{6.34+5.86}{2}\times3}{2+4+3+3}\approx6.17（元）$$

表 6-8　某股票 2019 年各统计时点的收盘价格 单位：元

统计时点	1月1日	3月1日	7月1日	10月1日	12月31日
收盘价	5.22	4.82	7.58	6.34	5.86

应该注意的是，根据间断时点数列计算平均发展水平，是以被研究的现象在相邻两个时点之间均匀变动为前提的，但实际上现象的变动并非完全均匀，因此，求得的结果只是近似值。为使其计算结果尽可能反映实际情况，间断时点数列的间隔不宜过长。

（2）根据相对指标时间数列计算平均发展水平。相对指标时间数列是两个相关的总量指标时间数列相应时间上的数值对比派生的。由于各时间相对数的对比基础不同，所以不能加总，也就不能采取算术平均的方法，而要采用对比的方法。计算公式为

$$\bar{c}=\dfrac{\bar{a}}{\bar{b}} \qquad (6\text{-}5)$$

式中：$\bar{c}$ 代表相对指标时间数列的平均发展水平；$\bar{a}$ 为分子数列的平均发展水平；$\bar{b}$ 为分母数列的平均发展水平。

应该注意的是，相对指标时间数列是由两个总量指标时间数列对比形成的。它可以由两个时期数列对比形成，也可以由两个时点数列对比形成，还可以由一个时期数列和一个时点数列对比形成。由于对比方式不同，具体计算方法也有区别。

① 由两个时期数列对比形成的相对指标时间数列计算平均发展水平。由于分子、分母都是时期数列，其平均发展水平分别用简单算术平均数计算，即

$$\bar{c} = \frac{\bar{a}}{\bar{b}} = \frac{\dfrac{\Sigma a}{n}}{\dfrac{\Sigma b}{n}} = \frac{\Sigma a}{\Sigma b} \qquad (6\text{-}6)$$

【例 6-6】某商业企业 2019 年第二季度销售额计划完成情况如表 6-9 所示。计算该商业企业第二季度销售额计划完成程度。

表 6-9　某商业企业 2019 年第二季度销售额计划完成情况

月份	4 月	5 月	6 月
实际完成销售额/元	125.6	136.7	197.8
计划完成销售额/元	115.0	128.0	176.0
销售额计划完成程度/%	109.2	106.8	112.4

销售额计划完成程度的时间数列是相对指标时间数列，由实际销售额和计划销售额这两个时期数列进行对比得出。由于时期数列的各项指标可以相加，可以反映更长时间内的现象总量，因此该商业企业第二季度平均销售额计划完成程度为

$$\bar{c} = \frac{\bar{a}}{\bar{b}} = \frac{\Sigma a}{\Sigma b} = \frac{125.6 + 136.7 + 197.8}{115 + 128 + 176} \approx 109.8\%$$

② 由两个时点数列对比形成的相对指标时间数列计算平均发展水平。如前所述，由时点数列计算平均发展水平，有连续时点数列和间断时点数列之分，而每种数列又有间隔相等和间隔不等两种情况。所以相对指标时间数列就会派生出 4 种不同的类型。

a. 连续间隔相等：

$$\bar{c} = \frac{\bar{a}}{\bar{b}} = \frac{\Sigma a}{\Sigma b} \qquad (6\text{-}7)$$

b. 连续间隔不等：

$$\bar{c} = \frac{\bar{a}}{\bar{b}} = \frac{\Sigma af}{\Sigma bf} \qquad (6\text{-}8)$$

c. 间断间隔相等：

$$\bar{c} = \frac{\bar{a}}{\bar{b}} = \frac{\dfrac{a_0}{2} + a_1 + a_2 + \cdots + a_{n-1} + \dfrac{a_n}{2}}{\dfrac{b_0}{2} + b_1 + b_2 + \cdots + b_{n-1} + \dfrac{b_n}{2}} \qquad (6\text{-}9)$$

d. 间断间隔不等：

$$\bar{c} = \frac{\bar{a}}{\bar{b}} = \frac{\dfrac{a_1 + a_2}{2} f_1 + \dfrac{a_2 + a_3}{2} f_2 + \cdots + \dfrac{a_{n-1} + a_n}{2} f_{n-1}}{\dfrac{b_1 + b_2}{2} f_1 + \dfrac{b_2 + b_3}{2} f_2 + \cdots + \dfrac{b_{n-1} + b_n}{2} f_{n-1}} \qquad (6\text{-}10)$$

【例 6-7】某公司 2019 年第三季度职工人数资料如表 6-10 所示。计算该公司第三季度男

性业务人员占全部职工人数的平均比重。

表6-10　某公司2019年第三季度职工人数资料

月份	6月末	7月末	8月末	9月末
男性业务人数/人	645	670	695	710
全部职工人数/人	805	826	830	854
男性业务人员占全部职工人数/%	80.1	81.1	83.7	83.1

上述资料是时间间隔相等的间断时点数列，要计算该公司第三季度男性业务人员占全部职工人数的平均比重，必须先计算出第三季度平均男性业务人员人数和平均全部职工人数，再对比它们进行求解。

$$\bar{c} = \frac{\bar{a}}{\bar{b}} = \frac{\dfrac{a_0}{2} + a_1 + a_2 + \cdots + a_{n-1} + \dfrac{a_n}{2}}{\dfrac{b_0}{2} + b_1 + b_2 + \cdots + b_{n-1} + \dfrac{b_n}{2}} = \frac{\dfrac{645}{2} + 670 + 695 + \dfrac{710}{2}}{\dfrac{805}{2} + 826 + 830 + \dfrac{854}{2}} \approx 82.18\%$$

③　由一个时期数列和一个时点数列对比形成的相对指标时间数列计算平均发展水平。在这种情形下，先用简单算术平均法求出时期数列的平均发展水平，再选择相应的计算公式（简单算术平均法、加权算术平均法、简单序时平均法或加权序时平均法）求出时点数列的平均发展水平，然后对比求得相对指标时间数列的平均发展水平。其计算公式为

$$\bar{c} = \frac{\bar{a}}{\bar{b}} = \frac{\Sigma a / n}{\left(\dfrac{b_0}{2} + b_1 + b_2 + \cdots + \dfrac{b_n}{2} \right) / (n-1)} \tag{6-11}$$

【例6-8】某商店第一季度商品流转情况如表6-11所示。计算该商店第一季度平均每月商品流转次数。

表6-11　某商店第一季度商品流转次数情况

月份	1月	2月	3月	4月
商品销售额/万元	1 500	1 200	1 800	1 600
月初商品库存额/万元	400	600	600	500
商品流转次数/次	3	2	3.3	—

商品流转次数时间数列是一个相对指标时间数列，构成相对数列的分子是商品销售额时期数列，分母是月初库存额时点数列，所以应该分别按时期数列计算分子的平均发展水平，按间隔相等的间断时点数列计算分母的平均发展水平，再将分子与分母对比，求得相对指标时间数列的平均发展水平。

第一季度平均每月商品流转次数为

$$\bar{c} = \frac{\bar{a}}{\bar{b}} = \frac{\dfrac{1\,500 + 1\,200 + 1\,800}{3}}{\dfrac{400/2 + 600 + 600 + 500/2}{4-1}} = \frac{1\,500}{550} \approx 2.73 \,（次）$$

（3）根据平均指标时间数列计算平均发展水平。平均指标时间数列由一般平均数和序时平均数组成。由于这两种平均数各有特点，因此由它们组成的平均指标时间数列计算平均发展水平的方法也不相同。

第一种情况：根据一般平均数组成的时间数列计算平均发展水平。一般平均数时间数列实质上也是由两个总量指标时间数列对比形成的，因此其平均发展水平的计算与相对指标时

间数列计算平均发展水平的方法相同。

第二种情况：根据序时平均数组成的时间数列计算平均发展水平。根据间隔相等的序时平均数组成的平均指标时间数列计算平均发展水平，可直接采用简单算术平均法。而由间隔不等的序时平均数组成的平均指标时间数列计算平均发展水平，则以间隔长度为权数进行加权计算。

【例6-9】根据表6-12计算某单位上半年月平均人数。

表6-12　某单位上半年人数资料　　　　　　　　　　　　　单位：人

时间	1月	2—3月	4—6月
平均人数	452	455	458

上半年月平均人数为

$$\bar{a} = \frac{452 \times 1 + 455 \times 2 + 458 \times 3}{1 + 2 + 3} = 456 \text{（人）}$$

（三）增长量

增长量又称增减量，是指在一定时期内发展水平增减的绝对量，即时间数列中报告期水平与基期水平之差，说明社会经济现象在一定时期内增减变化的绝对量。其计算公式为

$$\text{增长量} = \text{报告期水平} - \text{基期水平} \tag{6-12}$$

增长量指标可正可负。如果计算的结果为正值，则为增加的绝对量；如果计算的结果为负值，则表示减少或降低的绝对量。增长量在文字说明上，习惯用"增加了""降低了"等表示。

在计算增长量时，由于研究的目的不同，选择的基期也不同。通常增长量指标可分为逐期增长量和累计增长量。

逐期增长量也称环比增长量，是报告期水平与前期水平之差，表明报告期较前期增减变化的绝对量。用符号表示为

$$a_1 - a_0, a_2 - a_1, a_3 - a_2, \cdots, a_n - a_{n-1}$$

累计增长量也称定基增长量，是报告期水平与某一固定基期水平（通常为最初水平）之差，表明报告期较某一固定基期增减变化的绝对量，用符号表示为

$$a_1 - a_0, a_2 - a_0, a_3 - a_0, \cdots, a_n - a_0$$

【例6-10】表6-13所示的是某企业某产品"十三五"期间产量的逐期增长量与累计增长量。

表6-13　某企业某产品"十三五"期间产量的逐期增长量与累计增长量　　　单位：万吨

年份	2016	2017	2018	2019	2020
产量	3	5	4	6	6
逐期增长量	—	2	-1	2	0
累计增长量	—	2	1	3	3

这两种增长量虽然是根据不同基期计算的，但它们之间存在一定的联系。从表6-14不难看出，累计增长量等于相应的逐期增长量之和，逐期增长量等于相邻的两个累计增长量之差，即

$$a_n - a_0 = \Sigma(a_n - a_{n-1}) \qquad a_n - a_{n-1} = (a_n - a_0) - (a_{n-1} - a_0)$$

此外，在实际工作中，为了消除季节变动的影响，常计算年距增长量。其计算公式为

年距增长量=本期发展水平-去年同期发展水平 （6-13）

（四）平均增长量

平均增长量又称平均增减量，是指某一现象在一定时期内平均每期增减变化的数量，即逐期增长量的平均发展水平，表明社会经济现象在一定时期内平均每期增长的数量。其计算方法是：逐期增长量之和除以逐期增长量的个数。用公式表示为

$$平均增长量 = \frac{逐期增长量之和}{逐期增长量个数} = \frac{累计增长量}{时间数列项数 - 1}$$ （6-14）

【例 6-11】以表 6-14 的资料来说明。根据表 6-14 提供的资料，该企业 2016—2020 年平均每年的增长量为

$$\bar{a} = \frac{2 - 1 + 2 + 0}{4} = 0.75 （万吨）$$

或

$$\bar{a} = \frac{3}{5 - 1} = 0.75 （万吨）$$

这表明，该企业年产量平均每年增长 0.75 万吨。

✳ 三、时间数列的速度指标分析

时间数列的速度指标是以相对数形式表示的动态分析指标，包括发展速度、增长速度、平均发展速度以及平均增长速度等指标。下面说明其计算方法。

微课

时间数列的速度分析

（一）发展速度

发展速度是反映社会经济现象发展变化快慢程度的动态相对指标，是根据两个不同时期的发展水平对比求得的，即报告期水平与基期水平之比，说明现象在时间上发展变动的相对程度。用公式表示为

$$发展速度 = \frac{报告期水平}{基期水平}$$ （6-15）

发展速度可用百分数、倍数表示。若比值大于 100%（或 1），表明现象在增长；比值小于 100%（或 1），表明现象在下降；比值等于 100%（或 1），表明现象两期持平。

发展速度根据对比的基期不同，可分为环比发展速度和定基发展速度两种。

1．环比发展速度

环比发展速度是时间数列中报告期发展水平与报告期前期发展水平之比，说明某种社会经济现象的逐期发展方向和速度，即报告期是上一期的多少倍或百分之多少。用公式表示为

$$环比发展速度 = \frac{报告期发展水平}{报告期前期发展水平}$$ （6-16）

用符号表示为

$$\frac{a_1}{a_0}, \frac{a_2}{a_1}, \frac{a_3}{a_2}, \cdots, \frac{a_n}{a_{n-1}}$$

2．定基发展速度

定基发展速度是时间数列中报告期发展水平与固定基期发展水平进行对比得到的相对

数，说明某种社会经济现象在较长时期内总的发展方向和速度，所以也叫总速度，即报告期的水平是固定基期的多少倍或百分之多少。用公式表示为

$$定基发展速度 = \frac{报告期发展水平}{固定基期发展水平} \quad (6\text{-}17)$$

用符号表示为

$$\frac{a_1}{a_0}, \frac{a_2}{a_0}, \frac{a_3}{a_0}, \cdots, \frac{a_n}{a_0}$$

3．环比发展速度与定基发展速度之间的数量关系

（1）各环比发展速度的乘积等于定基发展速度，即

$$\frac{a_n}{a_0} = \frac{a_1}{a_0} \cdot \frac{a_2}{a_1} \cdot \frac{a_3}{a_2} \cdots \frac{a_n}{a_{n-1}}$$

（2）相邻两个定基发展速度之商等于相应的环比发展速度，即

$$\frac{a_n}{a_{n-1}} = \frac{a_n/a_0}{a_{n-1}/a_0}$$

（二）增长速度

增长速度是表明现象增长程度的相对指标，根据增长量与其基期水平对比求得，用来说明报告期水平比基期水平增加的程度。它一般用百分数或倍数表示。其公式为

$$增长速度 = \frac{报告期水平 - 基期水平}{基期水平} = 发展速度 - 1 \quad (6\text{-}18)$$

与发展速度类似，增长速度由于对比的基期不同，分为环比增长速度和定基增长速度两种。

1．环比增长速度

环比增长速度是逐期增长量与其前一期水平之比，表明现象的逐期增减程度。其计算公式为

$$环比增长速度 = \frac{逐期增长量}{前一期水平} = 环比发展速度 - 1 \quad (6\text{-}19)$$

2．定基增长速度

定基增长速度是累计增长量与某一固定时期的发展水平之比，表明现象在较长时期内总的增减程度。其计算公式为

$$定基增长速度 = \frac{累计增长量}{固定时期发展水平} = 定基发展速度 - 1 \quad (6\text{-}20)$$

【例 6-12】表 6-14 所示的是 2011—2017 年我国国内生产总值的一些数据。

表6-14　2011—2017 年我国国内生产总值

年份	2011	2012	2013	2014	2015	2016	2017
国内生产总值/亿元	109 655	120 333	135 823	159 878	183 868	209 407	246 619
逐期增长量/亿元	—	10 678	15 490	24 055	23 990	25 539	37 212
累计增长量/亿元	—	10 678	26 168	50 223	74 213	99 752	136 964
环比发展速度/%	—	109.7	112.9	117.7	115.0	113.9	117.8
定基发展速度/%	—	109.7	123.9	145.8	167.7	121.0	224.9
环比增长速度/%	—	9.7	12.9	17.7	15	13.9	17.8
定基增长速度/%	—	9.7	23.9	45.8	67.7	21.0	124.9

值得注意的是，定基增长速度和环比增长速度都是发展速度的派生指标，只反映增减部分的相对程度，所以，环比增长速度的乘积不等于定基增长速度。如果要由环比增长速度计算定基增长速度，必须将环比增长速度加 1 再连乘，然后将所得结果减 1。

根据表 6-15 中的环比增长速度，计算 2017 年对 2011 年的定基增长速度：

$$(1+9.7\%)\times(1+12.9\%)\times(1+17.7\%)\times(1+15\%)\times(1+13.9\%)\times(1+17.8\%)-1=124.9\%$$

速度指标是一种相对数，具有抽象化的特点。所以速度指标容易将比较基础的发展水平掩盖，高速度可能掩盖低水平，低速度的背后可能隐藏着高水平。为了全面认识现象的发展情况，了解增长速度带来的实际效果，补充说明增长速度的作用，常常将增长速度与增长量联系起来，计算增长 1% 的绝对值。

增长 1% 的绝对值是指在报告期与基期水平的比较中，报告期比基期每增长 1% 所包含的绝对量。它是用逐期增长量除以环比增长速度后再乘以 1% 求得的，计算公式为

$$增长1\%绝对值=\frac{逐期增长量}{环比增长速度}\times1\%=\frac{前期水平}{100} \qquad (6\text{-}21)$$

（三）平均发展速度

平均发展速度是某一现象各期环比发展速度的平均发展水平。它表明现象在一个较长时间内，平均每期发展变化的程度。平均发展速度是编制和检查计划、进行统计推算和预测的重要依据之一。由于定基发展速度不是各期环比发展速度之和，而是其乘积，因此计算平均发展速度不能采用算术平均法，应采用几何平均法。有些现象还要采用方程法。

1. 几何平均法

按这种方法计算平均发展速度的理论依据是：从最初水平出发，逐期按其环比发展速度发展，就可以达到末期的发展水平。由于各环比发展速度的乘积等于第 n 期的定基发展速度，所以它的平均速度只能用几何平均法计算。这种方法侧重于考核最后一年的发展水平，按这种方法确定的平均发展速度推算的最末一年的发展水平，等于最末一年的实际水平，所以这种方法也叫"水平法"。其计算公式为

$$\overline{X}=\sqrt[n]{\frac{a_1}{a_0}\cdot\frac{a_2}{a_1}\cdot\frac{a_3}{a_2}\cdot\ \cdots\ \cdot\frac{a_n}{a_{n-1}}}=\sqrt[n]{\frac{a_n}{a_0}}=\sqrt[n]{R} \qquad (6\text{-}22)$$

式中：

$\overline{X}$ 表示平均发展速度；

$\dfrac{a_1}{a_0}\cdot\dfrac{a_2}{a_1}\cdot\dfrac{a_3}{a_2}\cdot\ \cdots\ \cdot\dfrac{a_n}{a_{n-1}}$ 表示各环比发展速度的乘积；

$\dfrac{a_n}{a_0}$ 表示定基发展速度；

R 表示总速度。

【例 6-13】根据表 6-15 中的资料，计算 2011—2017 年国内生产总值的平均发展速度。

$$\overline{X}=\sqrt[n]{\frac{a_1}{a_0}\cdot\frac{a_2}{a_1}\cdot\frac{a_3}{a_2}\cdot\ \cdots\ \cdot\frac{a_n}{a_{n-1}}}=\sqrt[6]{109.7\%\times112.9\%\times117.7\%\times115\%\times113.9\%\times117.8\%}$$

$$=\sqrt[6]{2.249}=114.5\%$$

或

$$\overline{X}=\sqrt[n]{\frac{a_n}{a_0}}=\sqrt[6]{\frac{246\ 619}{109\ 655}}=\sqrt[6]{2.249}=114.5\%$$

或

$$\overline{X} = \sqrt[n]{R} = \sqrt[6]{1+124.9\%} = \sqrt[6]{2.249} = 114.5\%$$

2．方程法

方程法又称为累积法。这种方法的特点是从最初水平开始，每期以平均发展速度$\overline{X}$发展，从理论上计算的各期发展水平之和应等于实际各期水平之和，即

$$\overline{X} + \overline{X}^2 + \overline{X}^3 + \cdots + \overline{X}^n = \frac{\Sigma a}{a_0} \qquad (6\text{-}23)$$

该高次方程的正根就是所求的平均发展速度。但是，求解这个高次方程是比较复杂的，一般借助计算机完成，在实际工作中也可查《平均增长速度查对表》得到。具体方法如下。

首先，根据各期发展水平之和与最初水平之比来判断资料是递增型还是递减型。具体做法为：计算$\dfrac{\frac{\Sigma a}{a_0}}{n}$，其结果如果大于 1，就判断它是一个递增速度资料；如果结果小于 1，就判断它是一个递减速度资料；如果结果等于 1 或者十分接近 1，就说明无明显的增减速度，那就没有必要计算平均增减速度了。

其次，根据已知资料，从《平均递增速度查对表》或《平均递减速度查对表》中的累计法部分，查出平均递增速度或平均递减速度。具体做法为：查表时，如果判断为递增速度资料，就在递增速度部分查找$\dfrac{\Sigma a}{a_0}$的数值，与这个数值相对应的左边栏内的数值即所求平均递增速度；如果判断为递减速度资料，就在递减速度部分查找，方法同上。

【例 6-14】某市基建投资额 2015 年为 20 亿元；2016—2020 年分别为 24 亿元、30 亿元、26 亿元、40 亿元和 41 亿元，共计 161 亿元。用累计法求该期间年均发展速度。

首先建立方程式：

$$\overline{X} + \overline{X}^2 + \overline{X}^3 + \overline{X}^4 + \overline{X}^5 = \frac{161}{20} = 805\%$$

805%÷5=161%＞100%，所以，应该查《平均递增速度查对表》，如表 6-15 所示。

表 6-15　《平均递增速度查对表》（摘录）

平均递增速度/%	各年发展水平总和为最初水平的百分比/%				
	1 年	2 年	3 年	4 年	5 年
16.1	116.1	250.89	407.38	589.06	799.99
16.2	116.2	251.22	408.11	590.42	802.26
16.3	116.3	251.56	408.87	591.82	804.59
16.4	116.4	251.89	409.6	593.17	806.85

805%最接近 5 年栏的 804.59%，与 804.59%对应的平均递增速度是 16.3%。

（四）平均增长速度

平均增长速度是指时间数列中各期环比增长速度的平均发展水平，它表明社会经济现象在一个较长时期内逐期增长的平均程度。但是，从计算平均速度的方法看，平均增长速度并不能根据各期环比增长速度直接计算，而是先计算平均发展速度，然后根据平均发展速度与平均增长速度的关系来计算平均增长速度，即

平均增长速度=平均发展速度-1 　　　　　　　　　（6-24）

如果平均发展速度大于 1，则平均增长速度为正值，表明现象在这段时期内平均来说是逐期递增的，因而也称为平均递增率；如果平均发展速度小于 1，则平均增长速度为负值，表明现象在这段时期内平均来说是逐期递减的，因而也称为平均递减率。平均递增（递减）率的现象反映出在某段时间内平均逐期递增（递减）的程度。

【例 6-15】某生产公司产品单位成本在 2015—2020 年环比增长速度资料如表 6-16 所示，计算该公司平均增长速度。

表 6-16　某生产公司产品单位成本 2015—2020 年环比增长速度资料

年份	2015	2016	2017	2018	2019	2020
环比增长速度/%	—	-1.0	-1.5	-2.0	-1.8	-0.5

首先利用发展速度与增长速度之间的关系，求出各年环比发展速度，然后计算平均发展速度，最后得出平均增长速度。

$$\overline{X} = \sqrt[5]{(1-1\%) \times (1-1.5\%) \times (1-2\%) \times (1-1.8\%) \times (1-0.5\%)} = 98.64\%$$

平均增长速度=98.64%-1=-1.36%

（五）计算和应用速度指标应该注意的问题

（1）结合不同的研究目的，适当地选择基期。环比发展速度说明某种社会经济现象的逐期发展方向和速度。定基发展速度说明某种社会经济现象在较长时期内总的发展方向和速度。基期不同，对应的动态速度指标性质不同，说明的问题也不同。所以，研究的目的不同，选择的基期也不同。

（2）根据事物的发展状态，应用分段平均发展速度来补充说明整个时期的总平均发展速度。总平均发展速度仅笼统地反映现象在较长时期内逐期平均发展的程度，掩盖了这种现象在不同时期的波动状况。当研究的时期较长时，要注意这方面的问题。

（3）在应用几何平均法计算平均发展速度时，还要注意与环比发展速度结合分析。几何平均法计算的平均发展速度只考虑最末水平与最初水平，中间各期水平无论怎样变化，对平均发展速度的快慢都无影响。如果中间各期水平出现了特殊快慢变化，或者最初、最末水平受到特殊因素的影响，平均速度就会降低或失去其意义。

（4）注意将平均速度指标与原时间数列的发展水平、增长量、平均水平等指标结合应用，以便对研究现象做出比较确切和全面的认识。

❋ 四、时间数列趋势分析预测

社会经济现象的发展变化是许多错综复杂的因素共同作用的结果。这些因素，有的是系统因素，对现象的发展起决定性作用；有的是偶然因素，对现象的发展只起局部、临时、非决定性的作用。由于各种因素的作用大小和方向不同，时间数列呈现出不同的变动形态。时间数列趋势分析的任务是正确地确定时间数列的性质，对各构成因素进行分解和测定，并对未来的状态做出推断和预测。

（一）影响时间数列变动的因素

作为基本分析，一般来说，把时间数列的构成因素按性质和作用分为 4 类，即长期趋势、季节变动、循环变动和不规则变动。

1．长期趋势

长期趋势是指时间数列变动总的方向性趋势。形成一个时间数列的长期趋势是根本性因素的变动趋势。例如，人口增长、科学技术不断进步，必然导致社会生产总量呈现增长变动的趋势。这种长期趋势通常可以认为是各种固定的因素作用于同一方向而形成的。这些固定的因素，随时间推移既有呈直线变化的，也有呈曲线变动的。所以，长期趋势是对未来状况进行预测和推断的主要依据。

2．季节变动

季节变动是指在1年以内，时间数列受自然季节和社会习俗等因素影响而发生的有规律、周期性的变动，如服装的季节性供应，铁路、公路、航空等客运量在春节前后出现高峰等。引起季节变动的原因既有自然因素，也有人为因素，如气候条件、节假日及风俗习惯等。季节变动的影响有以1年为周期的，也有以1天、1周、1月为周期。认识和掌握季节变动，对于近期行动的决策具有重要作用。

3．循环变动

循环变动是指围绕长期趋势出现的、具有一定循环起伏形态的变动。循环变动与季节变动不同：循环的幅度和周期很不规则，周期长的可达几十年，周期短的一般也有 3～5 年。例如，社会经济的繁荣、危机、萧条、复苏的周期变动是典型的中循环波动，其周期一般为8～9 年。循环变动也不同于长期趋势，它所表现的不是单一方向的持续运动，而是涨落相间的波浪式发展。测定循环变动，掌握其发展变化规律，对于人们认识事物，利用或克服其产生的影响具有重要的意义。我国统计工作中开展的宏观经济预测、预警系统的研究，有助于及时发现经济波动的趋势。

4．不规则变动

不规则变动是指客观现象由突发事件或偶然因素引起的无规律性的变动，又称为剩余变动或随机变动，如政治动荡、大的自然灾害、战争等。不规则变动是时间数列中无法由上述3 个因素解释的部分。不规则变动与时间无关。

把时间数列的这些构成因素与时间数列的关系用一定的数学关系式来表示，就是时间数列的分解模式。分解时间数列的基本模式有加法模式和乘法模式。

设时间数列为 y，长期趋势为 T，季节变动为 S，循环变动为 C，不规则变动为 I，则时间数列分解的加法模式为

$$y=T+S+C+I$$

时间数列分解的乘法模式为

$$y=T\cdot S\cdot C\cdot I$$

在实际工作中，我们需要根据研究对象的性质、目的和所掌握的资料等具体情况确定采用哪一种分解模式进行分析。一般来说，在社会经济统计中，主要采用乘法模式。把受各个因素影响的变动分别测定出来，为决策提供依据。事实上，有些现象的时间数列并非4 种因素俱在。从长期来看，揭示经济现象发展的长期趋势和测定其受季节变动的影响，对于每一个具体的时间数列来说都是十分重要的问题。本节重点讲述这两种变动的测定与预测方法。

（二）长期趋势分析预测

长期趋势是研究某种现象在一个相当长的时期内持续向上或向下发展变动的趋势。例如，我国的国内生产总值在社会主义市场经济运作中呈现不断上升的长期趋势。测定长期趋

势的主要目的是：首先，把握现象的趋势变化；其次，从数量方面研究现象发展的规律，探求合适的趋势线，为进行统计预测提供必要条件；最后，测定长期趋势，可以消除原有时间数列中长期趋势的影响，以便更好地显示和测定季节变动。

在实际工作中，常常把趋势分析与统计预测结合在一起。趋势分析与统计预测是现代化的管理方法，可以反映社会经济现象发展变化的规律，使人们对未来有比较科学的认识，通过预测为领导机关和管理部门制定正确的决策提供依据。

测定长期趋势的方法很多，主要有时距扩大法、移动平均法和最小平方法。

1．时距扩大法

时距扩大法是将原时间数列的各期指标数值加以合并，得出一个扩大了时距的新时间数列。这是测定长期趋势最简单、最原始的方法。它消除了由时距较短、受偶然因素影响引起的不均匀分布。

【例 6-16】某工厂 2019 年各月增加值完成情况如表 6-17 所示。

表 6-17　某工厂 2019 年各月增加值完成情况　　　　　　　单位：万元

月份	1月	2月	3月	4月	5月	6月	7月	8月	9月	10月	11月	12月
增加值	50.5	45	52	51.5	50.4	55.5	53	58.4	57	59.2	58	60.5

从表 6-18 中可以看出，此时间数列的变化趋势不太明显，将时距由月扩大到季度，组成一个新的时间数列，如表 6-18 所示。

表 6-18　某工厂 2019 年各季度增加值完成情况　　　　　　　单位：万元

季度	第一季度	第二季度	第三季度	第四季度
增加值	147.5	157.4	168.4	177.7

很显然，从表 6-19 中可以看出，该工厂各个季度的增加值呈现递增趋势。

应用时距扩大法要注意以下几点。

（1）时距扩大法仅适用于时期数列，因为只有时期数列的各期指标数值相加后才具有实际意义。

（2）时距的选择要以能反映现象变化特点为准则，而且时距的间隔应一致，这样才具有可比性。例如，对于具有季度资料的时期数列，经受每年季节性的涨落，必须消除季节变动因素，运用四项或八项移动平均为宜。

2．移动平均法

移动平均法是对原有的时间数列通过扩大时距进行均匀修正来测定长期趋势的一种方法。具体的操作是：采用逐项移动的方法分别求出一系列移动的平均发展水平，再用这些移动的平均发展水平组成新的时间数列，并代替原有时间数列。新形成的时间数列指标数值经过移动平均后，剔除了偶然变动、季节变动和不规则变动的因素，比原有的时间数列更明显地体现出被研究对象的发展趋势。

移动平均法可选择奇数项移动平均或偶数项移动平均。一般来说，项数越多，修匀的作用就越大，得出的移动平均数就越少；反之，项数越少，修匀的作用就越小，得出的移动平均数就越多。原数列中如果存在自然周期，应该以周期数作为移动平均数的项数。奇数项移动平均所得的数值放在中间项的位置上；偶数项移动平均所得的数值放在中间两项位置的中间，它需要再进行移动平均（两项移动平均）。

【例 6-17】 某企业 1998—2017 年产量移动平均计算表如表 6-19 所示。用移动平均法测定其长期趋势。

表 6-19　某企业 1998—2017 年产品产量移动平均计算表　　　　单位：万吨

年份	产量	趋势值		
		5 年移动平均	4 年移动平均	修正后的 4 年移动平均
1998	2.12	—	—	—
1999	2.20	—	2.140	—
2000	2.22	2.096	2.090	2.115
2001	2.02	2.146	2.133	2.111
2002	1.92	2.036	1.990	2.061
2003	2.37	1.904	1.875	1.933
2004	1.65	2.010	2.033	1.954
2005	1.56	2.398	2.405	2.219
2006	2.55	2.796	3.083	2.744
2007	3.86	3.410	3.873	3.478
2008	4.36	4.104	4.493	4.183
2009	4.72	4.470	4.623	4.558
2010	5.03	4.738	4.833	4.728
2011	4.38	4.878	4.878	4.875
2012	5.20	4.968	4.968	4.935
2013	5.06	5.480	5.480	5.604
2014	5.17	6.304	6.304	6.418
2015	7.59	7.156	7.156	7.130
2016	8.50	—	—	—
2017	9.46	—	—	—

表中的第二列数据表示，这 20 年的产品产量总体呈增长的趋势，但中间有几次波动。为了更明显地看出发展趋势，对其进行移动平均。这里采用四项和五项移动平均。

（1）5 年移动平均。

第一个平均数为（2.12+2.20+2.22+2.02+1.92）÷5=2.096，对应填写第三年；

第二个平均数为（2.20+2.22+2.02+1.92+2.37）÷5=2146，对应填写第四年；

以此类推进行移动平均，得出 5 年移动平均数列共有 16 项。详情如表 6-20 第三列所示。

（2）4 年移动平均。

第一个平均数为（2.12+2.20+2.22+2.02）÷4= 2.140，对应第二项和第三项的中间；

第二个平均数为（2.20+2.22+2.02+1.92）÷4= 2.090，对应第三项和第四项中间；

以此类推进行四项移动平均。此时，每个指标值都错半期，所以无法进行直接比较，还需要进行一次修正平移，即再进行一次两项移动平移，这样就形成了新的四项移动平均数列，如表 6-20 第五列所示。此时整个时间数列被修正得更加平滑，波动趋于平稳。

使用移动平均法应该注意，被移动平均的项数越多，对原数列修匀的作用就越大，但得到的新时间数列的项数就越少。设移动项数为 N，按奇数项移动平均时，首尾各有 $(N-1)/2$ 时期得不到趋势值；按偶数项移动平均时，首尾各有 $N/2$ 时期得不到趋势值。

3. 最小平方法

最小平方法又称最小二乘法，是分析长期趋势常用的方法。它是通过数学方法给时间数列配合一条趋势线，这条趋势线必须满足最小平方法的要求，即原数列各指标值与趋势线上的对应值的离差平方和最小。设 y 为原数列指标值，y_c 为 y 的趋势值，根据最小平方法的要求，$\Sigma(y-y_c)^2$ 为最小值。

这个方法可用于配合直线方程，也可以配合曲线方程。根据被研究现象发展变化的情况，以及原数列反映出来的数量变动的特点，经过仔细分析后，才能确定配合直线或配合曲线。现以配合直线为例说明其方法。

设直线方程为

$$y_c = a + bt \tag{6-25}$$

式中：

a、b 为待定系数，分别代表直线的截距和斜率；

y_c 为预测值；

t 为时间数列的时间单位。

利用偏导数的方法可得到两个方程式。

$$\begin{cases} \Sigma y = na + b\Sigma t \\ \Sigma ty = a\Sigma t + b\Sigma t^2 \end{cases}$$

解该方程组，可以求得直线方程中的参数 a 和 b。

$$b = \frac{n\Sigma ty - \Sigma t\Sigma y}{n\Sigma t^2 - (\Sigma t)^2} \tag{6-26}$$

$$a = \frac{\Sigma y - b\Sigma t}{n} \tag{6-27}$$

将 a 和 b 代入方程式，得到趋势方程，即时间数列的长期趋势。

【例 6-18】某企业 2015—2020 年产品产量资料如表 6-20 所示。用最小平方法测定其发展趋势。

表 6-20　某企业 2015—2020 年产品产量资料

年份	2015	2016	2017	2018	2019	2020	合计
产量 y/万吨	3	5	4	6	6	9	33
时间序号 t	1	2	3	4	5	6	21
ty	3	10	12	24	30	54	133
t^2	1	4	9	16	25	36	91

$$b = \frac{n\Sigma ty - \Sigma t\Sigma y}{n\Sigma t^2 - (\Sigma t)^2} = \frac{6\times133 - 21\times33}{6\times91 - 21\times21} = 1$$

$$a = \frac{\Sigma y - b\Sigma t}{n} = \frac{33-21}{6} = 2$$

所以趋势方程为 $y_c = 2 + t$。

根据趋势方程可以预测该企业 2021 年的产量。

当 $t=7$ 时，该企业的产量为 2+7=9（万吨）。

应用最小平方法时，由于 t 是时间序号，为了计算方便，可以令 $\Sigma t = 0$，此时，a 和 b 的公式可以简化为

$$b = \frac{\Sigma ty}{\Sigma t^2} \tag{6-28}$$

$$a = \frac{\Sigma y}{n} \tag{6-29}$$

若时间数列的项数为奇数项，取 $t=\cdots,-3,-2,-1,0,1,2,3,\cdots$

如要进行预测，取 $t=4,5,6,\cdots$

若时间数列的项数为偶数项，取 $t=\cdots,-5,-3,-1,1,3,5,\cdots$

如要进行预测，取 $t=7,9,11,\cdots$

根据这一简便方法，表 6-20 可整理为表 6-21。

表 6-21　某企业产品产量

年份	2015	2016	2017	2018	2019	2020	合计
产量 y/万吨	3	5	4	6	6	9	33
时间序号 t	−5	−3	−1	1	3	5	0
ty	−15	−15	−4	6	18	45	35
t^2	25	9	1	1	9	25	70

$$b = \frac{\Sigma ty}{\Sigma t^2} = \frac{35}{70} = 0.5$$

$$a = \frac{\Sigma y}{n} = \frac{33}{6} = 5.5$$

所以趋势方程为 $y_c = 5.5 + 0.5t$。

根据趋势方程可以预测该企业 2021 年的产量。

当 $t=7$ 时，该企业的产量为 $5.5+0.5\times7=9$（万吨）。

（三）季节变动分析

在现实生活中，季节变动是一种极为普遍的现象。例如，夏天衬衫、背心、冷饮销售量高于其他季节；冬天围巾、皮衣、取暖器的销售量比较大；许多农副产品的产量都因季节更替有淡季、旺季之分；商业部门的许多商品的销售量也随着气候变化的影响形成有规律的周期性变动。季节变动具有 3 个特点：一是季节变动每年重复进行；二是季节变动按照一定的周期进行；三是每个周期变化强度大致相同。

研究季节变动的目的在于了解季节变动对人们经济生活的影响，以便更好地组织生产和安排生活。分析季节变动，还可以根据季节变动规律，配合适当的季节模型，结合长期趋势，进行经济预测，计划未来行动。

分析和测定季节变动最常用、最简便的方法是按月（季）平均法。这种方法是通过若干年资料的数据，求出同月份的平均水平与全数列总平均月份水平，然后对比得出各月份的季节比率。季节比率是进行季节变动分析的重要指标，可用来说明季节变动的程度。其计算公式为

$$\text{季节比率（100\%）} = \frac{\text{同月份平均水平}}{\text{总平均月份水平}} \times 100\% \tag{6-30}$$

通过季节比率，可以观察和分析某种社会经济现象季节变动的规律。季节比率高说明为"旺季"，反之说明为"淡季"。现举例说明季节比率的计算和分析。

【例 6-19】某商场 2014—2017 年各月冰箱的销售量如表 6-22 所示。

具体计算过程如下。

第一步，计算同月份平均水平。

$$1\text{月平均数} = \frac{10+9+12+9}{4} = 10 \text{（台）}$$

其余如表 6-22 第 7 列所示。

表 6-22　某商场 2014—2017 年各月冰箱销售量　　　　　　单位：台

月 ＼ 年	2014	2015	2016	2017	4 年合计 Σ	同月平均 Σ/4	季节比率 /%
（1）	（2）	（3）	（4）	（5）	（6）	（7）	（8）
1	10	9	12	9	40	10	33.7
2	19	15	12	10	56	14	47.1
3	20	24	20	36	100	25	84.2
4	24	24	18	14	80	20	67.3
5	32	36	36	32	136	34	114.5
6	42	45	46	43	176	44	148.1
7	41	48	57	30	176	44	148.1
8	88	82	88	86	344	86	289.6
9	30	28	26	28	112	28	94.3
10	22	19	22	21	84	21	70.7
11	16	17	17	18	68	17	57.2
12	8	13	16	15	52	13	43.8
合计	352	360	370	342	1 424	356	1 198.7
平均	29.3	30	30.8	28.5	118.6	29.7	100

第二步，计算总平均月份水平。

$$总平均月份水平 = \frac{1\ 424}{48} \approx 29.7（台）$$

或

$$总平均月份水平 = \frac{356}{12} \approx 29.7（台）$$

或

$$总平均月份水平 = \frac{118.6}{4} \approx 29.7（台）$$

第三步，计算季节比率。

$$如 1 月的季节比率 = \frac{10}{29.7} \approx 33.7\%$$

其余如表 6-23 第 8 列所示。

第四步，用季节比率进行预测。为了预测以后各年不同月（或季）发展趋势和状况，通常假定按过去资料测定的季节变动模型能够适用于未来。因此，按月（或季）平均预测法的计算公式为

各月（或季）预测值 = 上年各月（或季）的平均值 × 各月（或季）的季节比率

如对 2018 年销售量进行预测，如下。

5 月的销售量 = 28.5×114.5% ≈ 33（台）

8 月的销售量 = 28.5×289.6% ≈ 83（台）

通过上面计算的由各月的季节比率组成的数列，可以看出空调销售量的季节变动趋势：自 1 月到 8 月，季节比率呈增长趋势，8 月达到最高峰，9 月开始下降，到 12 月降到最低点。

按月（季）平均法计算简便，容易掌握。如果在被测定的社会经济现象总波动中未发现明显的长期趋势和循环波动，可通过算术平均法消除同期不规则变动，从而显现出现象的季

节变动趋势。但季节比率的计算不够精确，因为它没有考虑长期趋势的影响。在前后期各月（季）水平波动较大的资料中，后期各月（季）水平比前期有较大提高，对平均数的影响大，从而影响季节比率的准确性。

�֍ 五、实训：用 Excel 进行时间数列分析

实训项目：用 Excel 进行动时间列分析。

实训目的：能在 Excel 中利用函数计算时间数列的水平指标和速度指标，能熟练运用 Excel 进行长期趋势分析。

实训内容和操作步骤如下。

（一）用 Excel 计算时间数列的水平指标

实训资料：某企业 2009—2017 年产品产量资料如表 6-23 所示，试用 Excel 对此数据资料计算其水平指标。

表 6-23　某企业 2009—2017 年产品产量资料

年份	产品产量/万吨
2009	132
2010	147
2011	165
2012	156
2013	165
2014	172
2015	164
2016	178
2017	176

操作步骤如下。

第一步，启动 Excel，新建工作簿 Book1，将数据资料输入工作表中，如图 6-2 所示。

第二步，计算逐期增长量。在 C3 单元格中输入公式"=B3-B2"，然后按 Enter 键，得到第一个逐期增长量。将公式填充到 C4:C10 区域，松开鼠标后得到该企业 2009—2017 年产品产量逐期增长量，如图 6-3 所示。

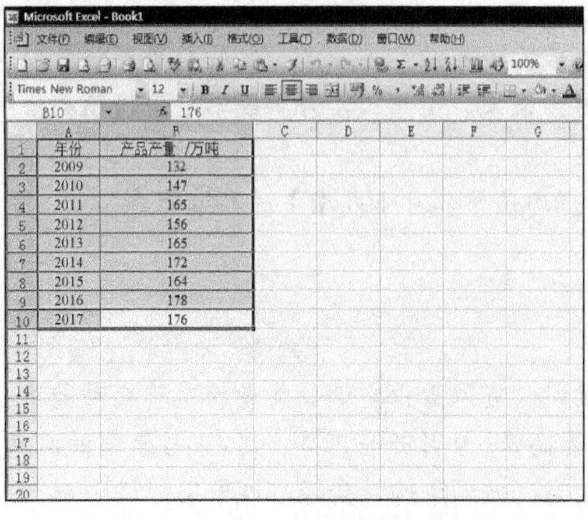

图 6-2　时间数列分析数据资料

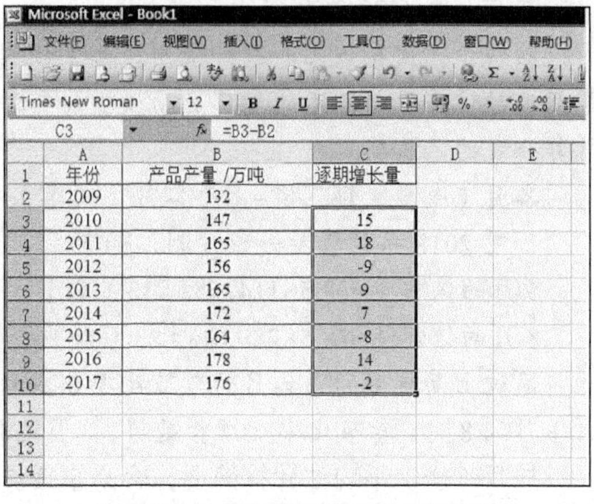

图 6-3　逐期增长量的计算结果

第三步，计算累计增长量。在 D3 单元格中输入公式“=B3-$B$2”，然后按 Enter 键，得到第一个累计增长量。将公式填充到 D4:D10 区域，松开鼠标后即得到该企业 2009—2017 年产品产量累计增长量，如图 6-4 所示。

第四步，计算平均增长量。在当前工作表中单击任意空白单元格，作为“平均增长量”的输出区域。选定 D13 单元格，并输入“=(B10−B2)/8”，按 Enter 键，即可得到该企业 2009—2017 年产品产量的平均增长量，如图 6-5 所示。

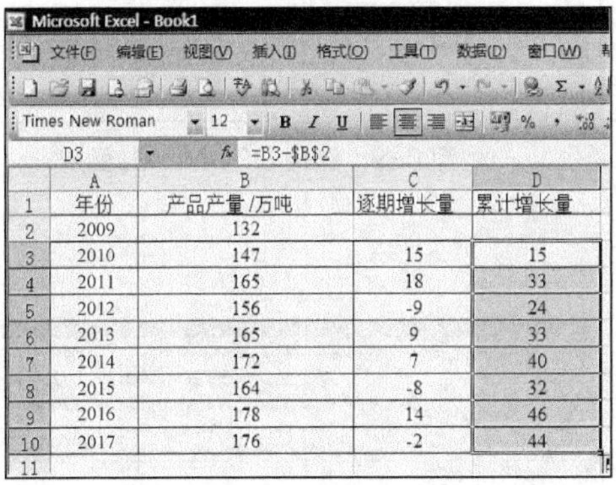

年份	产品产量 /万吨	逐期增长量	累计增长量
2009	132		
2010	147	15	15
2011	165	18	33
2012	156	-9	24
2013	165	9	33
2014	172	7	40
2015	164	-8	32
2016	178	14	46
2017	176	-2	44

图 6-4 累计增长量的计算结果

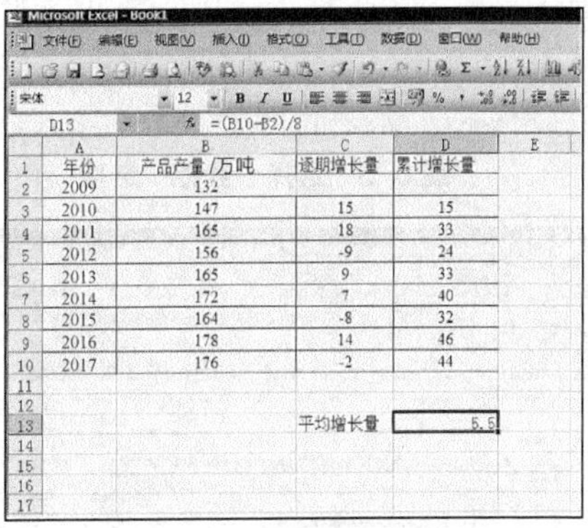

年份	产品产量 /万吨	逐期增长量	累计增长量
2009	132		
2010	147	15	15
2011	165	18	33
2012	156	-9	24
2013	165	9	33
2014	172	7	40
2015	164	-8	32
2016	178	14	46
2017	176	-2	44
		平均增长量	5.5

图 6-5 平均增长量的计算结果

（二）用 Excel 计算时间数列的速度指标

实训资料同（一）中的实训资料。

操作步骤如下。

第一步，计算环比发展速度。在 E3 单元格中输入公式“=B3/B2*100”，然后按 Enter 键，得到第一个逐期增长量。将公式填充到 E4:E10 区域，松开鼠标后即得到该企业 2009—2017 年产品产量环比发展速度，如图 6-6 所示。

第二步，计算定基发展速度。在 F3 单元格中输入公式“=B3/$B$2*100”，然后按 Enter 键，得到第一个定基发展速度。将公式填充到 F4:F10 区域，松开鼠标后即得到该企业 2009—2017 年产品产量定基发展速度，如图 6-7 所示。

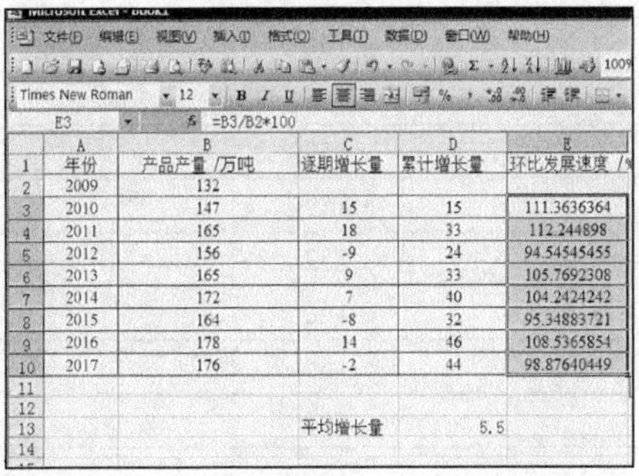

年份	产品产量 /万吨	逐期增长量	累计增长量	环比发展速度 /%
2009	132			
2010	147	15	15	111.3636364
2011	165	18	33	112.244898
2012	156	-9	24	94.54545455
2013	165	9	33	105.7692308
2014	172	7	40	104.2424242
2015	164	-8	32	95.34883721
2016	178	14	46	108.5365854
2017	176	-2	44	98.87640449
		平均增长量	5.5	

图 6-6 环比发展速度的计算结果

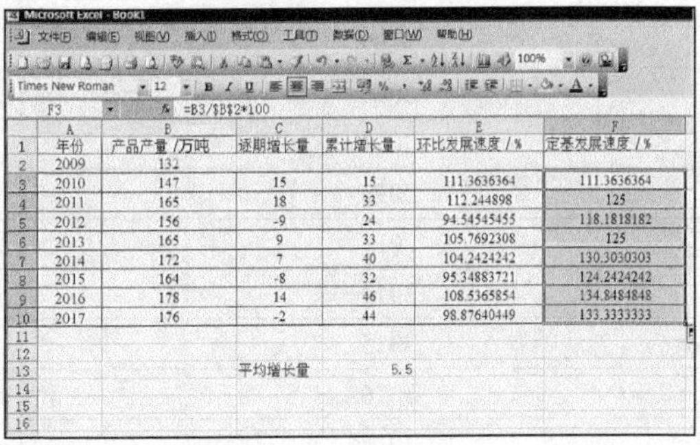

年份	产品产量 /万吨	逐期增长量	累计增长量	环比发展速度 /%	定基发展速度 /%
2009	132				
2010	147	15	15	111.3636364	111.3636364
2011	165	18	33	112.244898	125
2012	156	-9	24	94.54545455	118.1818182
2013	165	9	33	105.7692308	125
2014	172	7	40	104.2424242	130.3030303
2015	164	-8	32	95.34883721	124.2424242
2016	178	14	46	108.5365854	134.8484848
2017	176	-2	44	98.87640449	133.3333333
		平均增长量	5.5		

图 6-7 定基发展速度的计算结果

第三步，计算平均发展速度。在当前工作表中单击任意空白单元格，作为“平均发展速度”的输出区域。选定 F13 单元格，单击“插入”菜单，选择“函数”选项，弹出“插入函数”对话框，在选择类别中选择“统计”，然后在函数列表框中选择 GEOMEAN 函数，在弹出的“函数参数”对话框的 Number1 中输入“E3:E10”后单击“确定”按钮，如图 6-8～图 6-10 所示，即可得到该企业 2009—2017 年产品产量的平均发展速度，如图 6-11 所示。

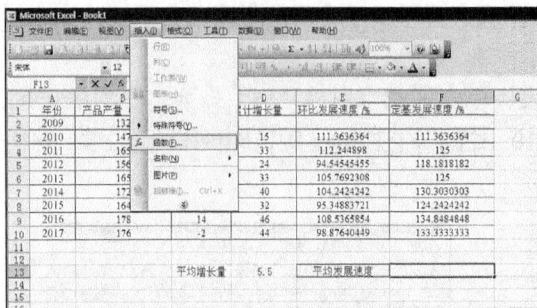

图6-8 选择"函数"选项

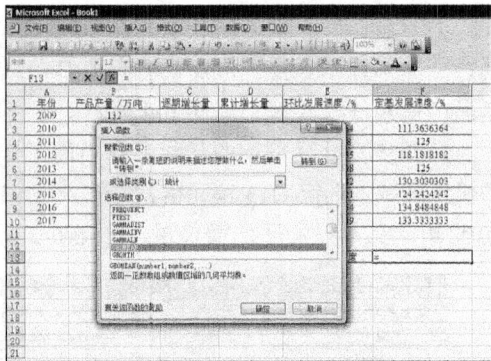

图6-9 选择GEOMEAN函数

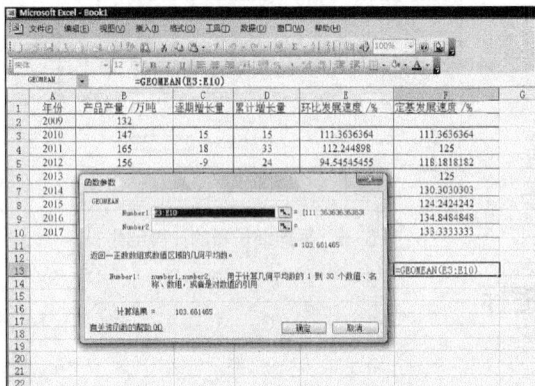

图6-10 选择数据的输入区域

图6-11 平均发展速度的计算结果

（三）运用Excel进行长期趋势分析

实训资料： 某企业2009—2017年销售额资料如表6-24所示，试用移动平均法对此数据进行长期趋势分析，并绘制长期趋势线。

表6-24 某企业2009—2017年销售额资料

年份	销售额/万元
2009	150
2010	145
2011	158
2012	159
2013	152
2014	160
2015	156
2016	162
2017	164

操作步骤如下。

第一步，将上述数据输入Excel工作表中，如图6-12所示，在A列中输入年份，在B列中输入销售额。

第二步，单击"工具"菜单，选择"数据分析"选项，在弹出的"数据分析"对话框中选择"移动平均"选项，单击"确定"按钮，如图6-13所示。

图 6-12 将数据输入 Excel 中

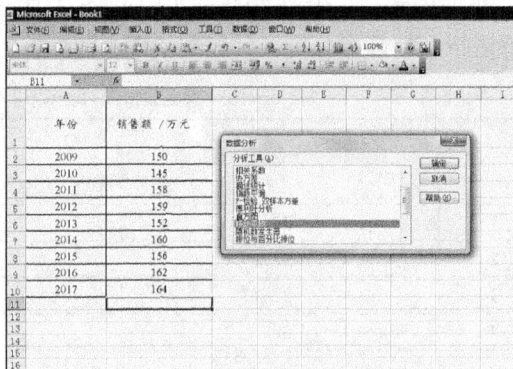

图 6-13 选择"移动平均"

第三步,在弹出的"移动平均"对话框中设置各项参数。在本例中,"输入区域"为 "$B\$1:\$B\$10$""输出区域"为"$\$C\$1:\$C\$10$"。"间隔"就是移动项数,本例中为"3",表示 选择三项移动平均。在工作表中输入时,第一行输入的是标志名称,故勾选"标志位于第一 行"复选框。同时要求绘制长期趋势线,故也要勾选"图表输出"复选框,如图 6-14 所示。

第四步,单击"确定"按钮,得到用移动平均法计算的三项移动平均数列和长期趋势线, 如图 6-15 所示。

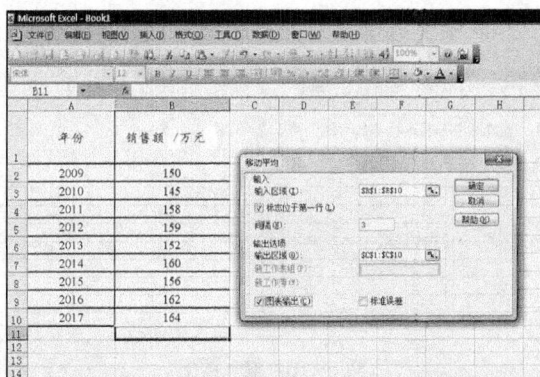

图 6-14 设置"移动平均"对话框参数

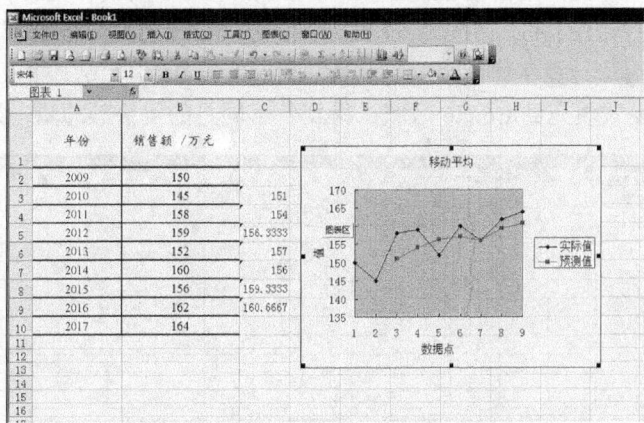

图 6-15 移动平均法输出结果

（四）运用 Excel 进行季节变动分析，并绘制季节变动曲线

实训资料：某企业 2015—2017 年各月销售额资料如表 6-25 所示，试利用季节比率对销售额进行长期趋势分析，并绘制长期趋势线。

表 6-25　某企业 2015—2017 年各月销售额资料　　单位：万元

月＼年	2015	2016	2017
1	32	28	37
2	28	37	33
3	32	32	29
4	36	34	45
5	28	29	32
6	41	52	35
7	44	48	42
8	46	53	50
9	45	55	51
10	42	58	49
11	49	55	59
12	43	54	64

操作步骤如下。

第一步，在 Excel 工作表中输入该企业的销售额数据，如图 6-16 所示。

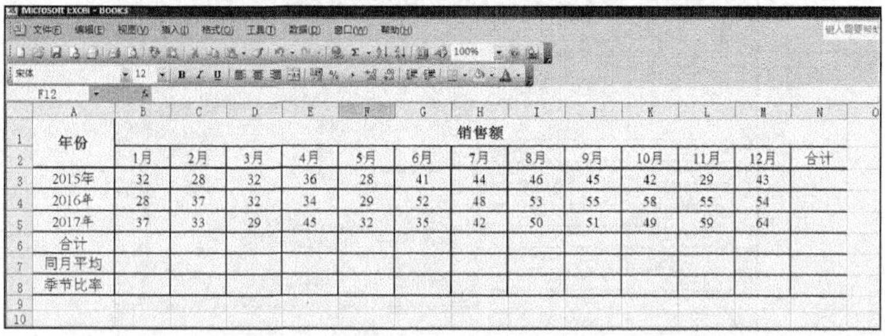

年份	1月	2月	3月	4月	5月	6月	7月	8月	9月	10月	11月	12月	合计
2015年	32	28	32	36	28	41	44	46	45	42	29	43	
2016年	28	37	32	34	29	52	48	53	55	58	55	54	
2017年	37	33	29	45	32	35	42	50	51	49	59	64	
合计													
同月平均													
季节比率													

图 6-16　输入数据

第二步，计算各年同月销售额总量和各年销售额总量。计算每年的销售额总量：单击 N3 单元格，输入“=SUM(B3:M3)”，按 Enter 键，并将公式填充到 N4:N5 区域，得到各年销售额总量，如图 6-17 所示。计算各年同月的销售额总量：单击 B6 单元格，输入“=SUM(B3:B5)”，按 Enter 键，并将公式填充到 C6:N6 区域，得到各年同月的销售额总量，如图 6-18 所示。

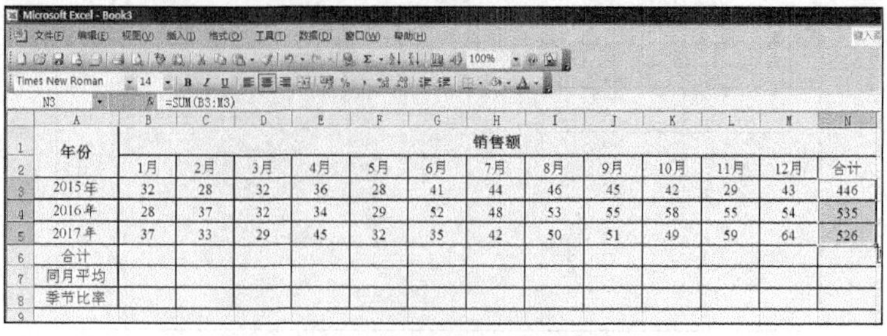

年份	1月	2月	3月	4月	5月	6月	7月	8月	9月	10月	11月	12月	合计
2015年	32	28	32	36	28	41	44	46	45	42	29	43	446
2016年	28	37	32	34	29	52	48	53	55	58	55	54	535
2017年	37	33	29	45	32	35	42	50	51	49	59	64	526
合计													
同月平均													
季节比率													

图 6-17　各年销售额总量计算结果

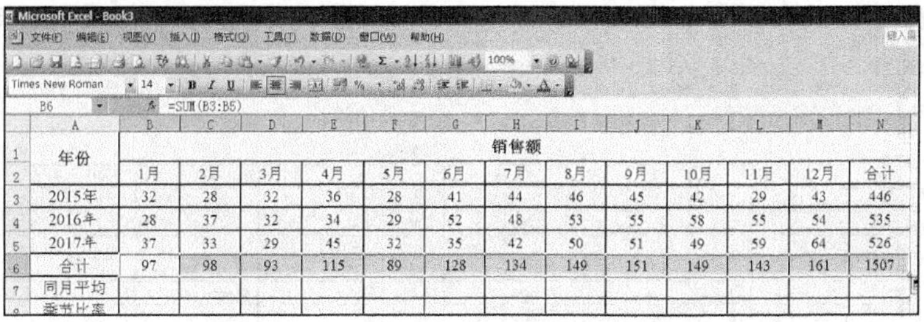

年份	销售额												
	1月	2月	3月	4月	5月	6月	7月	8月	9月	10月	11月	12月	合计
2015年	32	28	32	36	28	41	44	46	45	42	29	43	446
2016年	28	37	32	34	29	52	48	53	55	58	55	54	535
2017年	37	33	29	45	32	35	42	50	51	49	59	64	526
合计	97	98	93	115	89	128	134	149	151	149	143	161	1507
同月平均													
季节比率													

图 6-18　各年同月销售额总量计算结果

第三步，计算同月平均销售额与总的月平均销售额。计算同月平均销售额：单击 B7 单元格，输入“=B6/3”，按 Enter 键，并将公式填充到 C7:M7 区域，得到各年的同月平均销售额，如图 6-19 所示。计算总的月平均销售额：单击 N7 单元格，输入“=N6/36”，按 Enter 键，得到总的月平均销售额，如图 6-20 所示。

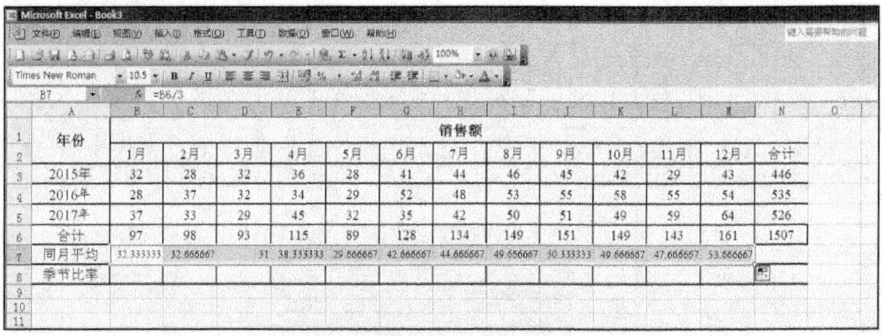

年份	销售额												
	1月	2月	3月	4月	5月	6月	7月	8月	9月	10月	11月	12月	合计
2015年	32	28	32	36	28	41	44	46	45	42	29	43	446
2016年	28	37	32	34	29	52	48	53	55	58	55	54	535
2017年	37	33	29	45	32	35	42	50	51	49	59	64	526
合计	97	98	93	115	89	128	134	149	151	149	143	161	1507
同月平均	32.333333	32.666667	31	38.333333	29.666667	42.666667	44.666667	49.666667	50.333333	49.666667	47.666667	53.666667	
季节比率													

图 6-19　各年同月平均销售额的计算结果

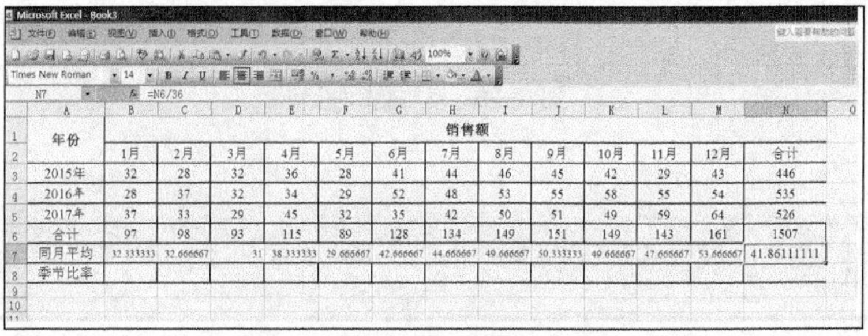

年份	销售额												
	1月	2月	3月	4月	5月	6月	7月	8月	9月	10月	11月	12月	合计
2015年	32	28	32	36	28	41	44	46	45	42	29	43	446
2016年	28	37	32	34	29	52	48	53	55	58	55	54	535
2017年	37	33	29	45	32	35	42	50	51	49	59	64	526
合计	97	98	93	115	89	128	134	149	151	149	143	161	1507
同月平均	32.333333	32.666667	31	38.333333	29.666667	42.666667	44.666667	49.666667	50.333333	49.666667	47.666667	53.666667	41.86111111
季节比率													

图 6-20　总的月平均销售额计算结果

第四步，计算各月的季节比率及季节比率之和。计算各月的季节比率：单击 B8 单元格，输入“=B7*100/$N$7”，按 Enter 键，并将公式填充到 C8:M8 区域，得到各月的季节比率，如图 6-21 所示。单击 N8 单元格，输入“=SUM(B8:M8)”，按 Enter 键，得到季节比率之和，如图 6-22 所示。

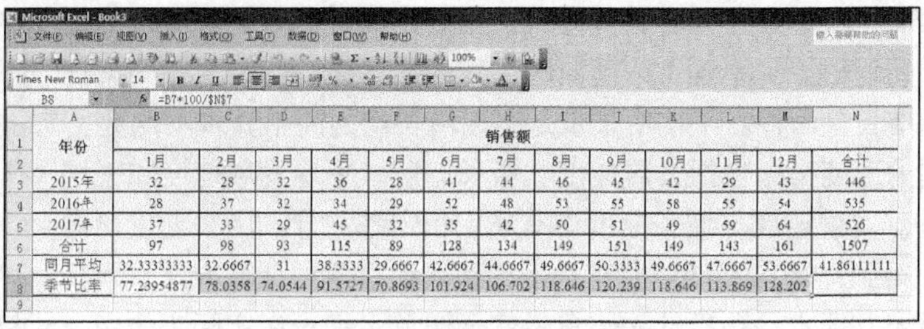

年份	销售额												
	1月	2月	3月	4月	5月	6月	7月	8月	9月	10月	11月	12月	合计
2015年	32	28	32	36	28	41	44	46	45	42	29	43	446
2016年	28	37	32	34	29	52	48	53	55	58	55	54	535
2017年	37	33	29	45	32	35	42	50	51	49	59	64	526
合计	97	98	93	115	89	128	134	149	151	149	143	161	1507
同月平均	32.33333333	32.6667	31	38.3333	29.6667	42.6667	44.6667	49.6667	50.3333	49.6667	47.6667	53.6667	41.86111111
季节比率	77.23954877	78.0358	74.0544	91.5727	70.8693	101.924	106.702	118.646	120.239	118.646	113.869	128.202	

图 6-21　各月的季节比率计算结果

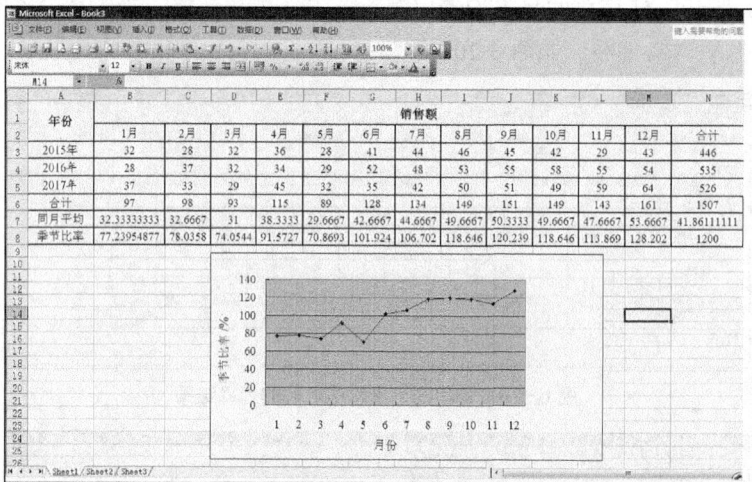

图6-22　季节比率之和

第五步，绘制季节变动曲线。根据季节比率，可绘制季节变动曲线，如图6-23所示。

图6-23　季节变动曲线

任务小结

时间数列是将某一统计指标的数值按时间的先后顺序排列形成的数列，由现象所属时间和各个统计指标数值两个基本要素构成，可分为总量指标时间数列、相对指标时间数列和平均指标时间数列3种类型。可比性是编制时间数列的基本原则。

时间数列水平指标包括发展水平和平均发展水平、增长量和平均增长量4种。在根据总量指标时间数列计算平均发展水平时，时期数列的计算较为简单，而时点数列的计算较为复杂。计算平均发展水平分为4种计算形式，主要是间隔相等（不等）的连续时点数列和间隔相等（不等）的间断时点数列的计算。增长量分为累计增长量和逐期增长量两种。平均增长量是逐期增长量的简单算术平均数。

时间数列的速度指标包括发展速度、增长速度、平均发展速度和平均增长速度4种。发展速度与增长速度均有环比和定基之分。增长速度可由发展速度减1得到。平均发展速度有水平法和累计法两种计算方法。水平法侧重考察最末发展水平；累计法侧重考察全期总水平。在实际工作中，水平法应用较广泛。平均增长速度可由平均发展速度减1得到。

案例阅读

70个大中城市新建商品住宅销售价格情况

影响时间数列的因素有长期趋势、季节变动、循环变动和不规则变动 4 种。测定长期趋势的方法有时距扩大法、移动平均法和最小平方法。最小平方法是依据时间数列的观察值与趋势值的离差平方和为最小值的基本要求，拟合的一种趋势模型。最小平方可用简捷法计算，即取 $\Sigma t = 0$。季节变动的分析如不考虑长期趋势的变动，可用按月（季）平均法。

习题与实训

一、单选题

1. 对时间数列进行动态分析的基础是（　　　）。
   A. 发展水平　　　　　　　　　　　B. 发展速度
   C. 平均发展水平　　　　　　　　　D. 增长速度

2. 平均发展水平又称作（　　　）。
   A. 平均发展速度　　　　　　　　　B. 序时平均数
   C. 平均增长速度　　　　　　　　　D. 静态平均数

3. 说明现象在较长时期内发展的总速度的指标是（　　　）。
   A. 环比发展速度　　　　　　　　　B. 平均发展速度
   C. 定基发展速度　　　　　　　　　D. 定基增长速度

4. 最基本的时间数列是（　　　）。
   A. 总量指标时间数列　　　　　　　B. 相对指标时间数列
   C. 平均数时间数列　　　　　　　　D. 时点数列

5. 历年的物资库存额时间数列是（　　　）。
   A. 时期数列　　　B. 时点数列　　　C. 时间数列　　　D. 相对指标时间数列

6. 由间隔不等的时点数列计算平均发展水平，以（　　　）为权数。
   A. 时期长度　　　B. 时点长度　　　C. 间隔长度　　　D. 指标值项数

7. 计算动态分析指标的基础指标是（　　　）。
   A. 总量指标　　　B. 相对指标　　　C. 平均指标　　　D. 发展水平

8. 下列数列中哪一个属于时间数列？（　　　）
   A. 学生按学习成绩分组形成的数列
   B. 工业企业按地区分组形成的数列
   C. 职工按工资水平高低排列形成的数列
   D. 出口额按时间先后顺序排列形成的数列

9. 在时间数列中，每个指标值可以相加的是（　　　）。
   A. 相对指标时间数列　　　　　　　B. 时期数列
   C. 平均数时间数列　　　　　　　　D. 时点数列

10. 一般平均数与平均发展水平的共同点是（　　　）。
    A. 都是反映现象的一般水平
    B. 都可消除现象在时间上波动的影响
    C. 都是反映同一总体的一般水平
    D. 共同反映同质总体在不同时间上的一般水平

11. 已知各期环比增长速度为 7.1%、3.4%、3.6%、5.3%，则定基增长速度是（   ）。

  A. 7.1%×3.4%×3.6%×5.3%   B.（7.1%×3.4%×3.6%×5.3%）-1

  C. 107.1%×103.4%×103.6%×105.3% D.（107.1%×103.4%×103.6%×105.3%）-1

12. 平均增长速度是（   ）。

  A. 环比增长速度的算术平均数   B. 总增长速度的算术平均数

  C. 环比发展速度的算术平均数   D. 平均发展速度减 100%

13. 时间数列中的平均发展速度是（   ）。

  A. 各时期环比发展速度的调和平均数 B. 各时期环比发展速度的算术平均数

  C. 各时期定基发展速度的调和平均数 D. 各时期环比发展速度的几何平均数

14. 已知各时期环比发展速度和时期数，便能计算出（   ）。

  A. 平均发展速度   B. 平均发展水平

  C. 各期定基发展速度   D. 各期逐期增长量

15. 某校 2017 年在校学生 6 000 人，毕业生 1 400 人，上述两个指标（   ）。

  A. 均为时期指标   B. 均为时点指标

  C. 前者为时期指标，后者为时点指标 D. 前者为时点指标，后者为时期指标

16. 数列中各项数值可以直接相加的时间数列是（   ）。

  A. 时点数列   B. 时期数列

  C. 平均指标时间数列   D. 相对指标时间数列

17. 求平均发展速度通常采用（   ）法。

  A. 算术平均数 B. 调和平均数 C. 几何平均数 D. 中位数

18. 某企业生产某种产品，其产量每年增加 5 万吨，则该产品产量的环比增长速度（   ）。

  A. 年年下降   B. 年年增长

  C. 年年保持不变   D. 无法下结论

19. 累计增长量等于（   ）。

  A. 报告期水平与基期水平之差   B. 报告期水平与前一期水平之差

  C. 报告期水平与某一固定基期水平之差 D. 逐期增长量之差

20. 某地出生人口数及死亡人口数（   ）。

  A. 均为时期指标   B. 均为时点指标

  C. 前者为时期指标，后者为时点指标 D. 前者为时点指标，后者为时期指标

21. 根据不连续时期数列计算序时平均数，应采用（   ）。

  A. 几何平均法   B. 加权算术平均法

  C. 简单算术平均法   D. 首末折半法

22. 已知环比增长速度为 8.12%、6.42%、5.91%、5.13%，则定基增长速度为（   ）。

  A. 8.12%×6.42%×5.91%×5.13%   B. 8.12%×6.42%×5.91%×5.13%-100%

  C. 1.081 2×1.064 2×1.059 1×1.051 3 D. 1.081 2×1.064 2×1.059 1×1.051 3-100%

23. 某企业某年各月月末库存额（单位：万元）资料如下：4.8，4.4，3.6，3.2，3.0，4.0，3.6，3.4，4.2，4.6，5.0，5.6；又知上年末库存额为 5.2 万元，则全年平均库存为（   ）。

  A. 5.2   B. 4.1   C. 4.133   D. 5

24. 已知某地粮食产量的环比发展速度 1998 年为 103.5%，1999 年为 104%，2001 年为 105%，2001 年对于 1997 年的定基发展速度为 116.4%，则 2000 年的环比发展速度为（   ）。

  A. 103%   B. 101%   C. 104.5%   D. 113%

25. 现象在其发展变化过程中所呈现出来的持续上升或持续下降的趋势是（　　　）。

    A. 长期趋势　　　　B. 季节变动　　　　C. 循环变动　　　　D. 随机波动

二、判断题

1. 将总体系列不同的综合指标排列起来就构成时间数列。（　　　）

2. 用几何法计算的平均发展速度的大小，与中间各期水平的大小无关。（　　　）

3. 编制时点数列，各项指标的间隔长短必须保持一致。（　　　）

4. 用水平法计算的平均速度，实质上只反映现象首末水平的变化。（　　　）

5. 平均发展速度等于平均增长速度减 100%。（　　　）

6. 时期指标中，各个数值在不同时间上可以相加。（　　　）

7. 动态平均数又叫序时平均数。（　　　）

8. 通过时间数列前后各时间上指标值的对比，可以反映现象的发展变化过程及其规律。

    （　　　）

9. 在时期数列中，每个指标值的大小和它对应时期的长短有直接关系。（　　　）

10. 在时点数列中，各个时点的指标值可以相加。（　　　）

11. 定基发展速度等于相应时期内各个环比发展速度的乘积。（　　　）

12. 发展水平一般指时间数列中的绝对数水平。（　　　）

13. 最初水平、中间水平和最末水平的划分是绝对的。（　　　）

14. 对于在研究期内有升有降且升降不定的现象，应采用水平法计算其平均增长水平。

    （　　　）

15. 定基增长速度等于相应时期各个环比增长速度的乘积。（　　　）

16. 计算平均速度的几何平均法侧重于考察现象最后一期的水平。（　　　）

17. 发展水平只能是总量指标。（　　　）

18. 循环变动和季节变动都属于有规律的周期性变动。（　　　）

19. 对于既受季节变动又受长期趋势影响的现象，应采用趋势与季节模型法测定其季节变动。（　　　）

20. 测定季节变动时，至少要有连续两年分季或分月的统计资料。（　　　）

三、多选题

1. 时间数列发展水平按其在数列中所处位置不同，分为（　　　）。

    A. 基期水平　　　　B. 报告期水平　　　　C. 最初水平

    D. 中间水平　　　　E. 最末水平

2. 求平均发展水平的公式包括（　　　）。

    A. $\dfrac{\Sigma a}{n}$　　　　B. $\dfrac{\Sigma af}{\Sigma f}$　　　　C. $\dfrac{\overline{a}}{b}$

    D. $\dfrac{\Sigma \overline{a}}{n}$　　　　E. $\dfrac{\Sigma \overline{a}f}{\Sigma f}$

3. 求平均速度的公式包括（　　　）。

    A. $\sqrt[n]{\dfrac{a_n}{a_0}}$　　　　B. $\sqrt[n]{\Pi X}$　　　　C. $\sqrt[n]{R}$

    D. $\sqrt[n]{\dfrac{a_n - a_0}{a_0}}$　　　　E. $\overline{X} + (\overline{X})^2 + (\overline{X})^3 + \cdots + (\overline{X})^n = \dfrac{\Sigma a}{a_0}$

4. 时期数列的特点包括（　　　）。

   A. 各期指标值都为时期数　　　　　　　B. 各期指标值不能相加

   C. 各期指标值可以相加　　　　　　　　D. 各期指标值是连续登记的结果

   E. 各期指标值的大小与其时间间隔长短有直接关系

5. 时点数列的特点包括（　　　）。

   A. 数列中各项指标值可以相加

   B. 数列中各项指标值不能相加

   C. 数列中各项指标值的大小与时间间隔长短有直接关系

   D. 数列中各项指标值的大小与时间间隔长短无直接关系

   E. 数列中各项指标值是通过间断登记取得的

6. 下列指标中，分子为时期指标的有（　　　）。

   A. 人均粮食产量

   B. 人均钢铁产量

   C. 平均分摊到每吨粮食上的水库容量数

   D. 平均分摊到每万人的零售商店数

   E. 平均分摊到每万元农业产值上的农业机械马力数

7. 计算和应用平均速度指标应注意（　　　）。

   A. 用分段平均速度补充总平均速度　　　B. 联系每增长1%的绝对值进行分析

   C. 联系基期水平进行分析　　　　　　　D. 结合环比发展速度进行分析

   E. 正确选择报告期水平

8. 平均增减量是（　　　）。

   A. 各期累计增减量的平均　　　　　　　B. 各期逐期增减量的平均

   C. 累计增减量÷逐期增减量个数　　　　D. 累计增减量÷（时间数列项数–1）

   E. 各期累计增减量之和÷逐期增减量个数

9. 下列属于时点数列的有（　　　）。

   A. 某工业企业历年利税总额　　　　　　B. 某金融机构历年年末贷款余额

   C. 某商业企业历年销售额　　　　　　　D. 某地区历年年末的生猪存栏头数

   E. 某高校历年招生人数

10. 下列属于时期数列的有（　　　）。

   A. 我国近几年的耕地总面积　　　　　　B. 我国历年新增人口数

   C. 我国历年图书出版量　　　　　　　　D. 我国历年黄金储备

   E. 某地区国有企业历年资金利税率

11. 逐期增长量和累计增长量之间有哪些关系？（　　　）

   A. 各逐期增长量的和等于相应时期的累计增长量

   B. 各逐期增长量的积等于相应时期的累计增长量

   C. 两相邻时期累计增长量之差等于相应时期的逐期增长量

   D. 两相邻时期累计增长量之商等于相应时期的逐期增长量

   E. 两相邻时期逐期增长量之差等于相应时期的累计增长量

12. 研究长期趋势的目的在于（　　　）。

   A. 认识现象随时间演变的趋势和规律　　B. 为趋势预测提供必要条件

   C. 研究趋势变动的经济效果　　　　　　D. 分析趋势产生的原因

   E. 剔除趋势影响以分解数列中的其他因素

四、计算题

1. 某地 2019 年人口变动情况如表 6-26 所示。

表 6-26　某地 2019 年人口变动情况

月份	1 月初	3 月初	6 月初	9 月初	次年 1 月初
人数/万人	102	185	190	192	184

要求：计算该地 2019 年平均人口数。

2. 某单位 2018 年 1 月人员变动情况如表 6-27 所示。

表 6-27　某单位 2018 年 1 月人员变动情况

日期	1—7 日	8—20 日	21—31 日
人数/人	10	12	15

要求：计算该单位 2018 年 1 月的平均人数。

3. 某工业企业资料如表 6-28 所示。

表 6-28　某工业企业资料

指标	1 月	2 月	3 月	4 月
工业总产值/万元	180	160	200	190
月初工人数/人	600	580	620	600

要求：计算（1）一季度月平均劳动生产率；（2）一季度平均劳动生产率。

4. 某工业企业 2017 年下半年各月的总产值和职工人数资料如表 6-29 所示。

表 6-29　某工业企业 2017 年下半年各月的总产值和职工人数资料

月份	7 月	8 月	9 月	10 月	11 月	12 月
总产值/万元	72	75	76	85	90	110
月初职工人数/人	800	810	810	830	850	900

又知该企业 12 月月末的职工人数为 910 人。

要求计算该企业 2017 年下半年：（1）人均总产值；（2）平均每季度人均总产值；（3）平均每月人均总产值；（4）平均每天的人均总产值。

5. 我国 2005—2010 年间各年的出口总额如表 6-30 所示。

表 6-30　我国 2005—2010 年出口总额

年份	2005	2006	2007	2008	2009	2010
出口总额/亿美元	62 648.1	77 597.2	93 563.6	100 394.9	8 209.7	107 022.8
逐期增长量/亿美元						
累计增长量/亿美元						
定基发展速度/%						
环比发展速度/%						
定基增长速度/%						
环比增长速度/%						
增长 1% 的绝对值/亿美元						

要求：（1）计算并填写表中空单元格；

（2）计算 2005—2010 年我国出口总额的年平均发展水平、年平均增长水平、总发展速度、总增长速度、年平均发展速度和年平均增长速度。

6. 已知甲、乙两省某种产品的产量资料如表 6-31 所示。

表 6-31　甲、乙两省某种产品的产量资料

年份	2013	2014	2015	2016	2017
甲省产量/万吨	4 567	5 361	6 483	7 060	8 716
乙省产量/万吨	40 044	42 904	45 995	49 100	51 900

要求：（1）分别计算甲、乙两省该产品产量的年平均发展速度；（2）若今后两省仍按所求平均速度发展，试计算多少年后甲省可赶上乙省产量；（3）若甲省想在今后 15 年内赶上乙省，则其平均发展速度应为多少（乙省速度不变）？

7. 某地区 2015 年年底人口数为 3 000 万人，假定以后每年以 9‰的增长率增长，该地区 2015 年粮食产量为 110 亿千克。要求到 2020 年平均每人粮食达到 425kg。

要求：计算（1）2020 年的粮食产量应该达到多少千克？

（2）粮食产量每年平均增长速度。

8. 某国 2006—2017 年职工平均工资环比增长指数如表 6-32 所示。

表 6-32　某国 2006—2017 年职工平均工资环比增长指数

年份	平均工资指数（环比）	年份	平均工资指数（环比）
2006	112.70%	2012	112.10%
2007	112.60%	2013	103.60%
2008	118.50%	2014	100.20%
2009	124.80%	2015	106.20%
2010	135.40%	2016	107.90%
2011	121.70%	2017	111.00%

要求：采用五期移动平均法描述该时间序列的平均趋势。

9. 表 6-33 为某国 GDP 的定基发展速度（以 1993 年 GDP 为基数）。

表 6-33　某国 GDP 的定基发展速度

年份	GDP 指数	年份	GDP 指数
1993	100.00%	2005	283.00%
1994	107.60%	2006	308.80%
1995	116.00%	2007	352.20%
1996	122.00%	2008	398.40%
1997	133.30%	2009	448.70%
1998	148.20%	2010	489.10%
1999	170.90%	2011	536.80%
2000	193.50%	2012	582.90%
2001	209.90%	2013	628.40%
2002	234.10%	2014	673.50%
2003	260.50%	2015	730.10%
2004	271.50%	2016	781.20%

要求：采用最小平方法列出发展趋势方程。

五、实训练习

1. 某企业 2012—2017 年产值如表 6-34 所示。

要求：请用 Excel 分别计算该企业的逐期增长量、累计增长量、环比发展速度、定基发展速度、平均发展速度。

表 6-34 某企业 2012—2017 年产值 单位：万元

年份	2012	2013	2014	2015	2016	2017
产值	230	365	370	420	330	340

2. 某企业 2008—2017 年销售量资料如表 6-35 所示。

要求：试用 Excel 中的移动平均法对数据进行长期趋势分析，并绘制长期趋势线。

表 6-35 某企业 2008—2017 年销售量资料 单位：万件

年份	销售量
2008	18
2009	20
2010	23
2011	27
2012	21
2013	17
2014	20
2015	28
2016	35
2017	39

统计指数分析

学习目标

知识目标

1. 了解统计指数的概念和作用。
2. 理解统计指数的编制原则和方法。
3. 掌握指数体系的内在关系和因素分析方法。

能力目标

1. 能够根据资料编制相应的统计指数。
2. 熟练运用统计指数体系进行因素分析。

素养目标

1. 树立正确的道德意识，践行社会主义核心价值观。
2. 培养学生理想信念，传承工匠精神，助力科技强国。

知识结构图

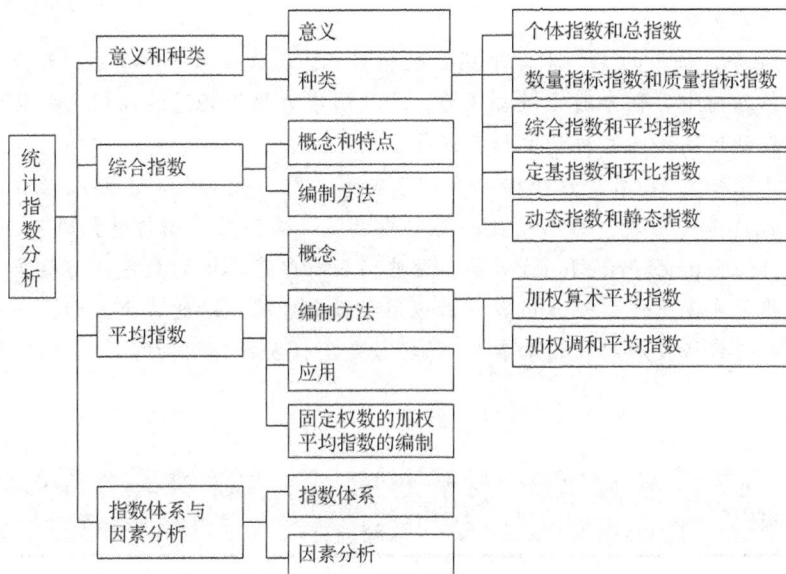

任务导入

联合国于 2012 年首次发布《全球幸福指数报告》，比较全球 156 个国家和地区人民的幸福程度。报告由美国纽约哥伦比亚大学地球研究所共同发布。衡量标准是根据各地公民的预期寿命、对生活的满意度计算，也考虑各地人均消耗资源量。对环境造成的污染越高，排名越低，故排名较前的几乎都是中小型国家。丹麦成为全球最幸福国度，于 10 分满分中获近 8 分，其他北欧国家也高踞前列位置。中国香港排名 67，得分约 5.5，中国内地则排 112。最不幸福国家集中于受贫穷和战火洗礼的非洲国家，包括最低分的多哥，得分仅约 3 分。报告指出，较幸福国家倾向较富裕，但收入与幸福并无必然关系。以美国以例，国民生产总值（gress national product，GNP）自 1960 年增加 3 倍，但幸福指数却不入 10 大，排名 11。报告称人类生活质量不断上升，但全球过去 30 年的幸福指数仅微升。哥伦比亚大学经济学家萨克斯表示，富裕亦造成烦恼，如饮食失调、痴肥等问题，亦可能令人沉溺购物和赌博。他警告，经济增长伴随而来的是更多社会问题，如失去信任、焦虑等愈加严重。

2018 年全球幸福指数最高的前 10 名：芬兰、挪威、丹麦、冰岛、瑞士、荷兰、加拿大、新西兰、瑞典和澳大利亚。美国排名第 18 名，未排进前 10。作为最大的发展中国家，中国跻身"进步最大"第 20 名。

根据联合国发布 2019 年度《全球幸福指数报告》，芬兰连续两年被评为"全球最幸福国家"。报告对 156 个国家和地区的数据进行调查分析，排名指标包括收入、自由、社会支持、健康和寿命等。丹麦、挪威、冰岛、荷兰进入前五名。

2020 年 3 月 20 日，联合国发布 2020 年度《全球幸福指数报告》，北欧国家芬兰连续第三年成为"最幸福"国家。本年度《全球幸福指数报告》首次对"全球最幸福城市"排名，芬兰首都赫尔辛基名列第一。幸福指数考量的因素包括人均国内生产总值、社会福利情况、全民健康状况、预期寿命等，另外依据对每个国家和地区超过1000人的民意调查结果，综合各项得分进行排名。2020年的报告重点关注社会、城市和自然环境，以及这三方面如何影响幸福感。

2013年至今，每年的《全球幸福指数报告》中，北欧五国——芬兰、丹麦、挪威、瑞典和冰岛都位列前十。联合国的报告认为，北欧国家幸福指数高的原因主要是国家福利可靠和广泛、廉洁度高和国家机构运转良好等。

在我们生活中，"指数"这个概念我们很熟悉，因为我们经常看到或者听说，例如，幸福指数、税负痛苦指数、防晒指数、感冒指数、价格指数、销售量指数、CPI（居民消费价格指数，Consumer Price Index）等。这些指数有些是具体的数字，有些是人们的主观感受，那么指数究竟是什么呢？指数分析应用于社会经济生活的各个方面，一些重要的指数已经成为社会经济发展的"晴雨表"，那指数是怎样发挥作用的呢？

相关知识

❋ 一、统计指数

指数是从物价的变动中产生的。18世纪中叶，金银大量流入欧洲，欧洲的物价飞涨，引起社会不安，于是产生了反映物价变动的要求，这就是物价指数产生的根源。有些指数，如消费品价格指数、生活费用价格指数等，同人们的日常生活息息相关；有些指数，如生产资料价格指数、股票价格指数等，直接影响人们的投资活动，成为社会经济的"晴雨表"。从对比性质上看，指数通常是不同时间现象水平的对比，它表明现象在时间上的变动情况。此外，指数还可以是不同空间（如不同国家、地区、部门、企业等）现象水平的对比，或者是现象的实际水平与计划（规划或目标）水平的对比，这些可以看成是动态对比指数方法的拓展。可见，指数在经济分析上具有十分广阔的应用领域。

（一）统计指数的意义

1．统计指数的概念

广义而言，说明社会经济现象动态变化的相对指标都叫指数。它既包括说明单项事物动态变化的个体指数，又包括说明多种事物综合动态变化的总指数。狭义的指数仅指用来反映不能同度量的多种事物综合动态变化的特殊相对指标。本任务阐述的指数，主要是狭义的指数。例如，在综合研究商品销售量动态变化时，由于各种商品的使用价值不同，计量单位不同，就不能采取直接加总的办法求出不同时期的总销售量，也就无法将两个不同时期的销售量进行对比，说明全部商品销售量的动态变化。因此，必须利用特殊的相对指标——指数。

目前，无论是国内还是国外，也无论是在实际工作中还是理论著作中，指数都有广义和狭义两方面的含义。指数的应用已经超出动态对比的范畴，推广应用于静态比较，如不同地区和不同单位现象数量的综合比较、实际指标和计划指标的比较、不同性质的价格水平比较等。

2．统计指数的作用

（1）统计指数可以综合反映社会经济现象总变动的方向和程度。指数的计算结果一般是用百分比表示的相对数。这个相对数大于或小于 100%，表示升降变动的方向；比 100% 大多少或小多少，就是升降变动的程度。例如，农副产品收购价格指数为 110%，说明报告期与基期相比，各种农副产品收购价格可能有升有降，但总体来说是上升的，上升幅度是 10%。此外，指数还可以利用综合指数或综合指数变形形式，从它的分子与分母指标的比较中，分析指数变动后产生的实际效果。

（2）统计指数可以分解分析社会经济现象总体变动中各个因素的变动影响。社会经济现象的数量变化是许多因素共同影响的结果。例如，工业品产量的变动，取决于工人人数和工人劳动生产率的变动；农作物收获量的变动，取决于播种面积和单位面积产量的变动；企业生产多种产品的某种主要材料支出总额的变动，取决于产品产量、单位产品材料消耗量和单位材料购进价格的变动等。统计指数是利用各因素之间的联系编制的，各个因素指数又相互构成指数体系。因此，可以利用指数体系来分析现象总变动中各个因素变动的影响。例如，可通过指数体系分解分析工业产品产量变动中工人人数和工人劳动生产率分别变动的方向和程度。

（3）统计指数可以测定平均指标变动中各组标志水平和总体构成变动的影响。在分组条件下，社会经济现象的平均指标的变动，除取决于各组平均水平的变动外，还受现象总体结构的变动影响。例如，某商品集团平均价格的提高，可能是因为各具体品种商品价格提高，也可能是因为价格较高的品种在该集团中所占比重增大。因此，在分析平均价格变动时，要分析有多大程度取决于各品种价格水平的变动，又有多大程度受商品集团总体构成的变动影响。

3．统计指数的特点

（1）统计指数以相对数的形式表示。统计指数要反映多种事物综合动态变化，就必须通过对比形成。

（2）反映复杂现象的统计指数具有综合的性质，它综合地反映复杂现象总体的数量变化关系。例如，受多种因素的影响，各种商品价格变动的方向和幅度经常是不一致的，有些商品价格上涨，但上涨的幅度不一致；有些商品价格下跌，但下跌的幅度也不一致。商品价格总指数则是综合各种商品价格受各种因素的综合影响变动的结果。

（3）反映复杂现象的统计指数具有平均的性质，它反映复杂现象总体中各个单位变动的平均水平。就商品综合价格指数而言，它所表明的是各种商品价格变动的平均水平。

（二）统计指数的种类

指数的产生距今已有 200 多年的历史，最初计算的是反映价格变动的价格指数。随着社会的进步，统计指数的理论和实践都有了发展，产生了多种类型的指数。

1．个体指数和总指数

指数按其反映的对象范围不同，分为个体指数和总指数。说明个别事物动态变化的相对指标叫作个体指数，又叫单项指数。例如，说明一种工业产品产量变动的个体产量指数，说明一种商品价格变动的个体价格指数，等等。个体指数是报告期水平与基期水平之比，一般用 k 表示。

例如：

个体产品产量指数 $k_q = \dfrac{q_1}{q_0}$ （式中，q_1 为报告期产量，q_0 为基期产量）

个体物价指数 $k_p = \dfrac{p_1}{p_0}$ （式中，p_1 为报告期物价，p_0 为基期物价）

个体产品成本指数 $k_z = \dfrac{z_1}{z_0}$ （式中， z_1 为报告期成本， z_0 为基期成本）

总指数是说明不能同度量的多种事物综合动态变化的特殊相对数。例如说明多种产品生产量总变动的产品物量指数，说明多种商品零售价格总变动的零售价格指数，等等。总指数一般用 $\bar{k}$ 表示。一般情况下，人们所说的指数都是总指数。

介于个体指数和总指数之间的还有一种组（类）指数。实质上，组（类）指数也是总指数，因为它也包含不能直接加总的多种事物。组（类）指数往往是指数法与科学分组结合的结果。例如，工业总产量指数分为重工业和轻工业产量指数，零售价格指数分为食品类、衣着类、日用品类等价格指数。编制组（类）指数的原理和方法与总指数相同。

2．数量指标指数和质量指标指数

指数按其表明的指标性质不同，分为数量指标指数和质量指标指数。数量指标指数是说明总体规模变动情况的指数。它可以反映工作量的多少、规模的大小等，例如，工业产品产量指数、商品销售量指数、职工人数指数等。质量指标指数是根据质量指标计算的说明总体内涵数量变动情况的指数。它可以反映事物的质量、效果和程度，如价格指数、成本指数、劳动生产率指数等。

3．综合指数和平均指数

按指数的编制方法，统计指数可分为综合指数和平均指数。

综合指数是先以另一个因素或多个因素作为媒介，将研究现象总体中不能同度量的个别现象的量转化为可同度量的量，再进行加总、对比，综合反映研究现象总体的变动方向和变动程度的指数。综合指数是总指数编制的基础，其优点是不仅可以反映复杂经济现象总体的变动方向和程度，而且可以准确、定量地说明现象变动产生的实际经济效果。

平均指数是指从个体指数出发，通过对个体指数进行加权平均计算而编制的指数。平均指数和综合指数的计算结果是相同的。因为平均指数公式中所用的权数是根据综合指数的原理和要求，从相应的综合指数公式中根据有关综合指标转化而来的，所以习惯把平均指数公式称为综合指数的变形公式。

4．定基指数和环比指数

指数按其采用的基期不同，可分为定基指数和环比指数。这种分类一般在若干指数组成指数数列时使用。定基指数是固定以某一时期为基期计算的指数。例如，某商业企业 2016年的销售量对比基期是该企业 2010 年的销售量，所形成的指数就是定基指数。环比指数是以报告期前一期为基期计算的指数。如 2012 年以 2011 年为基期形成的指数是 105.3%，2011年以 2010 年为基期形成的指数是 95.8%，这些都是环比指数。

此外，有一种和环比指数类似的指数，叫作年距指数。当按月、按季（半年）编制指数时，常常用上年同期作为基期。以上年同期为基期形成的指数，就是年距指数。

5．动态指数和静态指数

统计指数按其对比的两个数值是否为同一时间，可分为动态指数和静态指数。动态指数是由某种社会经济现象两个不同时间的数值对比形成的指数，如工业产品产量指数、商品价格指数等。指数本来的含义都是指动态指数。由于实际应用中的扩展，指数又包括静态指数。静态指数是某种社会经济现象在同一时间的两个不同数值相比较形成的指数。这两个数值可以是两个不同空间同类现象的数值，如地区差价指数；也可以是同一时间、同一空间的实际指标与计划指标的比值，如计划完成情况指数。

✳ 二、综合指数

（一）综合指数的概念和特点

1．综合指数的概念

综合指数是依据研究现象的特点，确定同度量因素，把不能同度量的现象过渡为可以同度量的现象，采用科学方法计算出两个时期的总量并进行比较，以说明现象总的变动方向和程度，以及变动后所产生的实际效果的计算总指数的方法。

指数要反映不能同度量的现象的总变动，必须将不能同度量的现象转化为能同度量的现象，然后综合得出总量指标，并通过对比编制总指数。例如，要研究多种工业产品产量的总变动，首先碰到的问题是各种不同类的产品产量不能直接相加，如 1 万吨钢、1 万台电视机和 1 万米棉布不能直接相加，这在统计学中称为不同度量。不同种类产品的使用价值不同、计量单位不同，加在一起没有意义。但是，在商品货币存在的条件下，各种商品有一个共同点，即它们都是没有差别的人类劳动的一般凝结物，这就是商品的价值量。商品价值量都是同质的，是可相加的。因此，综合指数的编制，首先要将不能同度量的现象转化为能同度量的价值形态。如何实现这种转化，将在"综合指数的编制"中进一步讨论。

2．综合指数的特点

综合指数具有如下特点。

（1）先综合后对比。在分析复杂社会经济现象综合变动时，不同计量单位的事物不能直接相加。但有时又需要把它们作为一个总体来研究，必须把它们加总起来，这是运用综合指数法首先要解决的问题。例如，如果要研究不同类型商品销售量的总变动情况，由于不同类型的商品在使用价值、计量单位上的不同而不能直接相加，但是通过引入价格这个同度量因素，将各商品的销售量指标转化为可以直接相加的价值量指标—商品销售额，对比两个商品销售额，就可以求得这些商品的销售量指数。

（2）将同度量因素加以固定。运用综合指数编制总指数时，人们只关心一个因素的变动程度。这就要求在编制总指数时，把新加入的媒介因素作为同度量因素加以固定，以测定人们所关心的因素变动情况。至于同度量因素的指标应该固定在哪个时期，要根据编制指数的具体任务以及指数的经济内容来确定。选择不同时期的数值作为同度量因素，其结果不同，经济意义也不同。如何固定同度量因素，将在后文进行详细介绍。

（3）需要全面的数据资料。编制综合指数时，需要运用全面的数据资料。例如，计算商品销售量指数时，需要所有商品报告期和基期的销售量资料和所有商品在某一固定时期（一般是基期）的价格资料，否则无法计算综合指数。全面的统计资料只存在登记性误差，不存在代表性误差。

（4）综合指数不仅可以研究不能同度量现象动态变化的方向和程度，而且可以观察现象动态变化后所产生的实际效果。综合指数的分子和分母是两个不同时期的总量指标，本身具有一定的政治经济意义。分子与分母相比得出一个相对指标，即指数，说明现象总变动的方向和程度。分子与分母相减的结果仍是一个总量指标，说明现象变动后的实际效果。例如，价格指数的编制往往用报告期的销售量作为同度量因素，分子（报告期价格与报告期销售量的乘积）与分母（基期价格与报告期销售量的乘积）的差额说明价格的变动使销售额增加或减少的绝对数。综合指数的这一特点，正是它作为计算总指数基本形式的原因。

（二）综合指数的编制

编制综合指数，首先要将不能同度量的现象转化为能同度量的价值形态。要实现这种转化，就要求寻找一个能使不同度量的现象过渡到能够同度量的现象的因素，即同度量因素。

同度量因素也称同度量系数或指数权数，是指使若干由于度量单位不同而不能直接相加的指标，过渡到可以加总和比较而使用的媒介因素。在编制总指数时，同度量因素是指把不能直接相加的要素过渡到能够相加的总体的媒介因素。同度量因素在计算总指数的过程中对各指数因素起着权衡轻重的作用，所以也叫权数。

例如，商品销售量×价格=商品销售额，如果研究多种商品销售量的变动，不同商品的销售量不能直接相加，而不同商品的销售额是可以相加的，因此，引进价格这个同度量因素，使不能直接相加的销售量指标转化为可以相加的销售额指标，然后通过销售额指标的对比来反映销售量的综合变动情况。

1. 数量指标综合指数的编制

数量指标综合指数是用来反映社会经济现象数量和总体规模变动情况的指数，如工业产品产量指数、商品销售量指数、货物运输量指数等。现以商品销售量指数为例，说明数量指标综合指数的编制方法。

【例 7-1】根据表 7-1 所示的某企业商品销售量和价格资料，编制数量指标综合指数。

表 7-1　某企业商品销售量和价格资料

商品	计量单位	销售量		价格/元	
		基期	报告期	基期	报告期
甲	匹	1 000	1 150	100	120
乙	吨	2 000	2 200	50	50
丙	件	3 000	2 800	20	15

3 种商品的销售量，报告期与基期相比，有的上升，有的下降。例如，计算个体指数，则将每种商品报告期销售量除以基期销售量即可。现在要计算销售量总指数，说明 3 种商品销售量的总变动情况。

（1）以基期价格作为同度量因素，即用 p_0 作为权数，则商品销售量综合指数公式为

$$\overline{k}_q = \frac{\sum q_1 p_0}{\sum q_0 p_0} \tag{7-1}$$

式（7-1）是两个商品销售额之比，可以说明在价格水平不变的条件下，销售量的综合变动的方向和程度。现以表 7-1 中的资料计算商品销售量总指数。计算时，一般要列表进行，使计算过程清晰明了（见表 7-2）。

表 7-2　综合指数计算

品名	计量单位	销售量		价格/元		销售额/元			
		基期 q_0	报告期 q_1	基期 p_0	报告期 p_1	基期 $q_0 p_0$	报告期 $q_1 p_1$	按基期价格计算的报告期价格 $q_1 p_0$	按报告期价格计算的报告期价格 $q_0 p_1$
甲	匹	1 000	1 150	100	120	100 000	138 000	115 000	120 000
乙	吨	2 000	2 200	50	50	100 000	110 000	110 000	100 000
丙	件	3 000	2 800	20	15	60 000	42 000	56 000	45 000
合计	—	—	—	—	—	260 000	290 000	281 000	265 000

根据表 7-2 中的资料计算，得

$$\bar{k}_q = \frac{\Sigma q_1 p_0}{\Sigma q_0 p_0} = \frac{281\ 000}{260\ 000} \approx 108.08\%$$

结果表明，报告期商品销售量比基期增长了约 8.08%。分子与分母的差额为

$\Sigma q_1 p_0 - \Sigma q_0 p_0 = 281\ 000 - 260\ 000 = 21\ 000$（元）

上述数字说明，尽管 3 种商品的销售量有增有减，但综合来看，销售量增加了约 8.08%，使销售额增加了 2.1 万元。

（2）以报告期价格作为同度量因素，即用 p_1 作为权数，则商品销售量综合指数公式为

$$\bar{k}_q = \frac{\Sigma q_1 p_1}{\Sigma q_0 p_1} \tag{7-2}$$

所得结果只能说明在报告期价格水平的条件下，销售量的综合变动方向和程度。用表 7-2 中的资料计算，可得

$$\bar{k}_q = \frac{\Sigma q_1 p_1}{\Sigma q_0 p_1} = \frac{290\ 000}{265\ 000} \approx 109.43\%$$

$\Sigma q_1 p_1 - \Sigma q_0 p_1 = 290\ 000 - 265\ 000 = 25\ 000$（元）

计算结果表明，3 种商品销售量上升了约 9.43%，销售额增加了 2.5 万元。

（3）两种同度量因素的评价。以基期价格作为同度量因素的数量指标综合计算公式是德国经济学家拉斯贝尔斯于 1864 年首先提出的，称为拉斯贝尔斯公式；以报告期价格作为同度量因素的数量指标综合计算公式是德国经济学家帕舍于 1874 年提出的，称为帕氏公式。

上述两个数量指标综合指数公式各有一定的经济意义，但两者的区别是明显的：拉斯贝尔斯公式以基期价格作为同度量因素，即价格仍维持原来的水平，所反映的仅仅是销售量的变动情况，不包括价格变动的影响；帕氏公式以报告期价格作为同度量因素，从基期来看，价格已经发生变化，所以这个公式包含两个因素的变动影响，即反映商品销售量变动情况的同时，也含有价格变动的因素。

究竟采用哪一个公式，应根据实际情况和研究目的而定。就编制销售量指数的目的来看，应该单纯反映销售量的变动，不包含价格因素的变动。从这一角度来看，相比于以报告期价格作为同度量因素的帕氏公式，以基期价格作为同度量因素的拉斯贝尔斯公式更好。

上述销售量综合指数中同度量因素的选择方法也适用于其他数量指标指数。由此可得出计算数量指标指数的一般原则：应采用基期的质量指标作为同度量因素。

（4）为了研究比较长时期的产量变动情况，还要采用不变价格作为同度量因素。不变价格是指某段时期内的固定价格，通常用 p_n 表示。在统计实践中，计算工业产量指数和农业产量指数都采用这种方法。其公式为

$$\bar{k}_q = \frac{\Sigma q_1 p_n}{\Sigma q_0 p_n} \tag{7-3}$$

下面以表 7-3 所示的资料为例，说明用不变价格计算工业产量综合指数。

表 7-3　某工厂产品产量和价格资料

产品	计量单位	产品产量		2004 年不变价格 p_n/元	工业总产量/万元	
		2016 年 q_0	2017 年 q_1		2016 年 $q_0 p_n$	2017 年 $q_1 p_n$
甲	台	600	800	2 000	120	160
乙	吨	500	600	4 000	200	240
丙	件	10 000	15 000	200	200	300
合计	—	—	—	—	520	700

$$\overline{k}_q = \frac{\Sigma q_1 p_n}{\Sigma q_0 p_n} = \frac{700}{520} \approx 134.62\%$$

$$\Sigma q_1 p_n - \Sigma q_0 p_n = 700 - 520 = 180 \ (\text{万元})$$

计算结果表明，某工厂产量综合指数约为 134.62%；产品产量增加了约 34.62%，报告期比基期增加了 180 万元的产值。

从以上计算可看出，工业产量综合指数是按不变价格计算的不同时期工业总产值之比，反映工业产品产量的发展趋势和程度。为什么工业产量指数的同度量因素用不变价格呢？这是因为采用不变价格可以消除价格变动因素的影响，单纯测定工业产品产量的综合变动趋势和程度。同时，产量计划是以不变价格制订的，所以实际产量也必须用不变价格计算。这样，利用工业产量综合指数就便于检查产量计划的执行情况，便于进行工业产量的动态对比和分析。

一般而言，不变价格不要经常变动，以免增加编制不变价格的工作量。然而，种种原因的存在，往往会导致不变价格与现行价格的差距过大。这样，以不变价格计算的产值便不能如实地反映工业发展水平。各种工业产品的价格之间有一定的比例关系，如果产品的不变价格间比例关系与现行价格间的比例关系差距过大，也会使以不变价格计算的产值不能如实反映现实情况。因此，不变价格到一定时候需要做适当调整。

2．质量指标综合指数的编制

质量指标综合指数是说明总体内涵数量变动情况的指数，如商品价格指数、产品成本指数、劳动生产率指数等。现以商品价格指数为例，说明质量指标综合指数的编制方法。

尽管价格水平均以货币为计量单位，但由于各种商品的价格反映不同使用价值的实物量的价格水平，彼此直接相加和对比是没有实际意义的，因而各种商品的单价是不能同度量的。因此，编制质量指标综合指数时，同样要解决同度量因素及其所属的时期两个问题。

（1）以报告期销售量 q_1 作为同度量因素，用来说明在报告期销售量不变的条件下，各种商品的价格综合变动的方向和程度，其公式为

$$\overline{k}_p = \frac{\Sigma p_1 q_1}{\Sigma p_0 q_1} \tag{7-4}$$

根据表 7-2 中的资料计算商品价格综合指数为

$$\overline{k}_p = \frac{\Sigma p_1 q_1}{\Sigma p_0 q_1} = \frac{290 \ 000}{281 \ 000} \approx 103.2\%$$

$$\Sigma p_1 q_1 - \Sigma p_0 q_1 = 290 \ 000 - 281 \ 000 = 9 \ 000 \ (\text{元})$$

结果表明，3 种商品价格平均上涨了约 3.2%；由于物价的上涨，商业企业的商品销售额增加了 9 000 元。

（2）以基期销售量 q_0 作为同度量因素，用来说明在基期销售量不变的条件下，各种商品价格综合变动的方向和程度，其公式为

$$\overline{k}_p = \frac{\Sigma p_1 q_0}{\Sigma p_0 q_0} \tag{7-5}$$

根据表 7-2 中的资料计算，可得：

$$\overline{k}_p = \frac{\Sigma p_1 q_0}{\Sigma p_0 q_0} = \frac{265 \ 000}{260 \ 000} \approx 101.92\%$$

$$\Sigma p_1 q_0 - \Sigma p_0 q_0 = 265 \ 000 - 260 \ 000 = 5 \ 000 \ (\text{元})$$

结果表明，3 种商品价格平均上涨了约 1.92%；由于物价的上涨，商业企业的商品销售

额增加了 5 000 元。

（3）两种同度量因素的评价。

两个公式的计算结果不同，产生的原因就在于采用了不同时期的销售量作为同度量因素。式（7-4）假定在基期销售量已变化为报告期的情况下，商品价格综合变动的方向和程度，其中包含同度量因素（q_1）变动的影响；式（7-5）假定在基期销售量未发生变化的情况下，单独反映商品价格综合变动的方向和程度，其中不含销售量的变动。

从了解物价指数的任务出发，式（7-5）比式（7-4）好。但是，反映价格变动的方向和程度仅仅是编制物价指数的一个方面的内容，物价指数的另一方面的内容还要考察价格变动的实际经济效果。以报告期销售量作为同度量因素计算的物价指数，可以反映居民购买当前商品数量时价格的变动情况和多支出或少支出的货币，便于分析商品价格变动对人民生活和国家财政收支等的影响，具有较强的现实意义。因此，许多人主张，在计算物价指数时，采用报告期的销售量作为同度量因素。这个一般原则同样适用于编制其他质量指标综合指数，由此可以得出编制质量指标综合指数的一般原则：计算质量指标综合指数时，应当采用报告期的数量指标作为同度量因素。

三、平均指数

编制综合指数必须全面掌握报告期和基期的各个因素资料。但是，在实际工作中，往往不能及时全面地掌握所需资料，这样就不能直接套用综合指数公式进行计算。这时，可以使用平均指数进行计算。

（一）平均指数的概念

平均指数是综合指数的变形形式，它是通过对单项事物的质量指标或数量指标的个体指数进行加权平均计算的总指数。其实质是将个体指数作为变量，并根据个体在总体中的地位进行加权平均，即对个体指数进行平均化，以测定现象的综合平均变动。

与综合指数比较，平均指数有两个特点：第一，综合指数要有全面的原始资料，而平均指数可以根据代表性资料计算；第二，综合指数必须用报告期（基期、固定时期）的数量指标或质量指标实际资料作为权数，而平均指数除了可以用实际资料作为权数，也可以在实际资料的基础上推算确定比重后进行加权平均计算。由此可见，综合指数与平均指数都是编制总指数的形式和方法，适用于不同的条件，各有应用价值。这两种指数虽然有区别，但实际应用时，在采取一定的权数条件下，两种指数间有变形关系。

微课

平均指数的编制

（二）平均指数的编制

平均指数的基本形式有两种，一是加权算术平均指数，二是加权调和平均指数。

1. 加权算术平均指数

加权算术平均指数是对个体指数运用加权算术平均的方法编制的指数，即以个体指数为变量，以综合指数公式的分母资料为权数，计算个体指数的加权算术平均数。

（1）数量指标的加权算术平均指数。以商品销售量指数为例，设个体销售量指数为 $k_q = \dfrac{q_1}{q_0}$，则 $q_1 = k_q q_0$，将 $q_1 = k_q q_0$ 代入销售量指数 $\overline{k}_q = \dfrac{\Sigma q_1 p_0}{\Sigma q_0 p_0}$ 中，则销售量指数变形为

$$\bar{k}_q = \frac{\Sigma k_q q_0 p_0}{\Sigma q_0 p_0}$$

（7-6）

式（7-6）因形似加权算术平均数 $\bar{x} = \dfrac{\Sigma xf}{\Sigma f}$，故称为加权算术平均指数。

式中：

k_q 为个体销售量指数，是变量；

$q_0 p_0$ 是基期的销售额，为权数。

（2）质量指标的加权算术平均指数。以商品价格指数为例，质量指标的加权算术平均指数公式为

$$\bar{k}_p = \frac{\Sigma k_p q_1 p_0}{\Sigma q_1 p_0}$$

（7-7）

推理过程同数量指标的加权算术平均指数。

式中：

$k_p = \dfrac{p_1}{p_0}$ （个体价格指数）；

$q_1 p_0$ 是报告期假定的销售额，为权数。

2. 加权调和平均指数

加权调和平均指数是对个体指数按加权调和平均的方式进行平均，即以个体指数为变量，以综合指数公式的分子资料为权数，计算个体指数的加权调和平均数。

（1）数量指标的加权调和平均指数。以商品销售量指数为例，设个体销售量指数为 $k_q = \dfrac{q_1}{q_0}$，则 $q_0 = \dfrac{1}{k_q} q_1$，将 $q_0 = \dfrac{1}{k_q} q_1$ 代入销售量指数 $\bar{k}_q = \dfrac{\Sigma q_1 p_0}{\Sigma q_0 p_0}$ 中，则销售量指数变形为

$$\bar{k}_q = \frac{\Sigma q_1 p_0}{\Sigma \dfrac{q_1 p_0}{k_q}}$$

（7-8）

式（7-8）因形似加权调和平均数 $\bar{x} = \dfrac{\Sigma m}{\Sigma \dfrac{m}{x}}$，故称为加权调和平均指数。

（2）质量指标的加权调和平均指数。以商品价格指数为例，质量指标的加权调和平均指数公式为

$$\bar{k}_p = \frac{\Sigma q_1 p_1}{\Sigma \dfrac{q_1 p_1}{k_p}}$$

（7-9）

推理过程同数量指标的加权调和平均指数。

式中：

$k_p = \dfrac{p_1}{p_0}$ （个体价格指数）；

$q_1 p_1$ 是报告期的销售额，为权数。

综上所述，平均指数是综合指数的一种变形。考虑到掌握基期、报告期资料的局限性，一般情况下，求数量指标平均指数用加权算术平均指数，求质量指标平均指数用加权调和平均指数，即

$$\bar{k}_q = \frac{\Sigma k_q q_0 p_0}{\Sigma q_0 p_0}$$

$$\bar{k}_p = \frac{\Sigma q_1 p_1}{\Sigma \dfrac{q_1 p_1}{k_p}}$$

（三）平均指数的应用

在统计实践中，经常很难掌握全面的统计资料。因此，可以根据非全面的统计数据，运用平均指数法来计算总指数。

【例7-2】根据表7-4，计算3种农产品的收购量总指数和收购价格总指数，并分析其变动效果。

表7-4　3种农产品的收购资料

产品名称	收购量个体指数 k_q/%	收购价个体指数 k_p/%	实际收购额/万元		假定收购额/万元	
			基期 $q_0 p_0$	报告期 $q_1 p_1$	$k_q q_0 p_0$	$\dfrac{q_1 p_1}{k_p}$
A/m	130	90	4 000	4 680	5 200	5 200
B/kg	120	100	3 500	4 200	4 200	4 200
C/个	80	125	3 200	3 200	2 560	2 560
合计	—	—	10 700	12 080	11 960	11 960

收购量总指数宜采用加权算术平均法，则有

$$\bar{k}_q = \frac{\Sigma k_q q_0 p_0}{\Sigma q_0 p_0} = \frac{11\,960}{10\,700} \approx 111.78\%$$

$\Sigma k_q q_0 p_0 - \Sigma q_0 p_0 = 11\,960 - 10\,700 = 1\,260$（万元）

结果表明：收购量增长了约11.78%，增加的收购额为1 260万元。

收购价格总指数宜采用加权调和平均法，有：

$$\bar{k}_p = \frac{\Sigma p_1 q_1}{\Sigma \dfrac{p_1 q_1}{k_p}} = \frac{12\,080}{11\,960} \approx 101.0\%$$

$\Sigma p_1 q_1 - \Sigma \dfrac{p_1 q_1}{k_p} = 12\,080 - 11\,960 = 120$（万元）

结果表明：收购价格提高了约1%，农民出售同样多的农产品可增收120万元。

（四）固定权数的加权平均指数的编制

固定权数平均指数是以指数化因素的个体指数为基础，使用固定权数对个体指数或类指数进行加权平均计算的一种总指数。所谓固定权数，是指加权平均法计算中的权数用比重形式固定下来，在一段时间内不做变动并固定使用的权数。在我国统计实际业务中，各种物价指数常用固定权数加权平均指数编制。例如，我国的商品零售价格指数、农产品收购价格指数、居民消费价格指数等。

固定权数平均指数计算公式为

物量指数：$\overline{k}_q = \dfrac{\Sigma k_q W}{\Sigma W}$ （7-10）

价格指数：$\overline{k}_p = \dfrac{\Sigma k_p W}{\Sigma W}$ （7-11）

式中：

W 代表不变权数，常用比重表示；

ΣW 为 100%或者 1。

【例7-3】某市各类商品个体指数及权数如表7-5所示，求其价格综合指数。

表7-5　某市各类商品个体指数及权数

商品类别	权数 W/%	个体指数 k_p/%
食品类	46	117.37
衣着类	10	108.34
家庭设备及用品类	12	112
医疗保健类	8	108.42
交通和通信类	6	124.28
娱乐、教育、文化用品类	7	108.54
居住类	8	110.84
服务项目类	3	106.87
合计	100	—

$$\overline{k}_p = \frac{\Sigma k_p W}{\Sigma W} = \Sigma k_p W$$

把各大类的指数分别乘以相应的权数后进行加总，即得到价格综合指数：

$\Sigma k_p W = 117.37\% \times 0.46 + 108.34\% \times 0.10 + 112\% \times 0.12 + 108.42\% \times 0.08 + 124.28\% \times 0.06 +$

$108.54\% \times 0.07 + 110.84\% \times 0.08 + 106.87\% \times 0.03 \approx 114.07\%$

❈ 四、指数体系与因素分析

（一）指数体系

1. 指数体系的概念

指数体系是相互联系的指数所构成的体系。一般来说，3 个或 3 个以上在性质上相互联系、在数量上存在一定关系的指数便可构成指数体系。利用指数体系可以分析社会经济现象各种因素变动，以及它们对总体发生作用的影响程度。社会经济现象存在的客观联系，在统计中可通过相应的指标体系表现出来。例如

销售额=销售量×价格

总成本=产品产量×单位成本

从上面的两个关系式可以看出，现象的总体可以分解为一个数量因素和一个质量因素。而现象总体的变化可以归结为数量因素和质量因素共同作用的结果。上述指标体系按指数形式表现时，乘积关系仍然成立。这些指数体系关系可以归纳为

现象总体变动指数=数量指标指数×质量指标指数

现象总体变动的增减额=数量指标变动引起的增减额+质量指标变动引起的增减额

（1） 销售额指数=销售量指数×价格指数

$$\frac{\Sigma p_1 q_1}{\Sigma p_0 q_0} = \frac{\Sigma q_1 p_0}{\Sigma q_0 p_0} \times \frac{\Sigma p_1 q_1}{\Sigma p_0 q_1} \tag{7-12}$$

销售额增减额=产品产量变动引起销售额的增减额+价格变动引起销售额的增减额

$$\Sigma p_1 q_1 - \Sigma p_0 q_0 = (\Sigma q_1 p_0 - \Sigma q_0 p_0) + (\Sigma p_1 q_1 - \Sigma p_0 q_1) \tag{7-13}$$

（2） 总成本指数=产品产量指数×单位成本指数

$$\frac{\Sigma z_1 q_1}{\Sigma z_0 q_0} = \frac{\Sigma q_1 z_0}{\Sigma q_0 z_0} \times \frac{\Sigma z_1 q_1}{\Sigma z_0 q_1} \tag{7-14}$$

总成本增减额=产品产量变动引起总成本的增减额+单位成本变动引起总成本的增减额

$$\Sigma z_1 q_1 - \Sigma z_0 q_0 = (\Sigma q_1 z_0 - \Sigma q_0 z_0) + (\Sigma z_1 q_1 - \Sigma z_0 q_1) \tag{7-15}$$

所以，可以利用指数体系从数量方面研究分析社会经济现象总体变动中各个因素变动的影响程度和绝对数，进行因素分析，也可以利用指数之间的联系进行必要的推算。

2．利用指数体系进行因素分析

（1）分析现象总体总量指标的变动受各种因素变动的影响程度，即利用综合指数体系，从数量指标指数和质量指标指数的相互联系中，分析各个因素的变动影响关系。例如，编制多种产品的销售量指数和价格指数，分析销售量和价格的变动对销售总额变动的影响。

（2）分析社会经济现象总体平均指标变动受各种因素变动的影响程度，即利用综合指数编制的方法原理，通过平均指标指数体系进行分析。

（二）因素分析

1．因素分析的概念

利用指数体系从数量上分析复杂现象总体动态中各个因素的影响程度和影响绝对数，称为因素分析。其基本原理如下。

微课

指数因素分析

（1）因素分析是以指数体系中数量对等关系作为基本依据，即若干因素指数的乘积等于总变动指数，若干因素指数影响的绝对差额之和等于总变动指数的总差额。

（2）因素分析的研究对象是受两个或两个以上因素影响的复杂经济现象总体，研究目的是测定各个因素对复杂经济现象总体的影响方向和程度。

（3）因素分析的基本特点是假定其他因素不变，先测定其中一个因素的变动影响，然后用同样的方法，依次进行其他因素的变动测定。

（4）因素分析的结果同时用相对数和绝对数两种形式表现，全面反映分析的结果。

2．因素分析的步骤

（1）确定要分析的对象及影响的因素。复杂的社会现象是由两个或两个以上的因素构成的，各因素之间的客观联系是进行指数因素分析的前提。因此在进行指数因素分析时，首先要对研究的现象进行定性分析，确定分析的对象及其有哪些影响因素。例如，要分析某企业不同时期商品销售额的变动情况，通常影响因素有两个，一个是商品销售价格，另一个是商品销售量。

（2）建立指标体系。根据指标间数量对等关系的基本依据，确定分析采用的对象指标和因素指标，并列出指标体系的两个关系式：相对数关系式和绝对数关系式。相对数关系式即现象总体指数等于各影响因素指数的乘积，绝对数关系式即现象总体变动额等于各影响因素变动额之和。

（3）分析说明。根据计算的结果，做出分析结论和简要的文字说明。

因素分析按分析的指标种类不同，可分为总量指标的因素分析和平均指标指数的因素分析。

3．总量指标的两因素分析

总量指标的两因素分析就是将所分析现象的总量指标分解为两个因素，对其总量变动进行因素分析。

【例 7-4】 根据表 7-6 的资料，从相对数和绝对数两方面分析出口量、出口价的变动对出口额的影响。

表 7-6　某省 3 种出口商品统计资料

商品名称	出口量/吨		出口价/（美元/吨）		出口额/万美元		
	基期 q_0	报告期 q_1	基期 p_0	报告期 p_1	基期 q_0p_0	报告期 q_1p_1	假定 q_1p_0
大米	30 000	40 000	400	410	1 200	1 640	1 600
桐油	3 000	2 500	1 800	2 000	540	500	450
茶叶	1 300	1 700	2 300	2 400	299	408	391
合计	—	—	—	—	2 039	2 548	2 441

（1）计算总体变动。

出口额指数：$\bar{k}_{pq} = \dfrac{\Sigma q_1 p_1}{\Sigma q_0 p_0} = \dfrac{2\ 548}{2\ 039} \approx 124.96\%$

总变动差额：$\Sigma q_1 p_1 - \Sigma q_0 p_0 = 2\ 548 - 2\ 039 = 509$（万美元）

结果表明，报告期商品出口额比基期增长了约 24.96%；报告期商品出口额和基期相比，增加了 509 万美元。

（2）计算出口量和出口价的相对变动和绝对变动。

出口量指数：$\bar{k}_q = \dfrac{\Sigma q_1 p_0}{\Sigma q_0 p_0} = \dfrac{2\ 441}{2\ 039} \approx 119.72\%$

影响绝对额：$\Sigma q_1 p_0 - \Sigma q_0 p_0 = 2\ 441 - 2\ 039 = 402$（万美元）

结果表明，报告期商品出口量比基期增长了约 19.72%，出口量的增长使报告期商品出口额增加了 402 万美元。

出口价指数：$\bar{k}_p = \dfrac{\Sigma p_1 q_1}{\Sigma p_0 q_1} = \dfrac{2\ 548}{2\ 441} \approx 104.38\%$

影响绝对额：$\Sigma p_1 q_1 - \Sigma p_0 q_1 = 2\ 548 - 2\ 441 = 107$（万美元）

结果表明，报告期商品出口价比基期增长了约 4.38%，出口价的增长使报告期商品出口额增加了 107 万美元。

（3）因素分析总结。

$$\dfrac{\Sigma p_1 q_1}{\Sigma p_0 q_0} = \dfrac{\Sigma q_1 p_0}{\Sigma q_0 p_0} \times \dfrac{\Sigma p_1 q_1}{\Sigma p_0 q_1}$$

124.96%=119.72%×104.38%

报告期商品出口额比基期增长了约 24.96%，是由出口量增长了约 19.72% 和出口价增长了约 4.38% 共同造成的。

$$\Sigma p_1 q_1 - \Sigma p_0 q_0 = (\Sigma q_1 p_0 - \Sigma q_0 p_0) + (\Sigma p_1 q_1 - \Sigma p_0 q_1)$$

509=402+107

报告期商品出口额比基期增长了 509 万美元，是由出口量增长了约 19.72%使出口额增加了 402 万美元，以及出口价增长了约 4.38%使得出口额增加了 107 万美元共同造成的。

4．总量指标的多因素分析

总量指标多因素分析是将现象总量指标分解为 3 个或 3 个以上的构成要素，对其总量变动进行因素分析。

总量指标的多因素分析在指数体系中表现为被研究现象的总变动指数等于 3 个或 3 个以上因素指数的乘积。同样，要保证 3 个或 3 个以上因素指数的乘积等于被研究现象变动的指数，关键还是确定同度量因素的时期问题。因此，在具体分析时要注意以下几个问题。

（1）多因素分析必须遵循连环替代的原则。分析受多因素影响的事物发展变化时，要逐项分析，逐项确定同度量因素。当分析完第一个因素变动影响后，接着分析第二个因素的变动影响，再分析第三个因素的变动影响，以此类推，直到把所有的影响因素分析完。

（2）注意各影响因素的排列顺序。排列各因素的一般顺序为：数量指标在前，质量指标在后，相邻两因素相乘应构成一个新的因素。

（3）固定多个同度量因素。在多因素分析中，为了分析某一个因素的影响，要把其他因素固定不变。具体做法是：在分析第一个影响因素时，要把其他所有因素作为同度量因素固定在基期；分析第二个因素的变动影响时，把已经分析的因素固定在报告期，没有分析的因素仍固定在基期；当分析第三个因素的变动影响时，把已经分析的两个因素固定在报告期，其他没有分析的因素仍然固定在基期；以此类推，直到分析完毕。

（4）指数体系。以原材料费用总额指数体系为例。

原材料费用总额指数=产品产量指数×单位产品原材料平均耗用量指数×原材料价格指数

即

$$\frac{\Sigma q_1 m_1 p_1}{\Sigma q_0 m_0 p_0} = \frac{\Sigma q_1 m_0 p_0}{\Sigma q_0 m_0 p_0} \times \frac{\Sigma q_1 m_1 p_0}{\Sigma q_1 m_0 p_0} \times \frac{\Sigma q_1 m_1 p_1}{\Sigma q_1 m_1 p_0} \qquad (7\text{-}16)$$

$$\Sigma q_1 m_1 p_1 - \Sigma q_0 m_0 p_0 = (\Sigma q_1 m_0 p_0 - \Sigma q_0 m_0 p_0) + (\Sigma q_1 m_1 p_0 - \Sigma q_1 m_0 p_0) + (\Sigma q_1 m_1 p_1 - \Sigma q_1 m_1 p_0) \qquad (7\text{-}17)$$

【例 7-5】根据表 7-7 的资料，分析产品产量、单位产品原材料平均单耗和原材料价格对原材料费用总额的影响。

表 7-7　某企业产品产量、单位产品原材料平均单耗和原材料价格资料

产品				原材料						
名称	计量单位	产量		名称	计量单位	单耗		单价/元	
		基期 q_0	报告期 q_1			基期 m_0	报告期 m_1	基期 p_0	报告期 p_1
甲	kg	80	90	A	kg	40	38	2.1	2.4
乙	kg	50	70	B	kg	30	26	3.8	3.9
丙	只	50	70	C	kg	5	5	5.4	5.2

根据表 7-7 的资料，整理可得表 7-8。

表 7-8　原材料费用总额计算　　　　　　　　　　　　　单位：元

产品名称	$q_0 m_0 p_0$	$q_1 m_1 p_1$	$q_1 m_0 p_0$	$q_1 m_1 p_0$
甲	6 720	8 208	7 560	7 182
乙	5 700	7 098	7 980	6 916
丙	1 350	1 820	1 890	1 890
合计	13 770	17 126	17 430	15 988

对该企业原材料费用总额的因素分析如下。

（1）计算总体变动。

$$\frac{\Sigma q_1 m_1 p_1}{\Sigma q_0 m_0 p_0} = \frac{17\,126}{13\,770} \approx 124.37\%$$

$$\Sigma q_1 m_1 p_1 - \Sigma q_0 m_0 p_0 = 17\,126 - 13\,770 = 3\,356（元）$$

结果表明，报告期产品原材料费用总额比基期增长了约24.37%，报告期产品原材料费用总额和基期相比，增加了3 356元。

（2）计算产品产量、单位产品原材料平均单耗和原材料价格的相对变动和绝对变动。

$$\frac{\Sigma q_1 m_0 p_0}{\Sigma q_0 m_0 p_0} = \frac{17\,430}{13\,770} \approx 126.58\%$$

$$\Sigma q_1 m_0 p_0 - \Sigma q_0 m_0 p_0 = 17\,430 - 13\,770 = 3\,660（元）$$

结果表明，报告期产品产量比基期增长了约26.58%，产品产量的增长使得报告期原材料费用总额增加了3 660元。

$$\frac{\Sigma q_1 m_1 p_0}{\Sigma q_1 m_0 p_0} = \frac{15\,988}{17\,430} \approx 91.73\%$$

$$\Sigma q_1 m_1 p_0 - \Sigma q_1 m_0 p_0 = 15\,988 - 17\,430 = -1\,442（元）$$

结果表明，报告期原材料平均单耗比基期下降了约8.27%，原材料平均单耗的下降使得报告期原材料费用总额降低了1 442元。

$$\frac{\Sigma q_1 m_1 p_1}{\Sigma q_1 m_1 p_0} = \frac{17\,126}{15\,988} \approx 107.12\%$$

$$\Sigma q_1 m_1 p_1 - \Sigma q_1 m_1 p_0 = 17\,126 - 15\,988 = 1\,138（元）$$

结果表明，报告期原材料价格比基期增长了约7.12%，报告期原材料价格的增长使得报告期原材料费用总额增长了1 138元。

（3）因素分析总结。

$$\frac{\Sigma q_1 m_1 p_1}{\Sigma q_0 m_0 p_0} = \frac{\Sigma q_1 m_0 p_0}{\Sigma q_0 m_0 p_0} \times \frac{\Sigma q_1 m_1 p_0}{\Sigma q_1 m_0 p_0} \times \frac{\Sigma q_1 m_1 p_1}{\Sigma q_1 m_1 p_0}$$

124.37%=126.58%×91.73%×107.12%

报告期原材料费用总额比基期增长了约24.37%，是产品产量增长约26.58%、原材料平均单耗下降了约8.27%，以及原材料价格增长了约7.12%共同造成的。

$$\Sigma q_1 m_1 p_1 - \Sigma q_0 m_0 p_0 = (\Sigma q_1 m_0 p_0 - \Sigma q_0 m_0 p_0) + (\Sigma q_1 m_1 p_0 - \Sigma q_1 m_0 p_0) + (\Sigma q_1 m_1 p_1 - \Sigma q_1 m_1 p_0)$$

$$3\,356 = 3\,660 - 1\,442 + 1\,138$$

报告期产品原材料费用总额和基期相比增加了3 356元，是产品产量增长约26.58%使得原材料费用总额增长3 660元，原材料平均单耗比基期下降约8.27%使得原材料费用总额降低1 442元，以及原材料价格增长约7.12%使得原材料费用总额增长1 138元共同造成的。

5．平均指标指数的因素分析

（1）平均指标指数因素分析的概念。这里所说的平均指标是指总体在分组的条件下，用加权算术平均法计算出的平均指标。

从综合指数的定义上可以看出，当一个总量指标可以分解成两个因素的乘积时，就可以计算每一个因素的变动对总量的影响。同样，平均指标也可以用上述方法进行分析，因为平均指标也能够分解成两个影响因素：一是各组的比重，二是各组的代表标志值。即

$$\overline{x} = \frac{\Sigma xf}{\Sigma f} = \Sigma x \frac{f}{\Sigma f} \tag{7-18}$$

例如，职工平均工资既受各类人员工资水平的影响，也受各类人员构成的影响；又如，粮食收获率既受不同地块产出水平的影响，又受不同地块面积大小的影响。

平均指标变动因素分析是在对加权算术平均数进行因素分解的基础上，运用指数体系分别测定标志水平和总体结构的变动对总平均数变动影响的方向、程度及效果，借以说明平均指标变动的具体原因。

（2）平均指标指数体系中的3个指数。平均指标指数因素分析需要建立平均指标指数体系。最基本的平均指标指数体系需要3个指数，分别是可变构成指数、固定构成指数以及结构影响指数。

① 可变构成指数。可变构成指数是指在对社会经济现象总体分组的情况下，表明总体平均指标对比程度的相对数。其计算公式为

$$K_{\overline{x}} = \frac{\overline{x}_1}{\overline{x}_0} = \frac{\Sigma x_1 f_1}{\Sigma f_1} \div \frac{\Sigma x_0 f_0}{\Sigma f_0} \tag{7-19}$$

式中：

$K_{\overline{x}}$ 为可变构成指数；

$\overline{x}_1$ 为报告期的平均数；

$\overline{x}_0$ 为基期的平均数；

x_1 为报告期各组代表标志值；

x_0 为基期各组代表标志值；

f_1 为报告期各组单位数；

f_0 为基期各组单位数。

可变构成指数反映平均指标的变动方向和程度，分子、分母之差反映平均指标增减变动的绝对额。

② 固定构成指数。固定构成指数是反映标志水平（组变量值）变动的方向、程度及对总平均数变动影响的相对数，也叫变量影响指数或标志水平指数。其计算公式为

$$K_x = \frac{\Sigma x_1 f_1}{\Sigma f_1} \div \frac{\Sigma x_0 f_1}{\Sigma f_1} \tag{7-20}$$

分析固定构成指数需要固定结构变动，且要固定在报告期。

③ 结构影响指数。结构影响指数是反映结构变动对总平均数变动影响的方向和程度的相对数，又称权重指数。其计算公式为

$$K_f = \frac{\Sigma x_0 f_1}{\Sigma f_1} \div \frac{\Sigma x_0 f_0}{\Sigma f_0} \tag{7-21}$$

分析结构变动影响需要固定标志水平变动，且要固定在基期。

（3）平均指标指数因素分析。在平均指标变动的因素分析中，将各组平均水平（固定构成）视为质量因素，将各组单位数占总体单位数的比重（结构影响）视为数量因素。利用指标体系，可以对平均指标的变动及其各因素的影响进行分析。

总平均指标指数＝固定构成指数×结构影响指数

$$\frac{\Sigma x_1 f_1}{\Sigma f_1} \div \frac{\Sigma x_0 f_0}{\Sigma f_0} = \left(\frac{\Sigma x_1 f_1}{\Sigma f_1} \div \frac{\Sigma x_0 f_1}{\Sigma f_1} \right) \times \left(\frac{\Sigma x_0 f_1}{\Sigma f_1} \div \frac{\Sigma x_0 f_0}{\Sigma f_0} \right) \tag{7-22}$$

总平均指标变动差额＝固定构成变动差额+结构影响变动差额

$$\frac{\sum x_1 f_1}{\sum f_1} - \frac{\sum x_0 f_0}{\sum f_0} = \left(\frac{\sum x_1 f_1}{\sum f_1} - \frac{\sum x_0 f_1}{\sum f_1}\right) + \left(\frac{\sum x_0 f_1}{\sum f_1} - \frac{\sum x_0 f_0}{\sum f_0}\right) \qquad (7\text{-}23)$$

【例7-6】根据表7-9的资料，对工人工资水平变动进行因素分析。

表7-9　某企业工人工资水平资料

工人类别	月工资/元		工人数/人		工资总额/元		
	x_0	x_1	f_0	f_1	$x_0 f_0$	$x_1 f_1$	$x_0 f_1$
技术工	1 740	1 860	490	500	852 600	930 000	870 000
辅助工	1 200	1 260	240	1 600	288 000	2 016 000	1 920 000
合计	—	—	730	2 100	1 140 600	2 946 000	2 790 000

为方便计算，先计算3个平均数。

$$\frac{\sum x_1 f_1}{\sum f_1} = \frac{2\,946\,000}{2\,100} \approx 1\,402.86 \text{（元）}$$

$$\frac{\sum x_0 f_0}{\sum f_0} = \frac{1\,140\,600}{730} \approx 1\,562.47 \text{（元）}$$

$$\frac{\sum x_0 f_1}{\sum f_1} = \frac{2\,790\,000}{2\,100} \approx 1\,328.57 \text{（元）}$$

① 工人总平均工资指数。

$$\frac{\sum x_1 f_1}{\sum f_1} \div \frac{\sum x_0 f_0}{\sum f_0} = \frac{1\,402.86}{1\,562.47} \approx 89.78\%$$

$$\frac{\sum x_1 f_1}{\sum f_1} - \frac{\sum x_0 f_0}{\sum f_0} = 1\,402.86 - 1\,562.47 = -159.61 \text{（元）}$$

结果表明，报告期工人的平均工资比基期降低了约10.22%，报告期工人的平均工资和基期相比降低了159.61元。

② 固定构成指数和结构影响指数。

固定构成指数：

$$\frac{\sum x_1 f_1}{\sum f_1} \div \frac{\sum x_0 f_1}{\sum f_1} = \frac{1\,402.86}{1\,328.57} \approx 105.59\%$$

$$\frac{\sum x_1 f_1}{\sum f_1} - \frac{\sum x_0 f_1}{\sum f_1} = 1\,402.86 - 1\,328.57 = 74.29 \text{（元）}$$

结构影响指数：

$$\frac{\sum x_0 f_1}{\sum f_1} \div \frac{\sum x_0 f_0}{\sum f_0} = \frac{1\,328.57}{1\,562.47} \approx 85.03\%$$

$$\frac{\sum x_0 f_1}{\sum f_1} - \frac{\sum x_0 f_0}{\sum f_0} = 1\,328.57 - 1\,562.47 = -233.90 \text{（元）}$$

③ 因素分析总结。

$$\frac{\sum x_1 f_1}{\sum f_1} \div \frac{\sum x_0 f_0}{\sum f_0} = \left(\frac{\sum x_1 f_1}{\sum f_1} \div \frac{\sum x_0 f_1}{\sum f_1}\right) \times \left(\frac{\sum x_0 f_1}{\sum f_1} \div \frac{\sum x_0 f_0}{\sum f_0}\right)$$

89.78%≈105.59%×85.03%

报告期工人的平均工资比基期降低了约10.22%，是由报告期工人的工资变化使得平均工资增长约 5.59%，以及报告期工人的结构变化使得平均工资降低约 14.97% 共同造成的。

$$\frac{\Sigma x_1 f_1}{\Sigma f_1} - \frac{\Sigma x_0 f_0}{\Sigma f_0} = \left(\frac{\Sigma x_1 f_1}{\Sigma f_1} - \frac{\Sigma x_0 f_1}{\Sigma f_1} \right) + \left(\frac{\Sigma x_0 f_1}{\Sigma f_1} - \frac{\Sigma x_0 f_0}{\Sigma f_0} \right)$$

$-159.61 = 74.29 - 233.90$

报告期工人的平均工资比基期降低了 159.61 元，是由报告期工人的工资变化使得平均工资增长 74.29 元，以及报告期工人的结构变化使得平均工资降低 233.90 元共同造成的。

❋ 五、实训：用 Excel 进行统计指数的计算

实训项目： 用 Excel 进行统计指数的计算。

实训目的： 通过实训，掌握运用 Excel 进行统计指数的计算并进行因素分析。

实训内容和操作步骤如下。

某商业企业商品价格和销售量资料如表 7-10 所示，要求运用 Excel 计算总指数、物量指数及价格指数。

操作步骤如下。

第一步，启动 Excel 2003，新建一个工作簿 Book 1。

表 7-10　某商业企业商品价格和销售量资料

商品名称	计量单位	商品价格/元		商品销售量	
		2016 年	2017 年	2016 年	2017 年
手套	双	22.0	19.8	120	120
玩具	个	11.0	11.0	220	240
日记本	本	4.0	3.8	110	131

第二步，在工作簿 Book1 上输入表 7-12 中的数据资料，并增加 $p_0 q_0$、$p_1 q_1$、$p_0 q_1$ 这 3 项，如图 7-1 所示。

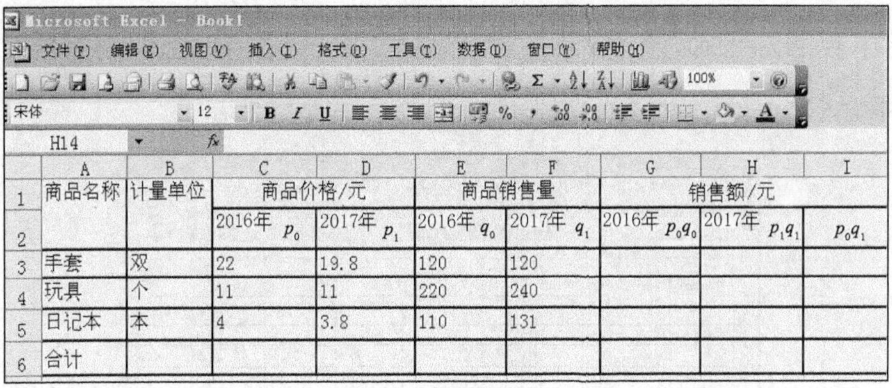

图 7-1　输入数据

第三步，计算销售额。在 G3 单元格中输入 "=C3*E3"（输入公式时不要忘记等号），按 Enter 键即可得到第一组数值。其他组利用 "填充" 功能，即选定 G3 单元格按住鼠标左键拖至 G5 单元格，即可得到其他组的数值。在 H3 单元格中输入 "=D3*F3"，按照前述方法计算 $p_1 q_1$。在 I3 单元格中输入 "=C3*F3"，按照前述方法计算 $p_0 q_1$，如图 7-2 所示。

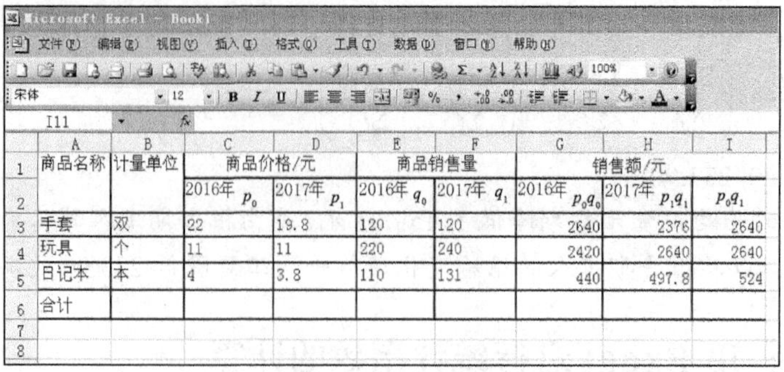

图 7-2　计算销售额

第四步，在不需要数据计算的栏里填上"—"，分别计算 $\Sigma p_0 q_0$、$\Sigma p_1 q_1$、$\Sigma p_0 q_1$。选定 G6 单元格，单击 Σ，按 Enter 键即可得到 $\Sigma p_0 q_0$。$\Sigma p_1 q_1$ 与 $\Sigma p_0 q_1$ 按同样方法操作，结果如图 7-3 所示。

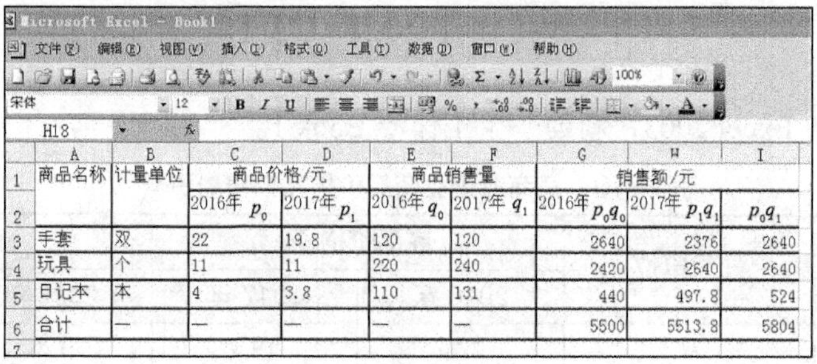

图 7-3　销售额汇总结果

第五步，计算 3 种商品的销售额总指数，$k_{pq} = \dfrac{\Sigma p_1 q_1}{\Sigma p_0 q_0}$，在 E9 单元格中输入 "=H6/G6"，按 Enter 键即可得到结果；计算 3 种商品的物价总指数，$k_p = \dfrac{\Sigma p_1 q_1}{\Sigma p_0 q_1}$，在 E12 单元格中输入 "=H6/I6"，按 Enter 键即可得到结果；计算 3 种商品的销售量总指数，$k_q = \dfrac{\Sigma p_0 q_1}{\Sigma p_0 q_0}$，在 E15 单元格中输入 "=I6/G6"，按 Enter 键即可得到结果，如图 7-4 所示。

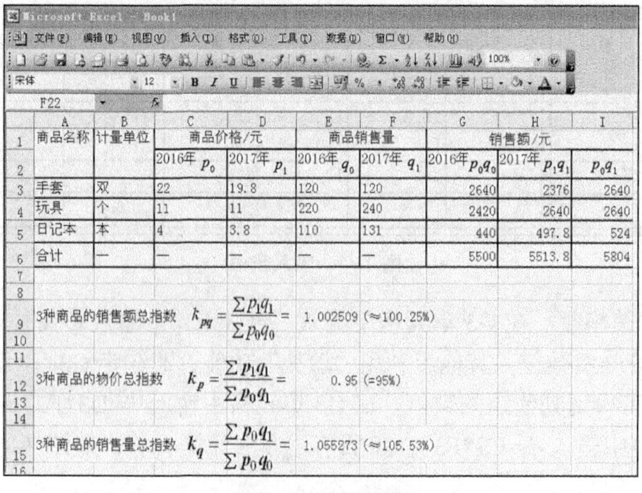

图 7-4　计算结果

第六步，进行因素分析说明。本例中，3 种商品的销售额上涨了约 0.25%，是由价格下降了 5%和销售量上升了约 5.53%共同造成的；销售额增加了 13.8 元，是由价格下降使得销售额减少 290.2 元和销售量上升使得销售额增加 304 元共同造成的。

任务小结

本任务主要介绍的是狭义的统计指数，是指不能直接加总对比的复杂社会经济现象总体综合变动的相对数。统计指数可以综合反映社会经济现象总体在数量上的变动方向和程度，分析社会经济现象总变动中各因素的影响方向和影响程度，测定社会经济现象的长期发展变化趋势。

编制综合指数要明确两个概念：一是指数化因素，即被研究的对象；二是同度量因素，即在编制综合指数时，将不能直接相加的因素转化为可以直接相加的量的媒介因素，它具有过渡、媒介或权数作用。同度量因素确定原则：在编制数量指标综合指数时，要把同度量因素固定在基期的质量指标上；在编制质量指标时，要把同度量因素固定在报告期的数量指标上。

平均指数的编制要比综合指数灵活。平均指数有两种计算方法：一是加权算术平均指数，二是加权调和平均指数。实际应用中要根据掌握的实际资料加以确定。

平均指标指数是对平均指标计算的指数。平均指标是指总体在分组的条件下，用加权算术平均法计算出来的平均指标。对于平均指标来讲，也可以像综合指标一样进行指数分析，因为平均指标也能够分解成两个影响因素：一是各组的比重，即权数，二是各组的代表标志值。平均指标指数包括可变构成指数、结构影响指数和固定构成指数等。

指数体系的作用主要表现在两个方面：一是可以进行指数间的相互推算，即根据指数体系中各指数之间的相互关系，可以从已知的两个指数推算出另一个指数；二是可进行因素分析，通过因素分析可以测定和分析各影响因素的变动对总变动的影响方向和程度以及影响的绝对额。

案例阅读

居民消费价格指数

习题与实训

一、单选题

1. 在统计实践中，通常人们所说的指数一词的含义指的是（　　　）。
   A. 广义的指数概念
   B. 狭义的指数概念
   C. 广义和狭义的指数两种概念
   D. 拉氏和帕氏指数的概念

2. 从指数包括的范围不同，可以把它分为（　　　）。
   A. 个体指数和总指数
   B. 简单指数和加权指数
   C. 动态指数和静态指数
   D. 定基指数和环比指数

3. 由两个总量指标对比形成的指数一般情况是（　　　）。
   A. 个体指数　　　　B. 综合指数　　　　C. 平均指标指数　　D. 可变指数

4. 由两个平均指标对比形成的指数是（　　　）。
   A. 平均指数　　　　B. 个体指数　　　　C. 平均指标指数　　D. 综合指数

5. 按个体价格指数和报告期销售额计算的价格指数是（　　　）。

  A. 平均指标指数　 B. 加权算术平均指数

  C. 综合指数　 D. 加权调和平均指数

6. 按个体产量指数和基期总产值计算的产量指数是（　　　）。

  A. 综合指数　 B. 加权算术平均指数

  C. 平均指标指数　 D. 加权调和平均指数

7. 由 3 个指数组成的指数体系中，两个因素指数的同度量因素通常（　　　）。

  A. 都固定在基期

  B. 都固定在报告期

  C. 一个固定在基期，另一个固定在报告期

  D. 采用基期和报告期的平均

8. 加权算术平均指数可变形为综合指数所用的特定权数是（　　　）。

  A. 基期总额　 B. 报告期总额　 C. 固定权数　 D. 假定期总额

9. 加权调和平均指数可变形为综合指数所用的特定权数是（　　　）。

  A. 固定权数　 B. 报告期总额　 C. 基期总额　 D. 假定期总额

10. 拉氏指数所采用的同度量因素是固定在（　　　）。

  A. 基期　 B. 报告期　 C. 假定期　 D. 任意时期

11. 某商场今年与去年相比，销售量增加了 8%，销售额增加了 10%，则销售价格提高了（　　　）。

  A. 9.5%　 B. 109.5%　 C. 1.85%　 D. 1.25%

12. 某企业 2017 年的产量比 2016 年增长了 13.6%，生产费用增加了 12.9%，则该企业年产品成本（　　　）。

  A. 减少了 0.62%　 B. 增加了 0.62%　 C. 减少了 0.7%　 D. 增加了 0.7%

13. 数量指标指数的同度量因素一般是（　　　）。

  A. 基期质量指标　 B. 报告期质量指标

  C. 基期数量指标　 D. 报告期数量指标

14. 质量指标指数的同度量因素一般是（　　　）。

  A. 基期质量指标　 B. 报告期质量指标

  C. 基期数量指标　 D. 报告期数量指标

15. 统计指数是一种反映现象变动的（　　　）。

  A. 绝对数　 B. 相对数　 C. 平均数　 D. 平均发展水平

16. 副食品类商品价格上涨 10%，销售量增长 20%，则副食品类商品销售总额增长（　　　）。

  A. 30%　 B. 32%　 C. 2%　 D. 10%

17. 如果物价上涨 10%，则现在的 1 元（　　　）。

  A. 只是原来的 0.09 元　 B. 与原来的 1 元等价

  C. 无法与过去进行比较　 D. 只是原来的 0.91 元

18. 某企业 2017 年比 2016 年产量增长了 10%，产值增长了 20%，则产品的价格提高了（　　　）。

  A. 10%　 B. 30%　 C. 100%　 D. 9.09%

19. 某厂 2016 年产品单位成本比去年提高了 6%，产品产量指数为 96%，则该厂总成本（　　　）。

A. 提高了 1.76%　　B. 提高了 1.9%　　C. 下降了 4%　　D. 下降了 6.8%

20. 销售价格综合指数表示（　　　）。

　　A. 综合反映多种商品销售量变动程度

　　B. 综合反映多种商品销售额变动程度

　　C. 报告期销售的商品，其价格综合变动程度

　　D. 基期销售的商品，其价格综合变动程度

21. 反映物量变动水平的指数是（　　　）。

　　A. 数量指标指数　　　B. 综合指数　　　C. 个体指数　　　D. 质量指标指数

22. 下列是数量指标指数的有（　　　）。

　　A. 产品产量指数　　　　　　　　B. 原材料单耗指数

　　C. 价格指数　　　　　　　　　　D. 产品成本指数

23. 商品销售额的增加额为 400 元，由于销售量增加使销售额增加 410 元，以及价格（　　　）。

　　A. 增长使销售额增加 10 元　　　　B. 增长使销售额增加 205 元

　　C. 降低使销售额减少 10 元　　　　D. 降低使销售额减少 205 元

24. 某厂生产费用比去年增长 50%，产量比去年增长 25%，则单位成本比去年上升（　　　）。

　　A. 25%　　　　　　B. 37.5%　　　　C. 20%　　　　D. 12.5%

25. 某地区居民以同样多的人民币，在 2017 年比在 2016 年少购买 5%的商品，则该地的物价上涨了（　　　）。

　　A. 5%　　　　　　B. 37.5%　　　　C. 20%　　　　D. 12.5%

二、判断题

1. 在实际应用中，计算价格综合指数需要采用基期数量指标为同度量因素。　（　　　）

2. 分析复杂现象总体的数量变动时，若研究的是数量指标的变动，则选择的同度量因素是数量指标。　（　　　）

3. 在特定的权数条件下，综合指数与平均指数有变形关系。　（　　　）

4. 算术平均指数是通过数量指标个体指数，以基期的价值量指标为权数，进行加权平均得到的。　（　　　）

5. 设 p 表示单位成本，q 表示产量，则 $\Sigma p_1 q_1 - \Sigma p_0 q_1$ 表示产品单位成本的变动对总产量的影响。　（　　　）

6. 可变指数既包含各组水平变动对总体平均数的影响，又包含结构变动对总体平均数的影响。　（　　　）

7. 平均指标因素分析建立的指数体系由 3 个指数构成，即可变构成指数、固定构成指数和结构变动影响指数。　（　　　）

8. 同度量因素不能作为权数。　（　　　）

9. 从指数化指标的性质来看，单位成本指数是数量指标指数。　（　　　）

10. 如果各种商品价格平均上涨 5%，销售量平均下降 5%，则销售额指数不变。　（　　　）

11. 统计指数是综合反映社会经济现象总体变动方向及变动幅度的相对数。　（　　　）

12. 综合指数就是由两个不同时期的综合指标对比形成的。 （　　）

13. 如果一个指数的同度量因素是数量指标，则这个指数就是数量指标指数。

（　　）

14. 拉氏指数的同度量因素的时期固定与数量指标指数和质量指标指数的时期固定是一样的。 （　　）

15. 某地区零售物价指数为117%，则用同样多的人民币比以前少购买17%的商品。

（　　）

16. 若销售量增长10%，价格下降10%，则销售额不变。 （　　）

17. 一般来说，平均指标指数不仅能反映现象变动的方向和程度，还能用于对现象进行因素分析。 （　　）

18. 平均指标指数是两个平均指标对比而得到的相对数。 （　　）

19. 平均指标指数也是编制总指数的一种重要形式，有它的独立应用意义。 （　　）

20. 因素分析包括相对数和平均数分析。 （　　）

三、多选题

1. 编制综合指数时，同度量因素的作用有（　　）。

  A. 平衡作用　　　　B. 同度量作用　　C. 权数作用

  D. 抽象化作用　　　E. 比较作用

2. 平均指数是（　　）。

  A. 两个不同时期的平均数相比的相对数　　B. 总指数

  C. 个体指数的加权平均数　　　　　　　　D. 综合指数的变形

  E. 某些场合下具有独特意义的总指数

3. 某地区2017年工业增加值（用2006年不变价格计算）为2016年工业增加值（用同一不变价格计算）的112%，这个指数是（　　）。

  A. 总产量总指数　　B. 数量指标总指数

  C. 总产值总指数　　D. 动态指数

  E. 质量指标指数

4. 某企业今年3种不同产品的实际产量为计划产量的108.2%，这个指数是（　　）。

  A. 个体指数　　　　B. 总指数　　　　C. 数量指标指数

  D. 静态指数　　　　E. 质量指标指数

5. 质量指标指数有（　　）。

  A. 产品成本指数　　B. 农副产品收购价格指数

  C. 劳动生产率指数　D. 商品销售额指数

  E. 产品产量指数

6. 我国零售商品物价指数是（　　）。

  A. 平均指数　　　　B. 综合指数　　　C. 综合指数的变形

  D. 调和平均指数　　E. 动态指数

7. 指数的作用是（　　）。

  A. 综合反映复杂现象总体数量上的变动情况

  B. 分析现象总体变动中受各个因素变动的影响

  C. 反映现象总体各单位变量分布的集中趋势

D. 反映现象总体的总规模水平

E. 利用指数数列分析现象的发展趋势

8. 下列属于质量指标指数的是（　　　）。

A. 商品零售量指数

B. 商品零售额指数

C. 商品零售价格指数

D. 职工劳动生产率指数

E. 销售商品计划完成程度指数

9. 编制总指数的方法有（　　　）。

A. 综合指数　　　B. 平均指数　　　C. 质量指标指数

D. 数量指标指数　　E. 平均指标指数

10. 加权算术平均指数是一种（　　　）。

A. 综合指数　　　　B. 总指数　　　　C. 平均指数

D. 个体指数加权平均数　　　　　E. 质量指标指数

11. 可变构成指数的意义及公式是（　　　）。

A. 反映结构变化和各总体单位标志水平变化的影响

B. $\left(\Sigma x_0 \dfrac{f_1}{\Sigma f_1}\right) \div \left(\Sigma x_0 \dfrac{f_0}{\Sigma f_0}\right)$

C. $\bar{x}_1 / \bar{x}_0$

D. $\dfrac{\Sigma x_1 f_1}{\Sigma f_1} \div \dfrac{\Sigma x_0 f_0}{\Sigma f_0}$

E. $\bar{x}_n / \bar{x}_0$ （注：$\bar{x}_n = \dfrac{\Sigma x_0 f_1}{\Sigma f_1}$ ）

12. 固定构成指数的含义包括（　　　）

A. 反映各总体单位标志水平的综合变动

B. 是变量影响指数

C. 同度量因素在基期

D. 属于平均数权重的变化

E. 反映结构变动对平均数的影响

13. 编制综合指数的要点包括（　　　）。

A. 引入同度量因素

B. 确定指数化因素

C. 固定同度量因素的时期

D. 选择指数编制方法

E. 明确指数的经济意义

14. 适用于非全面资料编制的总指数有（　　　）。

A. 可变组成指数　　B. 固定构成指数　C. 结构影响指数

D. 加权算术平均指数 E. 加权调和平均指数

15. 指数体系的基本含义（基本原理）包括（　　　）。

A. 若干因素指数连乘等于实际总变动指数

B. 因素指数等于各因素指数的几何平均数

C. 若干因素影响的绝对额之和等于实际总变动

D. 因素指数分子与分母之差等于各因素指数分子与分母之差的乘积

E. 因素指数分子与分母之差等于各因素指数分子与分母之差的代数和

四、计算题

1. 某厂 2020 年比 2019 年产量增加 10%，单位产品材料消耗下降 5%，材料单价上涨 8%。如果 2019 年原材料费用总额为 150 万元。

要求：计算材料消耗量指数、原材料总费用指数、2020 年的原材料总费用比 2019 年的增加额。

2. 已知某地区两种商品销售量及价格资料如表 7-11 所示。

表 7-11　某地区两种商品销售量及价格资料

商品	单位	销售量		价格/元	
		基期	报告期	基期	报告期
甲	件	2 000	2 200	10.0	10.5
乙	套	5 000	6 000	6.0	5.5

要求：计算销售量指数、价格指数，并做因素分析。

3. 已知某企业两种产品产量和成本资料如表 7-12 所示。

要求：计算该企业产量总指数、单位成本总指数以及总成本指数。

表 7-12　某企业两种产品产量和成本资料

产品	单位	产量		单位成本/元	
		基期	报告期	基期	报告期
甲	件	2 000	3 000	100	95
乙	台	1 000	1 800	300	250

4. 某公司下属两个企业有关资料如表 7-13 所示。

要求：对公司产品的总平均成本的变动进行因素分析。

表 7-13　某公司下属两个企业有关资料

企业	产量/万件		单件成本/元	
	基期	报告期	基期	报告期
甲	10	15	2.5	2.4
乙	10	25	2.2	2.0

5. 某企业产品生产情况如表 7-14 所示。

表 7-14　某企业产品生产情况

产品	基期总产值/元	报告期总产值/元	产量增长率/%
甲	240	300	10.0
乙	400	420	5.8
丙	800	880	9.4

要求：计算产量总指数、价格总指数、产值总指数，并分析产量和价格变动对总产值变动的影响程度和影响额。

6. 某地近两年粮食生产情况（播种面积、单位面积产量和粮食单价）如表 7-15 所示。

要求：对产值变动的原因进行分析。

表 7-15　某地近两年粮食生产情况

粮食作物	播种面积/亩		单位面积产量/千克		粮食单价/元	
	基期	报告期	基期	报告期	基期	报告期
甲	1 000	1 200	400	500	2.0	3.0
乙	700	600	320	400	1.5	2.0
丙	500	300	250	300	1.0	1.6

7. 某企业工人月平均工资资料如表 7-16 所示。

要求：计算并分析该企业总平均工资的变动原因。

表 7-16　某企业工人月平均工资资料

工人类别	工人数/人		平均工资/元	
	基期	报告期	基期	报告期
技术工	300	400	700	750
辅助工	200	600	400	450
合计	500	1 000	—	—

8. 某市各类商品零售价格指数和权数如表 7-17 所示。

要求：计算零售价格总指数。若报告期零售额比基期增长 13.8%，则零售量增长了多少？

表 7-17　某市各类商品零售价格指数和权数

类别	指数/%	权数/%
食品类	108.5	48
衣着类	103.4	18
日用品类	106.3	13
文化娱乐用品	109.5	8
医疗保健	110.4	3
居住	107.6	4
交通通信	108.4	4
其他类	104.5	2

五、实训练习

根据表 7-18 所示资料，用 Excel 计算总指数、物量指数及物价指数，并对计算结果进行分析。

表 7-18　某企业商品销售量和价格资料

品名	计量单位	销售量		价格/元	
		基期	报告期	基期	报告期
A	条	200	260	30	35
B	个	100	180	50	50
C	件	300	220	18	22

任务八

抽样推断

🛒 | 学习目标

知识目标

1. 了解抽样推断的概念、特点和作用。
2. 理解抽样推断的一般原理。
3. 掌握纯随机抽样组织方式下抽样误差和样本容量的计算方法。

能力目标

1. 能够熟练地运用区间估计进行抽样推断。
2. 能够按照可靠性和准确性要求确定必要的样本容量。

素养目标

1. 传承红色精神，培养家国情怀。
2. 培养一丝不苟、精益求精的精神。

🛒 知识结构图

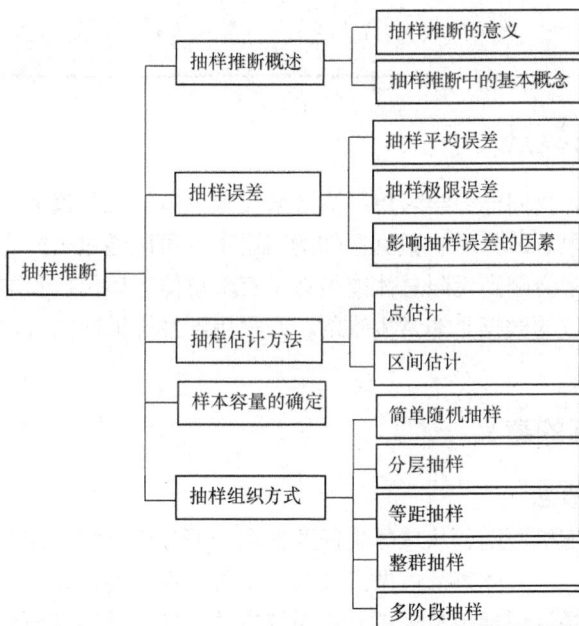

🔧 任务导入

德军有多少辆坦克?

第二次世界大战期间,盟军非常想知道德军总共制造了多少辆坦克。德国人在制造坦克时是墨守成规的,他们把坦克从1开始进行连续编号。在战争过程中,盟军缴获了一些德军坦克,并记录了它们的生产编号。那么怎样利用这些号码来估计坦克总数呢?在这个问题中,总体参数是未知的坦克总数 N,而缴获坦克的编号则是样本。

假设我们是盟军手下负责解决这个问题的统计人员。制造出来的坦克总数肯定大于等于记录的最大编号。为了找到它比最大编号大多少,先找到被缴获坦克编号的平均值,并认为这个值是全部编号的中点。因此,样本均值乘以2就是总数的一个估计;当然,要特别假设缴获的坦克代表了所有坦克的一个随机样本。这种估计 N 的公式的缺点是不能保证均值的2倍一定大于记录的最大编号。

N 的另一个估计公式是用观测到的最大编号乘以因子 $1+1/n$,其中,n 是被俘虏坦克数。假如俘虏了10辆坦克,其中最大编号是50,那么坦克总数的一个估计是 $(1+1/10)\times50=55$。此处认为坦克的实际数略大于最大编号。

从战后发现的德军记录来看,盟军的估计值非常接近德军生产的坦克的真实值。记录仍然表明统计估计比通常通过其他情报方式做出的估计更接近真实数目。

在前面的任务中,我们学习了计算综合指标来反映总体的数量特征。然而,在社会经济统计中,经常遇到不可能全面调查和没必要全面调查的情况。当遇到这些情况时,通常采用抽样调查,即用样本资料来估计和判断总体的数量特征,以达到对现象总体的认识。但应该采用什么样的方式和方法来抽取样本?抽多少单位数组成样本?怎么来控制抽样误差?这些问题都是在实际工作中必须考虑的。本任务将具体讨论这些问题。

相关知识

❋ 一、抽样推断概述

在前面的任务中，我们已经学习用平均数来反映总体的集中趋势，通过标准差来反映总体的离散程度。在有限总体且所有数据已知的情况下，可以通过公式将这些指标计算出来。但在统计实践中，经常会碰到无限总体或虽然是有限总体但单位数目非常巨大的情况，这时想要获知所有总体单位的数据是非常困难的，必须用到抽样推断的方法。本任务将详细介绍抽样推断的相关理论。

（一）抽样推断的意义

1．抽样推断的概念

抽样推断是依据随机原则，从总体中任意抽取一部分单位组成样本进行调查，并依据样本资料计算的特征值，对总体特征值做出具有一定可靠程度的估计，以达到认识总体数量特征的目的。抽样推断是认识现象总体的一种重要方法，在统计调查研究活动中被广范应用。

所谓抽样，就是从统计总体中随机抽选一部分单位构成样本，其目的是以样本的指标数值去推断总体的指标数值。例如，要了解消费者对公司产品的使用意见，就可以从消费者群体中抽取一部分消费者，了解他们的意见，再据此推断出整个消费者群体对公司产品的使用意见。又如，根据对1%电风扇使用寿命的检验，对全部电风扇的使用寿命做出推断；根据部分居民家庭的生活状况调查资料，推算全部居民家庭生活的实际水平等，都是抽样推断。

微课

收视率调查

2．抽样推断的特点

（1）以部分特征推断整体特征。抽样推断是以抽样调查为基础，抽样调查以抽选总体里的部分单位为调查对象，来自总体的部分单位包含总体分布的信息，适当且有效地利用这些信息，就能够以部分单位的特征推断整体相应的特征。抽样调查是手段，抽样推断是目的，即通过对部分单位的研究，达到认识整体现象的目的。

（2）按随机原则抽选被调查单位。抽样调查在总体中抽取部分单位组成样本时必须遵循随机原则，该原则要求在抽取样本单位时，必须随机（非主观）地对待每一单位，使总体中的每一个单位都有同等的被抽取的可能性，即保证各单位被抽取的机会均等。

（3）抽样误差可以事先计算与控制。用抽样调查得到的资料去推算总体时，一定会有误差，但由于抽样调查是按随机原则抽取样本的，所以抽样误差可以事先计算，而且可以采取措施使其控制在一定范围内，这样可以使抽样推断达到一定的可靠程度。因此，抽样推断比其他调查方法更具科学性。其他调查方法，有的虽然也能用部分单位的数值去估计总体数值，但估计误差是无法计算的，当然也就不能说明估计的准确程度和可靠程度。

3．抽样推断使用的场合

因为抽样推断具有节省人力、费用、时间，能够提高调查的经济效果和时效性，提高调查资料准确程度等诸多优点，所以抽样推断在社会经济统计中应用非常广泛。它主要应用于以下场合。

（1）用于不可能进行全面调查的无限总体。无限总体是指总体中所包括的总体单位数是无限的。例如，连续大量生产的小件产品，其总产量是无限的；森林中树木的数量、水库中鱼的数量也都认为是无限的。对于这类无限总体，统计上无法进行全面调查了解，就只有借助抽样推断的方法来估计总体的数量。

（2）用于属于破坏性或消耗性的产品质量检查。工业生产中检验某些产品的质量时，常常会有破坏性或消耗性。如灯泡的使用寿命检验、电视机的抗震能力检验等具有破坏性。而罐头食品、烟酒的质量品尝等，属于消耗性的质量检验。这些都不宜进行全面调查，需要利用抽样推断来了解这类产品的质量。

（3）用于某些不必要进行全面调查的现象。有时对某些社会经济现象虽然可以进行全面调查，但耗费太大，又不能及时取得所需的统计资料，这时也要借助抽样调查。例如，对职工家庭生活进行调查，就没有必要对所有职工家庭进行调查，有抽样调查的资料一般就可以满足管理或研究的需要。

（4）抽样调查的结果可以对全面调查的结果进行检查和修正。全面调查涉及面宽，工作量大，参加人员多，调查结果容易出现差错。因此，在全面调查之后进行抽样复查，根据复查结果计算差错率，并以此为依据检查和修正全面调查结果，从而提高全面调查的质量。

（5）用于工业生产过程的质量控制。在工业产品成批或大量连续生产过程中，利用抽样调查可以检验生产过程是否失控，从而找出影响因素，便于及时采取措施，保证生产质量的稳定，防止不必要的损失。

（6）对某些总体的假设进行真伪判断，为决策提供依据。事物的发展变化是复杂的，往往有随机性和不确定性，借助抽样推断，可以对某些未知总体的假设进行真伪判断，以此获得比较正确的决策。例如，工厂设计出某种新工艺或新配方，对其推广使用是否有显著性的效果，可以做出某种假设并确定接受或拒绝的标准，然后应用抽样调查加以检验，并在行动上做出抉择，从而获得正确的决策。

（二）抽样推断中的基本概念

1．全及总体和抽样总体

（1）全及总体。全及总体是指进行抽样调查时所要调查研究的事物或现象的全体，是由调查对象内的所有单位组成的，简称总体。全及总体的单位数用 N 表示，如要研究某学校 12 000 名学生的学习情况，则该校 12 000 名学生就构成全及总体。全及总体是样本所赖以抽取的母体。对于某一个具体问题来说，全及总体是唯一确定的。

微课

总体、个体、样本及样本容量

（2）抽样总体。抽样总体是指在全及总体中按随机原则抽取的部分单位所构成的整体，简称样本或子样。例如，从全校 12 000 名学生中随机抽取 100 名学生进行身体健康状况调查，这 100 人即构成一个抽样总体。抽样总体的单位数称为样本容量，通常用字母 n 表示。一般来说，样本容量 n 远小于总体单位数 N，也就是说，n/N 一般是一个很小的正数。在抽样调查中，$n \geq 30$ 的样本属于大样本，$n < 30$ 的样本属于小样本。抽样总体不是唯一确定的，因为从全及总体 N 中抽取容量为 n 的样本（当 $n \leq N$ 时）有多种组合。

2．总体指标和样本指标

（1）总体指标。总体指标是根据全及总体各单位的标志值或标志特征计算的，反映全及总体某种属性的综合指标，也称全及指标。全及总体是唯一确定的，根据全及总体计算的总体指标也是唯一确定的，如上例中 12 000 名学生的平均年龄、平均体重，贫困生所占比例等，都是总体指标。

（2）样本指标。样本指标是根据抽样总体各单位的标志值或标志特征计算的综合指标，也称样本统计量或抽样指标。由于可以从一个全及总体中抽取许多个不同的样本，不同的样本其分布结构也会有差异，样本指标的数值也就不同，所以样本指标的数值不是唯一确定的。实际上，样本指标是样本变量的函数，它本身也是随机变量。例如，根据从全校 10 000 名学生中抽取出来的 100 名学生的调查资料计算得到的健康指标，就是一个样本指标。

在抽样推断中，要用到总体和样本的单位数、平均数、标准差、方差、成数等指标，如表 8-1 所示。

表 8-1　总体指标和样本指标

指标	总体	样本
单位数	N	n
平均数	$\overline{X} = \dfrac{\Sigma X}{N}$	$\overline{X} = \dfrac{\Sigma X}{n}$ 或 $\dfrac{\Sigma xf}{\Sigma f}$
标准差	$\sigma_X = \sqrt{\dfrac{\Sigma\left(X-\overline{X}\right)^2}{N}}$	$s_x = \sqrt{\dfrac{\Sigma\left(x-\overline{x}\right)^2}{n}}$ 或 $\sqrt{\dfrac{\Sigma\left(x-\overline{x}\right)^2 f}{\Sigma f}}$
方差	$\sigma_X{}^2 = \dfrac{\Sigma\left(X-\overline{X}\right)^2}{N}$	$s_X{}^2 = \dfrac{\Sigma\left(X-\overline{X}\right)^2}{n}$ 或 $\dfrac{\Sigma\left(x-\overline{x}\right)^2 f}{\Sigma f}$
成数	$P = \dfrac{N_1}{N}$	$P = \dfrac{n_1}{n}$
成数标准差	$\sigma_P = \sqrt{P(1-P)}$	$s_p = \sqrt{p(1-p)}$
成数方差	$\sigma_P{}^2 = P(1-P)$	$s_p{}^2 = pq = P(1-P)$

（3）重复抽样和不重复抽样。从全及总体中抽取样本单位有重复抽样和不重复抽样两种抽样方法。

重复抽样是把已经抽取出来的单位，再放回全及总体中继续参加下一次的抽取，直到抽取 n 个总体单位。这种方法在每一次抽样时，全及总体都保持相同的单位数目（N），全及总体每一个单位在每一次抽取时被抽中的概率都相等（均为 $1/N$），全及总体中每一个单位有若干次被抽中的可能性，这样组成的样本的总体单位可能会出现重复。

不重复抽样是把已经抽取出来的单位，不再放回全及总体中，依次抽取，直到抽取 n 个总体单位。这种方法在每一次抽样时，全及总体的单位数目都会比上一次少一个，全及总体每一个单位在每一次抽取时被抽中的概率都不相等，全及总体中每一个单位至多有一次被抽中的可能性，这样组成的样本的总体单位不会出现重复。

样本可能数目的计算公式如表 8-2 所示。

表 8-2　样本可能数目的计算公式

类别	不重复抽样	重复抽样
考虑顺序	$\dfrac{N}{(N-n)!}$	N^n
不考虑顺序	$\dfrac{N!}{n!(N-n)!}$	C_{N+n-1}^{n}

【例 8-1】从 A、B、C、D 这 4 人中随机抽两人作为样本，则

考虑顺序的不重复抽样：$\dfrac{N!}{(N-n)!} = \dfrac{4!}{(4-2)!} = 12$（个）

考虑顺序的重复抽样：$N^n = 4^2 = 16$（个）

不考虑顺序的不重复抽样：$\dfrac{N!}{n!(N-n)!} = \dfrac{4!}{2!(4-2)!} = 6$（个）

不考虑顺序的重复抽样：$C_{N+n-1}^n = C_{4+2-1}^2 = \dfrac{5 \times 4}{2 \times 1} = 10$（个）

可见，重复抽样与不重复抽样除总体中每一个单位在每一次抽取时被抽中的概率有差别之外，组成的样本可能数目也是不同的。在实际中，一般采用考虑顺序的重复抽样方法和不考虑顺序的不重复抽样方法抽取样本。

✳ 二、抽样误差

用样本指标来估计总体指标是否可行，关键问题在于抽样误差。抽样误差的大小表明抽样效果的好坏，如果误差超过了允许的限度，抽样调查也就失去了意义，所以有必要对此加以专门讨论。

抽样误差是指由于随机抽样的偶然因素使样本各单位的结构不足以代表总体各单位的结构，引起样本指标和总体指标之间的绝对离差，如样本平均数与总体平均数的绝对离差、样本成数与总体成数之间的绝对离差等。例如，某班级 100 名学生中有 60 名男同学和 40 名女同学，现在随机抽取 10 名同学为样本，由于随机的原因未必都能抽到 6 名男同学和 4 名女同学，使得利用样本计算的性别比例指标不能代表班级同学的性别比例指标，而使样本指标与总体指标之间存在绝对离差，这就是抽样误差。

抽样误差来源可以有多种。抽样误差不同于登记误差。登记误差是指在调查过程中由观察、测量、登记、计算上的差错引起的误差，是所有统计调查都可能发生的。抽样误差不是由调查失误引起的，是随机抽样所特有的误差。

虽然抽样误差是一种代表性误差，但并不是所有代表性误差都是抽样误差。由于违反抽样调查随机原则，有意地抽选较好或较差的单位进行调查，这种系统性原因造成的样本代表性不足所引起的误差称为系统误差。系统误差和登记误差都属于思想、作风、技术问题，是可以避免的；而抽样误差则是不可避免、难于消灭的，只能加以控制。

（一）抽样平均误差

1. 抽样平均误差的概念

抽样误差描述了具体样本指标与总体指标之间的离差绝对数。在用样本指标估计相应的总体指标时，抽样误差可以反映估计的准确程度。由于抽样误差是随机变量，具有取值的多样性和不确定性特点，因而不能以它的某一个样本的具体误差数值来代表所有样本与总体之间的平均误差，这就产生了如何用一个指标来衡量抽样误差平均水平的问题。抽样平均误差就是反映抽样误差平均水平的指标，用 μ 表示。

抽样平均误差，是所有可能出现的样本指标（平均数或成数）的标准差，是由抽样的随机性产生的样本指标与总体指标之间的平均离差。人们所说的抽样误差可以事先计算和控制，是针对抽样平均误差而言的。抽样平均误差是用抽样指标推断总体抽样平均误差，与抽样方法和抽样组织方式有直接关系。抽样方法和抽样组织方式不同，计算抽样平均误差的公式也不同。

通常用抽样平均数的标准差或抽样成数的标准差作为衡量抽样误差平均水平的尺度。按照标准差的一般意义，抽样平均数（或成数）的标准差是按抽样平均数（或成数）与其平均数的离差平方和计算的，但由于抽样平均数的平均数等于总体平均数，而抽样成数的平均数等于总体成数，所以抽样指标的标准差恰好反映了抽样指标和总体指标的平均离差程度。

2. 抽样平均误差的理论公式

根据抽样平均误差的概念，可以得出抽样平均误差的理论公式。

样本平均数的抽样平均误差为
$$\mu_x = \sqrt{\frac{\Sigma\left(\bar{x} - \bar{X}\right)^2}{m}} \tag{8-1}$$

样本成数的抽样平均误差为
$$\mu_p = \sqrt{\frac{\Sigma\left(p - P\right)^2}{m}} \tag{8-2}$$

式中，m 为样本个数。需要指出的是，在实际中无法采用上述公式计算平均数和成数的抽样平均误差。其原因是在实际调查工作中一般只抽取一个样本，而且总体的平均数和成数也是未知的，上述公式没有计算的条件。

3. 抽样平均误差的计算

（1）重复抽样下，抽样平均误差的基本公式为
$$\mu = \frac{\sigma}{\sqrt{n}} = \sqrt{\frac{\sigma^2}{n}} \tag{8-3}$$

平均数的抽样平均误差为
$$\mu_x = \frac{\sigma_x}{\sqrt{n}} = \sqrt{\frac{\sigma_x^2}{n}} \tag{8-4}$$

成数的抽样平均误差为
$$\mu_p = \frac{\sigma_p}{\sqrt{n}} = \sqrt{\frac{P(1-P)}{n}} \tag{8-5}$$

（2）不重复抽样下，平均数和成数的抽样平均误差为

平均数的抽样平均误差为
$$\mu_x = \sqrt{\frac{\sigma_x^2}{n}\left(\frac{N-n}{N-1}\right)} \tag{8-6}$$

式（8-6）中，$\frac{N-n}{N-1}$ 为修正系数，当总体单位数 N 很大时，$(N-1)$ 与 N 的差异很小，故式（8-6）可简化为
$$\mu_x = \sqrt{\frac{\sigma_x^2}{n}\left(1 - \frac{n}{N}\right)} \tag{8-7}$$

成数的抽样平均误差为
$$\mu_p = \sqrt{\frac{P(1-P)}{n}\left(\frac{N-n}{N-1}\right)} \tag{8-8}$$

当 N 很大时，式（8-8）可简化为
$$\mu_p = \sqrt{\frac{P(1-P)}{n}\left(1 - \frac{n}{N}\right)} \tag{8-9}$$

在应用式（8-3）～式（8-9）时，需要注意以下问题。

① 公式中的 σ 和 P 是未知的总体标准差和成数，可用样本的标准差 s 和成数 p 代替，因此综合式（8-3）～式（8-9），抽样平均误差可用如下公式来表示。

重复抽样下为
$$\mu_x = \frac{s_x}{\sqrt{n}} = \sqrt{\frac{s_x^2}{n}} \tag{8-10}$$

$$\mu_p = \sqrt{\frac{p(1-p)}{n}} \qquad\qquad (8-11)$$

不重复抽样下为
$$\mu_x = \sqrt{\frac{s_x^2}{n}\left(1-\frac{n}{N}\right)} \qquad\qquad (8-12)$$

$$\mu_p = \sqrt{\frac{p(1-p)}{n}\left(1-\frac{n}{N}\right)} \qquad\qquad (8-13)$$

② 不重复抽样公式中，若抽样比很小，修正系数接近于1，对平均误差影响不大。为简便起见，在实际工作中，即使采用不重复抽样方法也往往采用重复抽样公式计算抽样平均误差。

【例8-2】某高校为了解该校12 000名男生的抽烟情况，采用纯随机重复抽样方法抽取了100名该校男生进行调查，得知有28名有抽烟习惯，平均烟龄3.2年，烟龄的标准差为0.65年。根据该样本对该高校男生抽烟烟龄及抽烟者所占比重进行推断，则抽样平均误差分别是多少？

根据题意，已知$n=100$，$p=0.28$，$s_x=0.65$。

平均烟龄的抽样平均误差为

$$\mu_x = \sqrt{\frac{s_x^2}{n}} = \sqrt{\frac{0.65^2}{100}} = 0.065 \text{（年）}$$

抽烟者所占比重的抽样平均误差为

$$\mu_p = \sqrt{\frac{p(1-p)}{n}} = \sqrt{\frac{0.28\times(1-0.28)}{100}} \approx 4.5\%$$

（二）抽样极限误差

抽样极限误差是从另一个角度考虑抽样误差问题。用样本指标估计总体指标时，要想达到完全准确、毫无误差几乎是不可能的。样本指标和总体指标之间总会有一定的差距，所以在估计总体指标时就必须同时考虑估计误差的大小。人们不希望误差太大，它会影响样本资料的价值。误差越大，样本资料的价值越小，误差超过一定限度，样本资料也就毫无价值了。所以在进行抽样估计时，应该根据所研究对象的差异程度和分析任务的需要，确定允许的误差范围，误差在这个范围内的数字是有效的。这就需要研究抽样极限误差的问题。

抽样极限误差是指样本指标和总体指标之间抽样误差的可能范围。由于总体指标是一个确定的数，而样本指标则是围绕着总体指标上下变动的量，它与总体指标可能产生正离差，也可能产生负离差。样本指标变动的上限或下限与总体指标之差的绝对值就可以表示抽样误差的可能范围，将这种以绝对值形式表示的抽样误差可能范围称为抽样极限误差，又称为允许误差。以Δ_x和Δ_p分别表示样本平均数和样本成数的抽样极限误差，则

$$|\bar{x}-\bar{X}| \leqslant \Delta_x$$

$$|p-P| \leqslant \Delta_p$$

用不等式表示则有

$$\bar{x}-\Delta_x \leqslant \bar{X} \leqslant \bar{x}+\Delta_x$$

$$p-\Delta_p \leqslant P \leqslant p+\Delta_p$$

实际上，抽样极限误差是一个可能而非完全肯定的范围，这个可能范围的大小是与可能

性大小相对应的。在抽样推断中，表示这个可能性大小的概念称为置信度，习惯上称为可靠程度、把握程度或概率保证程度，用 $F(t)$ 表示。其中，t 值称为概率度。

抽样理论已经证明：样本平均数 $\bar{x}$ 服从以总体平均数 $\bar{X}$ 为中心的正态分布，该正态分布的标准差就是抽样平均误差 μ_x。因此，根据正态分布中变量取值区间与概率的关系可知：样本平均数落在（$\bar{x}\pm\mu_x$）范围内的可能性为 68.27%，落在（$\bar{x}\pm2\mu_x$）范围内的可能性为 95.45%，落在（$\bar{x}\pm3\mu_x$）范围内的可能性为 99.73%，如图 8-1 所示。

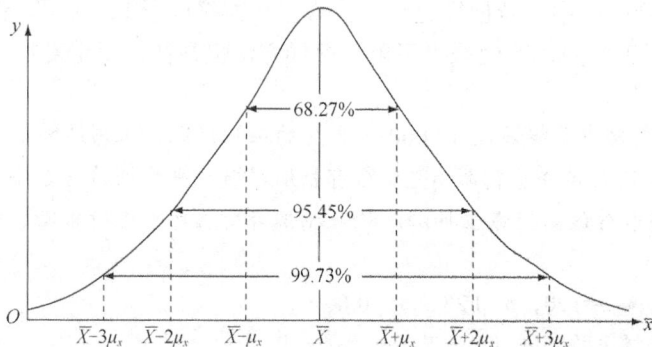

图 8-1　样本平均数的分布

上述结论说明：在 68.27% 的置信度下，样本平均数的抽样极限误差等于抽样平均误差；在 95.45% 的置信度下，样本平均数的抽样极限误差等于抽样平均误差的 2 倍；在 99.73% 的置信度下，样本平均数的抽样极限误差等于抽样平均误差的 3 倍。由此可见，样本平均数的抽样极限误差可以用其抽样平均误差的倍数来衡量，具体计算公式如下。

$$\Delta_x = t\mu_x \tag{8-14}$$

同理，样本成数的抽样极限误差如下。

$$\Delta_p = t\mu_p \tag{8-15}$$

在式（8-14）和式（8-15）中，t 值是由抽样推断时给定的置信度所决定的，其对应关系可查询标准正态分布表。实际工作中常用的几个 t 值和置信度如表 8-3 所示。

表 8-3　常用的几个 t 值和置信度

概率度 t	置信度 $F(t)$	百分比/%
1.00	0.682 7	68.27
1.64	0.900 0	90.00
1.96	0.950 0	95.00
2.00	0.954 5	95.45
2.58	0.990 0	99.00
3.00	0.997 3	99.73

置信度 $F(t)$ 表明样本均数与总体均数之间不超过 Δ_x 的概率。

从表 8-3 可以看出，置信度越大，t 值就越大，抽样极限误差也越大，抽样推断的精确度就越低。所以，在抽样推断中，要求达到 100% 的置信度是不可能的。但另一方面，置信度小了，推断的可靠性也小，又会影响推断本身的价值。因此，在进行抽样推断时，应将置信度要求与推断的精确度要求结合起来考虑。如果注重可靠性，可以先给定 $F(t)$，一般为 90%～95%；若关注准确性，则先给定 Δ，一般取 μ 的 1～2 倍，最多不超过 3μ。

【例 8-3】某保险公司从 10 000 名投保人中纯随机抽取 200 名，得知其平均年龄为 36.5 岁，年龄标准差为 8.2 岁。若要求推断的置信度为 99.73%，则推断全部投保人平均年龄时的最大允许误差。

根据题意，可知：$N=10\ 000$，$n=200$，$t=3$，$\bar{x}=36.5$，$s_x=8.2$。

重复抽样时：$\mu_x=\sqrt{\dfrac{s_x^2}{n}}=\sqrt{\dfrac{8.2^2}{200}}\approx0.58$（岁）

$\Delta_x=t\mu_x=3\times0.58=1.74$（岁）

不重复抽样时：$\mu_x=\sqrt{\dfrac{s_x^2}{n}\left(1-\dfrac{n}{N}\right)}=\sqrt{\dfrac{8.2^2}{200}\left(1-\dfrac{200}{10\ 000}\right)}=0.574$（岁）

$\Delta_x=t\mu_x=3\times0.574=1.722$（岁）

（三）影响抽样误差的因素

（1）总体被研究标志的差异程度。在其他条件不变的情况下，被研究总体的标志差异程度越小，说明总体各单位标志值之间的差异越小，样本指标与总体指标之间的误差也就越小。相反，若总体被研究标志差异程度越大，则样本指标与总体指标之间的误差也越大。

（2）样本单位数。在其他条件不变的情况下，样本单位数越多，反映总体的情况越好，抽样误差就越小。当样本单位数接近总体单位数时，此时的抽样调查已经接近于全面调查，抽样误差接近于零。反之，样本单位数越少，抽样误差越大。

（3）抽样方法。在其他条件相同时，不重复抽样的误差一般小于重复抽样的误差，这是因为不重复抽样避免了总体单位的重复选中，因而更能反映总体结构，故抽样误差会小一些。

（4）抽样的组织方式。采取不同的抽样组织方式，所抽出的样本对于总体的代表性也不相同，因此就有不同的抽样误差。而且，同一组织方式的合理程度不同，也会有不同的抽样效果。

了解影响抽样误差的因素，对控制和分析抽样误差十分重要。在上述影响抽样误差的4个因素中，总体被研究标志的差异程度是客观存在的因素，是调查者无法控制的，但样本单位数、抽样方法及抽样的组织方式是调查者能够选择和控制的。因此，在实际工作中，应当根据分析研究的目的和具体情况，做好抽样设计和实施工作，以达到经济有效的抽样效果。

❋ 三、抽样估计方法

抽样估计就是指利用实际调查的样本指标来估计相应的总体指标的数值。由于总体指标是表明总体数量特征的参数，如总体平均数、总体成数等，所以这种估计也称为参数估计。总体参数的抽样估计有点估计和区间估计两种方法。

（一）点估计

点估计的基本特点是根据抽样资料计算样本指标，并直接作为相应总体指标的估计值。例如，以实际计算的抽样平均数作为相应总体平均数的估计值，以实际计算的抽样成数作为相应总体成数的估计值等。如【例8-2】，测得样本的平均烟龄是3.2年，按点估计的原理，总体的平均烟龄也为3.2年。如果抽样调查取得的样本数据有足够的代表性，那么根据已知的指标结构形式计算抽样指标，便可作为相应总体指标的估计值。

设用样本平均数$\bar{x}$作为总体平均数$\overline{X}$的估计值，样本成数p作为总体成数P的估计值，

则有

$$\bar{x} = \bar{X} \qquad\qquad p = P$$

在对总体指标进行估计的时候，我们总是希望估计是优良、合理的。优良估计的标准是从总体上来评价的，其标准有3个。

1．无偏性

无偏性，即用样本指标估计总体指标，要求样本指标的平均数等于被估计的总体指标的平均数。也就是说，虽然每一次估计的样本指标与总体指标会有误差，但是在多次反复的估计中，各个样本指标的平均数应该等于总体指标的平均数。用样本平均数作为总体平均数的估计量，用样本成数作为总体成数的估计量是符合无偏性原则的。

2．一致性

用样本指标估计总体指标，要求当样本的单位数充分大时，样本指标也无限靠近总体指标。也就是说，随着样本单位的无限增大，样本指标与未知的总体指标的绝对差距小于任意小数，它的可能性也趋近于必然性，实际上几乎是肯定的。样本平均数和样本成数的抽样平均误差与样本单位的平方根成反比变化，样本单位数越多，则平均误差越小，当样本单位数接近总体单位数时，平均误差也就接近于零。所以说，用样本平均数和样本成数作为总体平均数和总体成数的估计量是符合一致性原则的。

3．有效性

用样本指标估计总体指标，要求作为优良估计的方差应该比其他估计量的方差小。例如，用抽样平均数或总体某一变量值来估计总体平均数，虽然两者都是无偏的，而且每次估计时，两种估计量与总体平均数都可能有离差，但样本平均数更靠近总体平均数。平均来说，其离差较小，所以相比较来说，样本平均数是更有效的估计量。同样，样本成数是总体成数的有效估计量。

需要指出的是，虽然样本指标是总体指标的无偏、一致、有效估计量，但由于在实际抽样调查中只是随机抽取一个样本，导致估计值会因样本的不同而不同，甚至产生很大的差异。所以说，点估计是一种粗略的估计或推断，但它是有科学根据的。这种方法的不足是既没有解决参数估计的精确度问题，也没有考虑估计的可靠性程度，只有区间估计才能解决这两个问题。不过，由于点估计直观、简单，对于那些要求不太高的判断和分析，此种方法还是适用的。

（二）区间估计

区间估计就是在一定的概率保证下，根据样本指标和抽样平均误差估计总体指标可能范围的方法。它包括两部分内容：一是这一可能范围的大小，二是总体指标落在这个可能范围内的可能性。区间估计既表明估计结果的准确程度，同时又表明这个估计结果的可靠程度，所以区间估计是一种比较科学的估计方法。区间估计必须同时具备3个要素：点估计值、抽样极限误差和置信度。点估计值是根据样本计算的样本指标，抽样极限误差决定抽样估计的准确性，置信度决定抽样估计的可靠性。如果被估计参数落在某一区间内的概率是已知的，则称这个区间为总体参数的置信区间。

1．计算方法

根据样本指标和抽样平均误差，可以确定总体指标所在范围，即

$$\bar{x} - \Delta_x \leqslant \bar{X} \leqslant \bar{x} + \Delta_x$$

$$p - \Delta_p \leqslant P \leqslant p + \Delta_p$$

则总体平均数的置信区间和总体成数置信区间分别为

$$\bar{x} - t\mu_x \leqslant \bar{X} \leqslant \bar{x} + t\mu_x$$

$$p - t\mu_p \leqslant P \leqslant p + t\mu_p$$

例如，某年春晚的收视率为 25%，误差为 ±2%，置信度为 95%。

这种说法意味着以下 3 点。

（1）样本中的收视率为 25%，即用样本指标作为总体指标的点估计值。

（2）估计的收视率在 25%±2%的范围内，置信区间为（23%，27%）。

（3）用类似的方式重复抽取大量样本时，大约有 95%会覆盖真正的总体比例。这样得到的区间被称为总体成数 P 的置信度为 95%的置信区间。

如把上述 3 点综合，可以这样描述：有 95%的把握可以推断某年春晚的收视率在 23%～27%，有 5%的把握可以推断收视率在 23%以下或 27%以上。

2．区间估计的步骤

区间估计的步骤如表 8-4 所示。

表 8-4　区间估计的步骤

总体平均数估计的步骤	总体成数估计的步骤
① 计算样本平均数 $\bar{x}$	① 计算样本成数 p
② 样本平均数的方差 s_x^2	② 样本成数方差 s_p^2
③ 平均数抽样平均误差 μ_x	③ 成数抽样平均误差 μ_p
④ 平均数抽样极限误差 Δ_x	④ 成数抽样极限误差 Δ_p
⑤ 总体平均数的置信区间 $\bar{x} - t\mu_x \leqslant \bar{X} \leqslant \bar{x} + t\mu_x$	⑤ 总体成数的置信区间 $p - t\mu_p \leqslant P \leqslant p + t\mu_p$

【**例 8-4**】某学校从全部学生中随机抽取 200 名学生进行调查，得知他们的平均体重为 60kg，抽样平均误差为 1kg。如果要求抽样误差不超过 1.96 kg，试估计全部学生平均体重的可能范围。

由资料可知：$\bar{x} = 60$，$\mu_x = 1$，$\Delta_x = 1.96$。

则抽样极限误差上限=60+1.96=61.96

抽样极限误差下限=60-1.96=58.04

$$t = \frac{\Delta_x}{\mu_x} = \frac{1.96}{1} = 1.96$$

查正态分布概率表，得置信度 $F(t) = 95\%$。

计算结果表明，有 95%的概率保证全部学生的平均体重在 58.04～61.96kg。

【**例 8-5**】对某市 10 万手机用户进行月话费抽样推断。利用手机 4 位尾号和随机数表，抽 100 名用户，资料如表 8-5 所示。

要求在 95.45%的置信度下：

（1）对全市手机用户月均话费支出进行区间估计；

（2）对全市手机用户月话费支出总额进行区间估计；

（3）对月话费 45 元以上用户所占比重进行区间估计；

（4）估计月话费 45 元以上用户数的可能范围。

表8-5 手机话费资料

月话费/元	用户数 f/人	组中值 x/元	xf/元	$x-\bar{x}$	$(x-\bar{x})^2$	$(x-\bar{x})^2 f$
15以下	3	10	30	−24	576	1 728
15～25	25	20	500	−14	196	4 900
25～35	30	30	900	−4	16	480
35～45	20	40	800	6	36	720
45～55	15	50	750	16	256	3 840
55以上	7	60	420	26	676	4 732
合计	100	—	3 400	—	—	16 400

根据资料，已知 $N=100\,000$，$n=100$，$t=2$。

（1）计算样本指标。

样本平均数 $\bar{x}=\dfrac{\Sigma xf}{\Sigma f}=\dfrac{3\,400}{100}=34$（元）

样本方差 $s_x^2=\dfrac{\Sigma(x-\bar{x})^2 f}{\Sigma f}=\dfrac{16\,400}{100}=164$

样本成数 $p=\dfrac{n_1}{n}=\dfrac{15+7}{100}=0.22=22\%$

（2）计算抽样平均误差。

$$\mu_x=\sqrt{\dfrac{s_x^2}{n}}=\sqrt{\dfrac{164}{100}}\approx 1.28（元）$$

$$\mu_p=\sqrt{\dfrac{p(1-p)}{n}}=\sqrt{\dfrac{0.22\times0.78}{100}}\approx 4.14\%$$

（3）计算极限误差。

$\Delta_x=t\mu_x=2\times1.28=2.56$（元）

$\Delta_p=t\mu_p=2\times4.14\%=8.28\%$

（4）进行区间估计（置信度为95.45%）。

① 月均话费支出：$\bar{X}=34\pm2.56$，即 31.44～36.56 元。

② 月话费支出总额：$\Sigma X=(\bar{x}\pm\Delta_x)N=(34\pm2.56)\times100\,000$，即 314.4～365.6 万元。

③ 月话费 45 元以上用户所占比重：$p=22\%\pm8.28\%$，即 13.72%～30.28%。

④ 月话费 45 元以上用户数的可能范围：$N_1=(p\pm\Delta_p)N=(22\%\pm8.28\%)\times100\,000$，即 13 720～30 280 户。

【例8-6】某高校某届学生共3 000人，参加英语考试。在不重复抽样的条件下，随机抽取30人调查其考试成绩，获得样本资料如下。

85, 92, 63, 56, 88, 67, 76, 95, 81, 87

86, 89, 57, 56, 90, 79, 71, 66, 69, 80

58, 76, 79, 88, 66, 77, 85, 81, 45, 80

要求：（1）对该届学生英语考试的平均成绩和及格率进行点估计；

（2）在95%置信度的保证下，采用不重复抽样方法区间估计该届学生英语考试的平均成绩和及格率。

由资料可知，$N=3\,000$，$n=30$，样本及格人数 $n_1=25$，不及格人数 $n_0=5$。

（1）样本平均数为

$$\overline{x} = \frac{85 + 92 + \cdots + 80}{30} = 75.6 \text{（分）}$$

样本成数（及格率）为

$$p = \frac{n_1}{n} = \frac{25}{30} \approx 83.3\%$$

因此，该届 3 000 名学生英语考试的平均成绩可能为 75.6 分，及格率可能约为 83.3%。

（2）区间估计。

① 总体均值的区间估计。

样本方差为

$$s_x^{\,2} = \frac{\sum \left(x - \overline{x}\right)^2}{n} = \frac{(85 - 75.6)^2 + (92 - 75.6)^2 + \cdots + (80 - 75.6)^2}{30} = 157.2 \text{（分）}$$

抽样平均误差为

$$\mu_x = \sqrt{\frac{s_x^{\,2}}{n}\left(1 - \frac{n}{N}\right)} = \sqrt{\frac{157.2}{30} \times \left(1 - \frac{30}{3\,000}\right)} \approx 2.3 \text{（分）}$$

抽样极限误差：

在 95% 的置信度下，$t = 1.96$，极限误差 $\Delta_x = t\mu_x = 1.96 \times 2.3 \approx 4.5$（分）

根据 $\overline{x} - \Delta_x \leqslant \overline{X} \leqslant \overline{x} + \Delta_x$，即 3 000 名学生平均考试成绩满足 $75.6 - 4.5 \leqslant \overline{X} \leqslant 75.6 + 4.5$，即 $71.1 \leqslant \overline{X} \leqslant 80.1$ 分，置信度是 95%。

② 总体成数的区间估计。

样本成数的标准差为

$$s_p = p(1 - p) = 83.3\% \times 16.7\% \approx 37.3\%$$

所以成数的抽样平均误差为

$$\mu_p = \sqrt{\frac{p(1 - p)}{n}\left(1 - \frac{n}{N}\right)} = \frac{0.139111}{30} \times \left(1 - \frac{30}{3\,000}\right) \approx 6.8\%$$

在 95% 的置信度下，$t = 1.96$，极限误差 $\Delta_p = t\mu_p = 1.96 \times 6.8\% \approx 13.3\%$。

根据 $p - \Delta_p \leqslant P \leqslant p + \Delta_p$，总体成数满足 $83.3\% - 13.3\% \leqslant P \leqslant 83.3\% + 13.3\%$，即 $70\% \leqslant P \leqslant 96.6\%$，置信度是 95%。

❋ 四、样本容量的确定

为保证抽样调查工作的顺利进行，调查人员在具体实施抽样调查之前需要制定抽样方案。抽样方案的内容一般包括确定调查的目的和要求、调查费用、抽样的组织方式、抽样方法、抽取样本单位数等，其中重要的内容是抽取样本单位数的确定。因为在实际调查工作中，抽取的样本单位数多或少都不好，抽取的样本单位数多，必然要投入较多的人力、费用和时间，可能会造成一定的浪费；抽取的样本单位数少，虽然投入的人力、费用和时间较少，但很可能使调查的结果不能达到满意的程度，甚至使调查失去意义。

（一）必要样本容量的概念

必要样本容量是指在最大允许误差和可靠程度的要求下，至少应该从总体中抽取的样本单位数。

在其他条件不变时，抽样误差的大小与样本单位数的多少紧密相关。抽取的样本单位数越多，抽样误差就越小；反之，则抽样误差就越大。因此，应当尽量多地抽取样本单位，扩大样本容量，以减少抽样误差，提高抽样推断的准确性。但如果抽样单位数过多，不仅会影响统计资料的时效性，还可能受人力、物力和财力等物质条件的制约。如此说来，在满足一定的估计精度和置信度的前提下，应尽量少抽样本单位数目。

从某种意义上讲，确定必要样本容量是在抽样之前所关心的中心内容，在抽样方案设计中占有十分重要的地位。

（二）影响样本单位数的主要因素

样本数是影响抽样误差大小的直接因素，因此，在组织抽样调查时，必须事先确定样本单位数。确定必要抽样单位数的原则是在保证预期的抽样推断置信度的要求下，尽量减少样本单位数。因为虽然抽取的样本单位数越多，样本的代表性越大，抽样误差越小，推断结果越可靠，但是抽取的样本单位数过多，会增加不必要的人力、费用和时间，造成不必要的浪费，而且还会影响统计资料的及时性。所以，应当在抽样调查之前，根据调查对象的特点和研究目的及要求，做出科学的设计，确定必要的抽样数目，使其既不浪费人力、费用和时间，又能取得较好的抽样推断效果。影响样本单位数的因素主要有以下几个。

1．总体被研究标志的差异程度

在其他条件相同的情况下，如果总体标志值差异程度大，那么需要多抽一些样本单位；反之，则可少抽一些样本单位。具体来说，可看总体各单位被研究标志方差的大小，若方差大，抽样数目应确定得多一些；反之，则可少定一些。

2．允许误差的大小

在抽样调查时，如果允许误差 Δ 大，就可以少抽取一些样本单位；如果允许误差 Δ 小，则要多抽取一些样本单位。在规定允许误差范围时，应根据研究目的及被研究现象本身的性质、特点及客观条件来确定。

3．对推断可靠程度的要求

抽样推断的可靠程度也就是概率，概率与概率度 t 的值有关。如果要求可靠程度高，t 值就大，这时就需要多抽一些样本单位；反之，如果要求的可靠程度低，概率小，t 值也小，则可少抽一些样本单位。

4．抽样调查的组织方式和抽样方法

在其他条件相同的情况下，采用等距抽样或分层抽样时，抽样数目可定得少一些。若采用纯随机抽样或整群抽样，抽样数目就要定得多一些。使用重复抽样和不重复抽样方法抽取样本单位，所需的抽样数目也是不一样的。

（三）必要样本单位数的确定方法

在抽样调查前，调查者通常要根据调查对象的特点和研究目的，提出两条主要要求：一是抽样调查的误差范围或允许误差不得大于多少，这就规定了误差范围 Δ 的值；二是抽样推断的结果要有多大的保证程度，这就确定了概率度 t 的值。可见，必要的样本单位数的计算公式是从 $\Delta=t\mu$ 这个公式中推导出来的。

在抽样之前，一般都要给出估计精度和置信度的要求。因此可以利用抽样极限误差公式来推导必要样本容量的确定公式。在简单随机抽样中，必要样本单位数的计算公式有如下几种。

1. 重复抽样条件下

平均数估计所需抽样数。由 $\Delta_x = t\mu_x = t\sqrt{\dfrac{\sigma_x^2}{n}}$，得出

$$n = \frac{t^2\sigma_x^2}{\Delta_x^2} = \left(\frac{t\sigma_x}{\Delta_x}\right)^2 \tag{8-16}$$

成数估计所需抽样数目。由 $\Delta_p = t\mu_p = t\sqrt{\dfrac{p(1-p)}{n}}$，得出

$$n = \frac{t^2 p(1-p)}{\Delta_p^2} \tag{8-17}$$

2. 不重复抽样条件下

平均数估计所需样本单位数。由 $\Delta_x = t\mu_x = t\sqrt{\dfrac{\sigma_x^2}{n}\left(1-\dfrac{n}{N}\right)}$，得出

$$n = \frac{Nt^2\sigma_x^2}{N\Delta_x^2 + t^2\sigma_x^2} \tag{8-18}$$

成数估计所需样本单位数。由 $\Delta_p = t\mu_p = t\sqrt{\dfrac{p(1-p)}{n}\left(1-\dfrac{n}{N}\right)}$，得出

$$n = \frac{Nt^2 p(1-p)}{N\Delta_p^2 + t^2 p(1-p)} \tag{8-19}$$

需要注意的是以下几个方面。

（1）实际工作中，$\dfrac{n}{N}$ 一般很小，所以不重复抽样仍可按重复抽样的公式来计算必要样本单位数。

（2）公式中 σ 和 p 一般未知，也没有样本数据可代替，通常利用以往同类调查的数据，或通过测试取得。对于 p，可取 0.5，以高估总体方差。

（3）某一次抽样调查既需要测定总体的平均数，又需要测定总体的成数时，根据平均数的公式和成数的公式所计算出的必要样本单位数往往不同，有时甚至相差很大。为了保证抽样调查的效果，应选用其中较大的样本数（n）。

（4）抽样单位数应为整数（取整），若出现小数，遵循"遇小数便入"的原则。

【例 8-7】对 1 000 份试卷随机抽样以推断学生的平均分和及格率。据抽阅，考分的标准差为 3 分，及格率为 80%。现以 95.45% 的概率保证，计算分别在平均分误差不超过 1 分和及格率误差不超过 10% 的条件下，最少应抽取多少份试卷？

微课

抽样计算总结

（1）采用重复抽样，需要抽取的试卷份数为

按平均分估计：$n = \dfrac{t^2\sigma_x^2}{\Delta_x^2} = \dfrac{2^2 \times 3^2}{1^2} = 36$（份）

按及格率估计：$n = \dfrac{t^2 p(1-p)}{\Delta_p^2} = \dfrac{2^2 \times 0.8 \times 0.2}{0.1^2} = 64$（份）

（2）采用不重复抽样，需要抽取的试卷份数为

按平均分估计：$n = \dfrac{Nt^2\sigma^2}{N\Delta_x^2 + t^2\sigma^2} = \dfrac{1\,000 \times 2^2 \times 3^2}{1\,000 \times 1^2 + 2^2 \times 3^2} \approx 35$（份）

按及格率估计：$n = \dfrac{Nt^2 p(1-p)}{N\Delta_p^2 + t^2 p(1-p)} = \dfrac{1\,000 \times 2^2 \times 0.8 \times 0.2}{1\,000 \times 0.1^2 + 2^2 \times 0.8 \times 0.2} \approx 60.15 \approx 61$（份）

❋ 五、抽样组织方式

抽样推断是根据事先规定的要求而设计的抽样调查组织方式，并以所获得的这一部分实际资料为基础，进行推理演算得出结论。如何科学地组织抽样调查，保证随机抽样条件的实现，并合理有效地取得各项实际数据，成为抽样中一个至关重要的问题。

抽样调查的组织原则如下。

1．随机性原则

抽样推断的基础是样本，要保证样本对总体的代表性，并能计算抽样误差，抽取样本就必须遵循随机性原则。

随机性原则是指在抽样时排除主观上有意识地抽取调查单位，每个调查单位以概率均等的原则，随机地分配到实验组与对照组，使每一个单位都有一定的机会被抽中。例如，在考察某系学生某门课成绩时，将全系 400 名同学等分为若干组，对其中每位同学来说，分到各组的概率都应该是相等的。如果违背随机性原则，不论是有意或无意的，都会人为地夸大或缩小组与组之间的差别，给抽样带来偏差。

2．最好抽样效果原则

最好的抽样效果是以最少的调查费用取得误差最小的推断结果。影响抽样效果的因素，主要有样本单位数、调查费用和抽样组织方式。

样本单位数越多，抽样误差就越小；反之，抽样误差就越大。抽样单位数的多少，取决于抽样推断可靠性的要求，可靠性要求越高，抽取的样本单位数就应越多；反之，抽取的样本单位数就应越少。因此，必须合理地确定抽样推断的可靠性。

调查费用则是抽样调查的一个实际的限制条件，任何一项抽样调查都是在一定的费用限制条件下进行的。而调查费用的多少与抽样允许误差的大小成反比，允许误差越小，需抽的样本单位数就越多，所需调查费用就越大；反之，调查费用就越小。要实现最好的抽样效果，就必须在一定调查费用条件下，选用抽样误差最小的抽样组织方式，或在保证达到所要求的估计精度条件下，使调查费用最少。

抽样组织方式是影响抽样效果的另一个重要因素。不同的抽样组织方式有不同的抽样误差。所以，抽样前必须选择适当的抽样组织方式。

结合具体研究对象的性质以及调查工作的目的和条件，在统计工作实践中主要采用 5 种抽样组织方式，即简单随机抽样、分层抽样、等距抽样、整群抽样和多阶段抽样。

（一）简单随机抽样

简单随机抽样也叫单纯随机抽样，是指对总体单位不做任何处理，不进行分类排队等，而直接从总体的全部单位中随机抽取一部分单位来组成样本的抽样组织方式。它是最简单、最基本的抽样组织方式，是设计其他复杂抽样组织方式的基础。简单随机抽样适用于总体单位数较少的情况。

采用简单随机抽样的形式抽取样本，要先对总体各个单位进行编号，然后按随机性原则逐一进行抽取，所有抽中的号码对应的单位即样本单位，

微课

简单随机抽样

它们的整体形成样本。简单随机抽样的具体抽取方法有抽签法、随机数表法等。

1．抽签法

抽签法具体做法是：先对总体各单位进行编号，再把号码写在结构均匀的签上，最后逐一从中随机抽取样本单位。这种方法简便易行，但对单位数较多的总体来说，编号及抽签工作量很大，且保证抽样的随机性原则也有一定困难，因此，这种方法的应用有一定的局限性。现实生活中的抓阄法也是一种简单的抽签法，也可以应用在简单随机抽样中。

2．随机数表法

所谓随机数表，是指含有一系列随机数字的表格。这种表格既可以借助电子计算机产生，也可以采用数码机产生或自己编制。表中数字的出现及其排列完全是随机的，0～9 中任意一个（一组）数字出现的概率完全相同。随机数表的使用要遵守随机性原则。首先，对总体各单位进行编号，根据编号的最大位数确定将要使用随机数表的列数，然后从表中任意一列、任意一行开始，由纵向或横向画线取数，遇到属于总体单位编号范围内的数字（组）就确定为样本单位，然后继续往下找。如果要求不重复抽样，遇到重复出现的数字（组）就弃之，直到取足要求的单位数。表 8-6 所示是多种随机数表中的一种。

表 8-6　随机数字表（部分）

67	11	09	48	96	29	94	59	84	41
67	41	90	15	23	62	54	49	02	06
78	26	74	41	76	43	35	32	07	59
32	19	10	39	41	50	09	16	16	28
45	72	14	75	08	16	48	99	17	64
74	93	17	80	38	45	17	17	73	11
54	32	82	40	74	47	94	66	61	71
34	18	43	76	96	49	86	55	22	20
04	70	61	78	89	70	52	36	26	04
38	69	83	65	75	38	85	58	51	23
05	89	66	75	80	83	75	71	64	62
97	11	78	69	79	79	06	98	73	35

例如，有一个由 90 个单位构成的总体，现在要从中抽取 5 个单位。首先将总体各单位从 1 至 90 进行编号，所以最高位是两位数。然后随机确定行、列开始取数。假设从第一行第五列的数字 96 开始取样，沿列抽取，于是由 23、76、41、08、38 这 5 个数字所对应的单位构成所需的样本。

（二）分层抽样

微课

分层抽样

分层抽样也称类型抽样，是指在抽样之前先将总体划分为若干层(类)，然后从各个层（类）中抽取一定数量的单位组成样本的抽样组织方式。

例如，某学院的会计系想对 2017 年的毕业生进行一次调查，以便了解他们本年度的就业倾向。该学院会计系共有 4 个专业：注册会计师、会计电算化、投资与理财、财务管理。2017 年共有 2 000 名毕业生，其中，注册会计师 800 名、会计电算化 600 名、投资与理财 400 名、财务管理 200 名。假定要选取 100 人作为样本单位，各专业应抽取的人数分别为：注册会计师 40 名、会计电算化 30 名、投资与理财 20 名、财务管理 10 名。

1．分层抽样的优点

分层抽样是一种常用的抽样组织方式。它主要具有以下优点。

（1）分层抽样既可以对总体进行估计，也可以对各层的子总体进行估计。

（2）分层抽样既可以按自然区域分层，也可以按行政区域进行分层，这样使抽样的组织和实施都比较方便。

（3）分层抽样的样本分布在各个层内，从而使样本在总体中的分布比较均匀。

（4）分层抽样可以提高估计的精度。

在分层抽样前，要解决两个关键问题：一是如何分层，二是样本容量如何在各层内分配。

2．分层时要遵循的原则

（1）根据研究目的分层。如要研究不同职业的消费者的消费特征，就要把消费者按照职业进行分层；要研究某学校不同专业同学的就业倾向，就要把同学们按照专业进行分层。

（2）分层时要遵循"层内同质、层间差异"的原则，即层内各单位之间的差异应尽可能小，而层与层（或类与类）之间的差异应尽可能大。

3．样本容量在各层内的分配方法

样本容量在各层内的分配方法有很多，常见的有以下3种。

（1）等数分配分层抽样。它是在各类型组中分配同等样本单位数的方法。这种方法只在各类型的总体单位数相等或差异不大时才使用。运用这种分配方法时，使用综合计算比较简单。

（2）等比例分层抽样。它是按照类型的大小以相等的比例分配样本的方法。由于是按有关的主要标志分层（组），各层的单位数一般不同。分层抽样通常是按各层总体单位数占全部总体单位数的比例来抽取样本，单位数较多的组应该多取样，单位数较少的组则少取样，保持各组样本单位数与样本的容量之比等于各组总体单位数与全部及总体单位数之比，所以，各组的样本单位数为

$$n_i = N_i \frac{n}{N} = n \frac{N_i}{N} \qquad (i = 1, 2, 3, \cdots, k)$$

采用等比例分层抽样是为了使样本的结构接近总体的结构，避免样本平均数由于各组比重差异而引起的误差。由于等比例分层抽样对样本单位的分配比较合理，因此，在实际工作中使用得较多。

（3）不等比例分层抽样。它是在各类型组中按不同的比例分配样本单位数的方法，也叫最优分配法。各类型的样本单位数，可以采用等数或等比例的方法分配。但是，如果各类型组的单位数相差悬殊或标志变异程度相差较大，上述两种样本分配方法的抽样效果就差些。此时宜采用不等比例分层抽样法抽取样本，即标志变异程度较大或单位数多的组，其抽样比例可高一些，多抽一些单位；标志变异程度小或单位数少的组，其抽样比例可低一些，少抽一些单位。

（三）等距抽样

等距抽样也称系统抽样或机械抽样，是指先将总体各单位按某种顺序排列，并按某种规则确定一个随机起点，然后每隔一定的间隔抽取一个单位，抽取其余样本单元的抽样组织方式。

1．等距抽样与分层抽样的区别

与分层抽样一样，等距抽样在抽样前选择了某一标志以划分总体。这是它们的一致之处。不一致之处主要有以下几点。

（1）分层抽样选择标志是与研究目的有重要关系的标志，而等距抽样既能选择与研究目的有某种关系的标志，又能选择与研究目的无关的标志。例如，调查工人工资水平，如果用分层抽样，就必须选择与工资水平这一调查内容有密切联系的"工龄"标志将总体分组，分

成"10 年以下""10～20 年""20 年以上"等组；如用等距抽样，可选择与调查内容无关的"姓氏笔画"或"身高"等标志将所有工人按照顺序排列。

（2）分层抽样选择标志的目的是将总体单位划分为有限个组（组数较少），在每组中抽取 n_i 个样本单位。而等距抽样选择标志的目的是将总体单位顺序排列，划分成 n 个相同单位部分或组（组数较多），在每组中仅抽取一个样本单位。

（3）分层抽样选择分组标志可以是品质标志和数量标志。例如，调查居民收入，可按照"职业"品质标志分组，也可按照"工龄"数量标志分组。但是等距抽样只能选数量标志排序。如上述选"姓氏笔画""身高"等数量标志将工人顺序。

2．等距抽样选择第一个样本单位的方法

等距抽样根据总体单位数（N）和需抽选的样本单位数（n），可将总体单位划分成 n 个相等部分，每部分都包括 $k = N / n$ 个单位，然后在第一个部分中抽选一个单位，依 k 个间隔依次在各部分都抽取一个单位组成样本。等距抽样的重要工作是选择第一个样本单位。一般来说，确定的方法主要有以下 3 种。

（1）随机取样。从第一部分包括的 k 个单位中随机确定任意 i（$i \leqslant k$）号单位为第一个样本单位，然后依次在第二部分中取 $(i+k)$ 号为第二个样本单位，第三部分取 $(i+2k)$ 号……第 n 部分取 $\{i+(n-1)k\}$ 号，直至取 n 个单位。由此可见，当第一个样本单位 i 号被确定后，其他各样本单位也随之被确定下来。

例如，某街道有 10 000 名职工，现需要统计他们的收入情况，拟抽取 100 名职工进行调查。

按照与研究目的有关的标志"工龄"，将 10 000 名职工按顺序排列，将每名职工按 00001,00002,…,10000 编上相应号码，然后将 10 000 名职工分成 100 个相等部分，每部分 $k = N / n = 10\ 000 / 100 = 100$ 名职工。第一部分为 00001～00100 号，第二部分为 00101～00200 号……按随机性原则在第一部分抽取 00014 号为第一个样本单位，那么根据依次加 $k = 100$ 个间隔抽取样本单位的要求，其余号码是 00114,00214,00314,…,09814,09914 号，共 100 个单位组成样本。

（2）中位取样。中位取样与随机取样的不同之处是第一个样本单位不是随机抽选的，而第一部分的中间位置（或靠近中间位置）的号码作为第一个样本单位号码，即 $(k+1) / 2$（或 $k / 2$）号码为第一个中选单位。依上例用中位取样，依次抽取的号码是：00050,00150,00250,…,09950。在城市住户调查中，按照有关标志排列进行中位取样的方法比随机取样方法代表性好，因此得到比较广泛的应用。

（3）对称取样。对称取样是在中位取样基础上的改进。它是在每部分的两侧按对称位置抽选样本单位。如果在第一部分随机抽取第一个样本单位（i）号，那么在第二部分抽取第二个样本单位为 $(2k-i)$ 号，第三个样本单位则为 $(2k+i)$ 号，以后依次为 $(4k-i)$，$(4k+i)$……即在单数部分抽取 k 的偶倍数加 i 号，在双数部分抽取 k 的偶倍数减 i 号。这样抽选的结果使各部分的样本单位标志值大小具有趋于平均数的趋向，使样本代表性增加，抽样误差减小。

（四）整群抽样

整群抽样是将总体各单位划分为若干群，然后以群为单位从中随机抽取一些群，对中选群内的所有单位进行全面调查的抽样组织方式。整群抽样对总体划分群的基本要求是：第一，群与群之间不重叠，即总体中的任一单位只能属于某个群；第二，全部总体单位毫无遗漏，即总体中的任一单位必须属于某个群；对于总体中各群内所包含的单位数可以是相同的，也

可以不相同。群可以按行政区域、地理位置等自然划分，如一个居民委员会的住户算一群，每片林区为一群等；也可人为划分，如一打毛巾、一箱洗衣粉等。

整群抽样划分群的目的与分层抽样划分层的目的有着很大的区别：分层抽样划分层的目的是缩小总体，将标志值相近的总体单位划归同一层，从而减少层总体的差异。分层抽样抽取的单位仍是总体的基本单位。而整群抽样划分群的目的是扩大总体"单位"，抽取的单位不是总体的基本单位，而是总体的群单元。此法做起来简单省事，适宜在特殊情况下采用：一是不易或无法编制全及总体单位的名单。如对某些工业产品的质量检查，无法在流水作业线上编制全部产品名单，只能每隔若干小时抽取一批产品进行检验。二是全及总体单位在地理分布上范围很广，用个体抽样法得到的样本分散，实地调查困难，采用整群抽样方便省力。如果组织职工家庭生活调查时，按企业、居委会整群抽选，比在全市按一户一户抽选要方便、节约得多。

整群抽样的主要优点是，设计和组织抽样比较方便，能节省人力、财力、物力和时间；缺点是在相同的调查单位下，抽样误差较大，估计精度较低。

（五）多阶段抽样

前面介绍的4种抽样组织方式都属于单阶段抽样，即经过一次抽选就可以直接确定样本单位的抽样方法。在调查范围较小、调查单位比较集中时，通常采用这些方法。

在社会经济调查中，一般调查对象的调查单位很多、分布面很广，直接抽选样本单位是很困难的，这时就要采用多阶段抽样。当总体很大时，可以将抽样过程分成几个过渡阶段，到最后才具体抽取到样本单位，这种抽样组织方式称为多阶段抽样。这种方法一般是先从总体中抽选若干大的样本单位，也叫第一阶段单位；然后从被抽中的若干大单位中抽选较小的样本单位，也叫第二阶段单位；以此类推，直到最后抽出最终样本单位。

例如，我国农产量抽样调查采用三阶段抽样，第一阶段是从省抽县，第二阶段是从中选县抽乡，第三阶段是从中选乡抽村，再从村抽地块，最后从地块抽具体的样本点，并以样本点测检的实际资料来推算平均亩产和总产量。又如，我国职工家计调查，第一阶段先抽调查城市，第二阶段从中选城市的各个部门中抽选调查单位，第三阶段再从调查单位中抽选职工户，再调查各户每月实际的生活费开支情况。

多阶段抽样的组织工作比较复杂，但样本的代表性较高，可节约人力、物力、财力。在多阶段抽样过程中，只有第一阶段的样本单位是从全部总体单位中抽取，其余各阶段样本单位都是在上一阶段抽取的单位中进行抽取。所以，在多阶段抽样过程中，有越来越多的基本单位在各个阶段中被排除，使随机抽样的范围变得越来越有限。

❋ 六、实训：用 Excel 进行抽样推断分析

实训项目：用 Excel 进行抽样推断分析。

实训目的：掌握 Excel 在抽样推断中的作用，熟练运用 Excel 进行抽样和抽样推断。

实训内容和操作步骤如下。

从某系学生中抽取 30 名，调查得知这些学生的身高资料如下（单位：cm）：

163	156	165	167	170	164	159	154	171	172
158	155	162	163	174	162	162	156	159	160
173	170	160	168	163	161	164	161	160	173

试在 95% 的置信度下，利用 Excel 求该系所有学生平均身高的置信区间。

第一步，将实训资料中的数据输入 Excel 工作表中，如图 8-2 所示。同时，以 C1 单元格为起始位置，在 C 列中依次输入相关的样本指标名称，如图 8-3 所示。

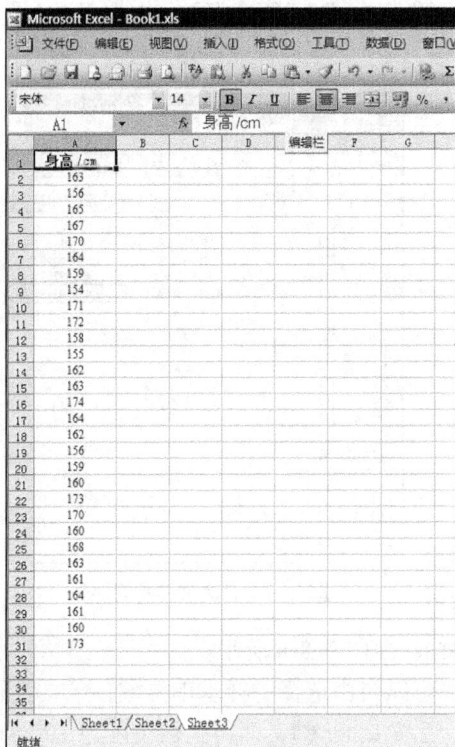

图 8-2　学生身高资料

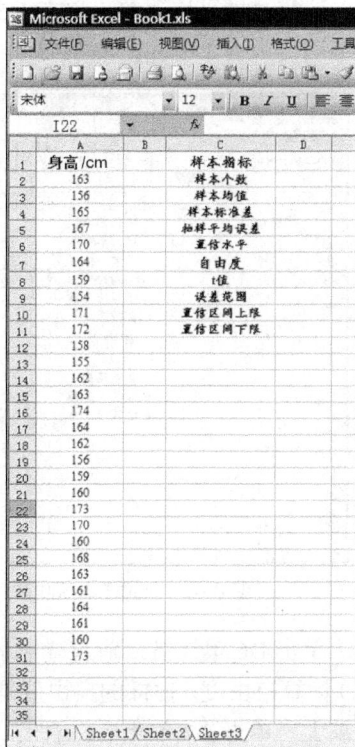

图 8-3　输入样本指标名称

第二步，计算样本指标数值。

（1）计算样本个数。单击 D2 单元格，输入"=COUNT(A2:A31)"后按 Enter 键，即得到样本个数为 30 个，如图 8-4 所示。

（2）计算样本均值。单击 D3 单元格，输入"=AVERAGE(A2:A31)"后按 Enter 键，即得到样本均值为 163.57cm，如图 8-5 所示。

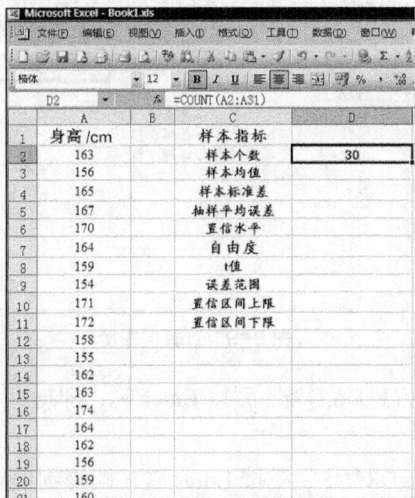

图 8-4　计算样本个数

图 8-5　计算样本均值

（3）计算样本标准差。单击 D4 单元格，输入“=STDEV(A2:A31)”后按 Enter 键，即得到样本标准差为 5.69cm，如图 8-6 所示。

（4）计算抽样平均误差。单击 D5 单元格，输入“=D4/SQRT(D2)”后按 Enter 键，即得到抽样平均误差为 1.04cm，如图 8-7 所示。

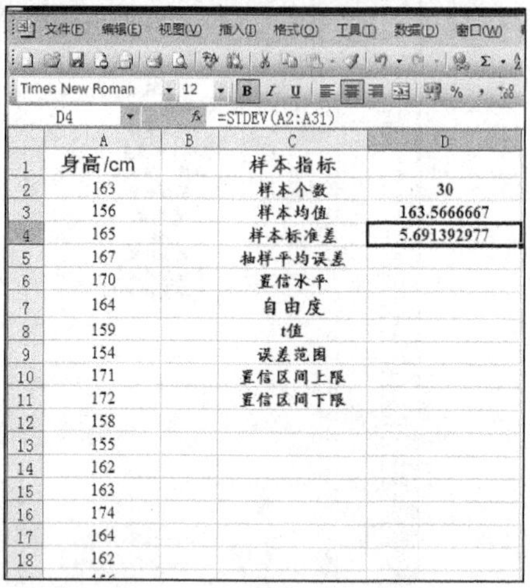

	A	B	C	D
1	身高/cm		样本指标	
2	163		样本个数	30
3	156		样本均值	163.5666667
4	165		样本标准差	5.691392977
5	167		抽样平均误差	
6	170		置信水平	
7	164		自由度	
8	159		t值	
9	154		误差范围	
10	171		置信区间上限	
11	172		置信区间下限	
12	158			
13	155			
14	162			
15	163			
16	174			
17	164			
18	162			

图 8-6　计算样本标准差

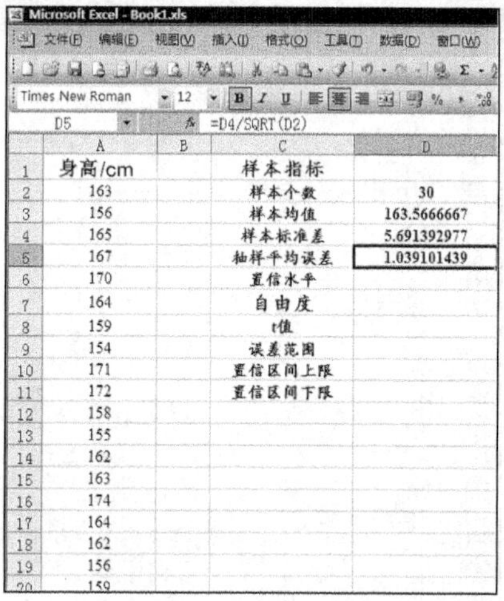

	A	B	C	D
1	身高/cm		样本指标	
2	163		样本个数	30
3	156		样本均值	163.5666667
4	165		样本标准差	5.691392977
5	167		抽样平均误差	1.039101439
6	170		置信水平	
7	164		自由度	
8	159		t值	
9	154		误差范围	
10	171		置信区间上限	
11	172		置信区间下限	
12	158			
13	155			
14	162			
15	163			
16	174			
17	164			
18	162			
19	156			

图 8-7　计算抽样平均误差

（5）单击 D6 单元格，输入置信水平为“95%”，如图 8-8 所示。

（6）计算自由度。抽样的自由度是指样本中可以自由选择的样本单位数，样本容量越大，自由度越大。单击 D7 单元格，输入“=D2-1”后按 Enter 键，即得到自由度为 29，如图 8-9 所示。

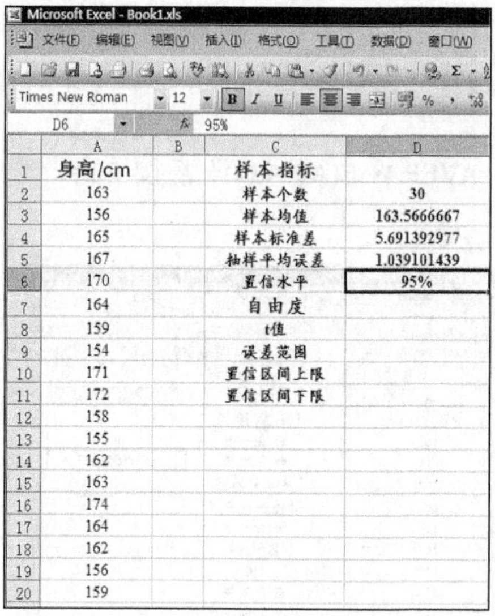

	A	B	C	D
1	身高/cm		样本指标	
2	163		样本个数	30
3	156		样本均值	163.5666667
4	165		样本标准差	5.691392977
5	167		抽样平均误差	1.039101439
6	170		置信水平	95%
7	164		自由度	
8	159		t值	
9	154		误差范围	
10	171		置信区间上限	
11	172		置信区间下限	
12	158			
13	155			
14	162			
15	163			
16	174			
17	164			
18	162			
19	156			
20	159			

图 8-8　输入置信水平

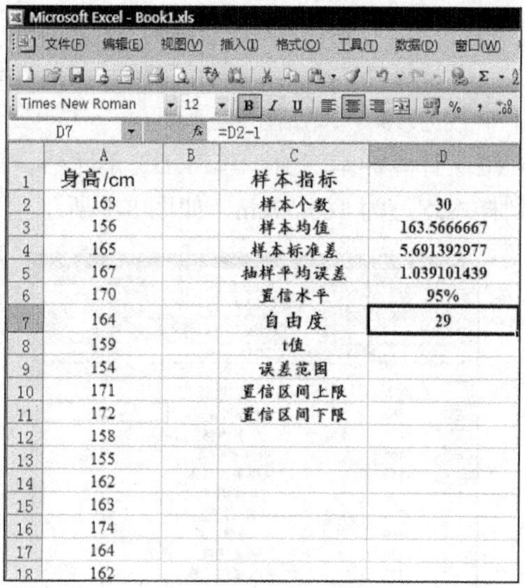

	A	B	C	D
1	身高/cm		样本指标	
2	163		样本个数	30
3	156		样本均值	163.5666667
4	165		样本标准差	5.691392977
5	167		抽样平均误差	1.039101439
6	170		置信水平	95%
7	164		自由度	29
8	159		t值	
9	154		误差范围	
10	171		置信区间上限	
11	172		置信区间下限	
12	158			
13	155			
14	162			
15	163			
16	174			
17	164			
18	162			

图 8-9　计算自由度

（7）计算 t 值。单击 D8 单元格，输入“=TINV(1-D6,D7)”后按 Enter 键，即得到 t 值为 2.045，如图 8-10 所示。

（8）计算误差范围。单击 D9 单元格，输入“=D8*D5”后按 Enter 键，即得到误差范围为 2.13cm，如图 8-11 所示。

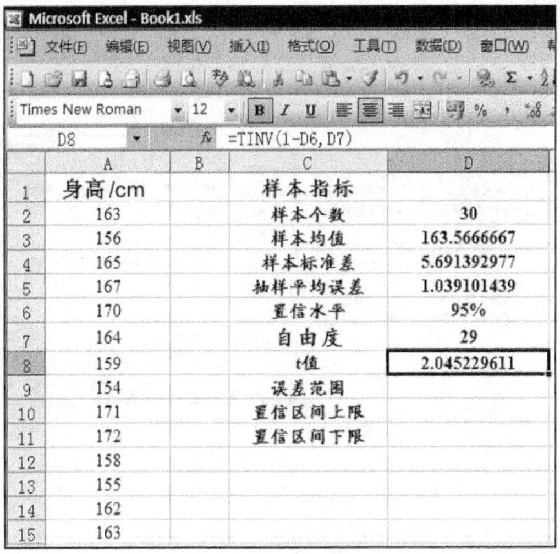
Microsoft Excel - Book1.xls　D8　=TINV(1-D6,D7)

	A	B	C	D
1	身高/cm		样本指标	
2	163		样本个数	30
3	156		样本均值	163.5666667
4	165		样本标准差	5.691392977
5	167		抽样平均误差	1.039101439
6	170		置信水平	95%
7	164		自由度	29
8	159		t值	2.045229611
9	154		误差范围	
10	171		置信区间上限	
11	172		置信区间下限	
12	158			
13	155			
14	162			
15	163			

图 8-10　计算 *t* 值

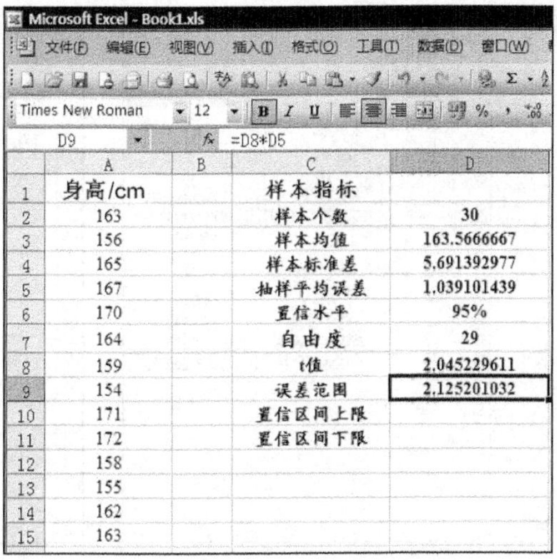
Microsoft Excel - Book1.xls　D9　=D8*D5

	A	B	C	D
1	身高/cm		样本指标	
2	163		样本个数	30
3	156		样本均值	163.5666667
4	165		样本标准差	5.691392977
5	167		抽样平均误差	1.039101439
6	170		置信水平	95%
7	164		自由度	29
8	159		t值	2.045229611
9	154		误差范围	2.125201032
10	171		置信区间上限	
11	172		置信区间下限	
12	158			
13	155			
14	162			
15	163			

图 8-11　计算误差范围

（9）计算置信区间上限。单击 D10 单元格，输入“=D3+D9”后按 Enter 键，即得到置信区间上限为 165.69cm，如图 8-12 所示。

（10）计算置信区间下限。单击 D11 单元格，输入“=D3−D9”后按 Enter 键，即得到置信区间下限为 161.44cm，如图 8-13 所示。

结论：通过 Excel 中的函数计算，在 95%的置信度下，该系所有学生的平均身高为 161.44～165.69cm。

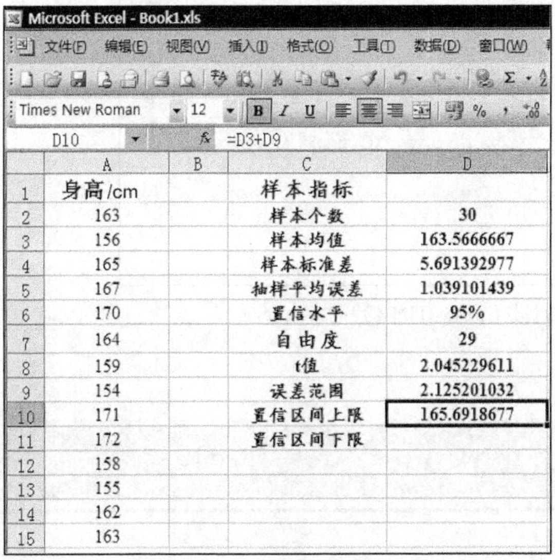
Microsoft Excel - Book1.xls　D10　=D3+D9

	A	B	C	D
1	身高/cm		样本指标	
2	163		样本个数	30
3	156		样本均值	163.5666667
4	165		样本标准差	5.691392977
5	167		抽样平均误差	1.039101439
6	170		置信水平	95%
7	164		自由度	29
8	159		t值	2.045229611
9	154		误差范围	2.125201032
10	171		置信区间上限	165.6918677
11	172		置信区间下限	
12	158			
13	155			
14	162			
15	163			

图 8-12　计算置信区间上限

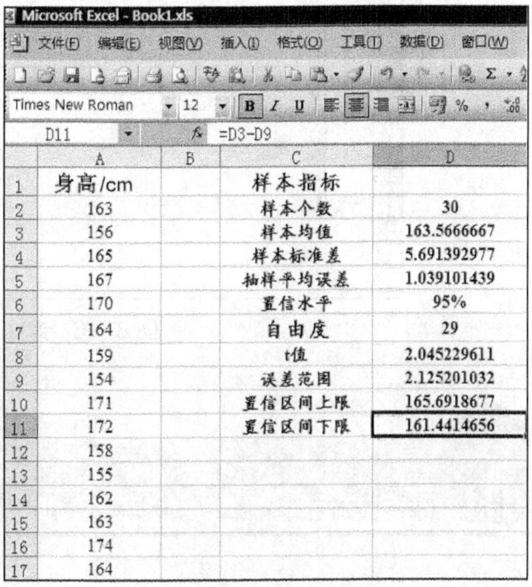
Microsoft Excel - Book1.xls　D11　=D3-D9

	A	B	C	D
1	身高/cm		样本指标	
2	163		样本个数	30
3	156		样本均值	163.5666667
4	165		样本标准差	5.691392977
5	167		抽样平均误差	1.039101439
6	170		置信水平	95%
7	164		自由度	29
8	159		t值	2.045229611
9	154		误差范围	2.125201032
10	171		置信区间上限	165.6918677
11	172		置信区间下限	161.4414656
12	158			
13	155			
14	162			
15	163			
16	174			
17	164			

图 8-13　计算置信区间下限

值得注意的是，本例中的函数是直接输入的，也可以直接选择。在 Excel“插入”菜单中选择“函数”选项，可打开“插入函数”对话框，根据需要进行选择，如图 8-14 所示。

在“或选择类别”中选择“常用函数”，在“选择函数”列表框中选择“SUM”（求和），如图 8-15 所示。如果需要标准差和 *t* 值这样的计算，在“或选择类别”中选择“统计”，在“选择函数”列表框中选择适用的即可，如图 8-16 所示。所有的应用函数都有相应的说明，选择需要用的就可以了。

图 8-14　插入函数

图 8-15　选择"常用函数"（求和：SUM）

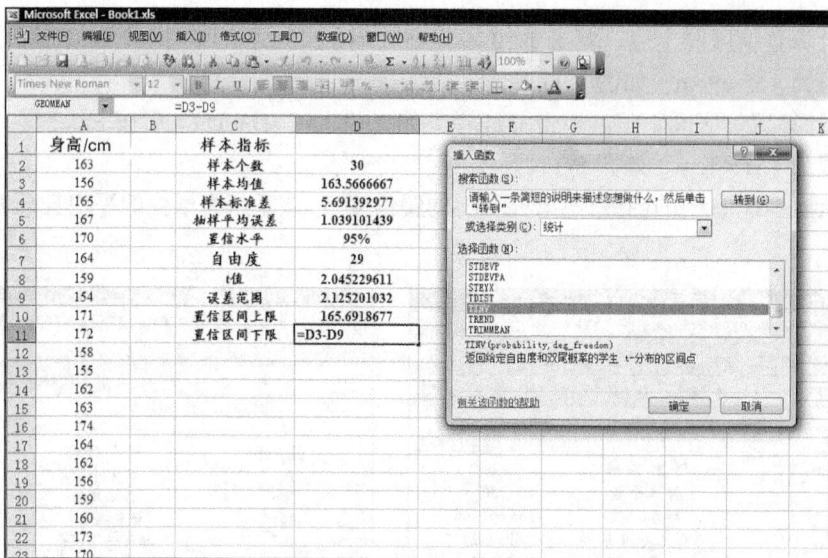

图 8-16　选择"统计"（t值：TINY）

任务小结

　　抽样推断是在抽样调查的基础上，利用样本指标的实际数值推断总体相应指标数值的一种统计分析方法。它主要用于不能够、不适应和不必要进行全面调查的情况，同时可以用于对全面调查资料的修正。抽样推断中的基本概念主要有样本与总体、样本指标与总体指标、样本容量、重复抽样与不重复抽样。

　　抽样误差是指样本指标和总体指标之间的绝对离差。抽样误差分为抽样极限误差和抽样平均误差两种。影响抽样误差的因素主要有样本单位数的多少、抽样方法、被研究总体标志的差异程度以及抽样组织方式。应熟练掌握抽样平均误差的计算公式以及抽样平均误差、抽样极限误差和概率度之间的关系。

抽样估计是用样本指标来估计相应的总体指标的数值，而总体指标是表明总体数量特征的参数，所以这种估计也可以称为参数估计。总体参数的估计有点估计和区间估计两种方法。点估计是以样本指标数值直接作为总体指标估计值的一种估计方法。参数估计根据给定的置信度的要求，利用实际抽样资料，指出被估计值的上限和下限，即指出总体参数可能存在的区间范围，而不是直接给出总体参数的估计值。

确定从总体中抽取多少个必要的样本，是设计抽样调查方案的重要问题。应熟练掌握样本容量的确定公式及其影响因素。

抽样的组织方式有简单随机抽样、分层抽样、等距抽样、整群抽样、多阶段抽样等。其中，简单随机抽样是其他抽样组织方式的基础。

案例阅读

居民收入和消费
支出情况

习题与实训

一、单选题

1. 对总体的数量特征进行抽样估计的前提是抽样必须遵循（　　）。

    A．大量性   B．随机性   C．可靠性   D．准确性

2. 一般认为大样本的样本单位数至少要大于（　　）。

    A．30   B．50   C．100   D．200

3. 抽样平均误差是指（　　）。

    A．抽中样本的样本指标与总体指标的实际误差

    B．抽中样本的样本指标与总体指标的误差范围

    C．所有可能样本的抽样误差的算术平均数

    D．所有可能样本的样本指标的标准差

4. 在其他条件相同的情况下，重复抽样误差（　　）不重复抽样误差。

    A．大于   B．小于   C．总是等于   D．通常小于或等于

5. 在其他条件不变的情况下，要使抽样误差减少 1/3，样本单位数必须增加（　　）。

    A．1/3   B．1.25 倍   C．3 倍   D．9 倍

6. 从产品生产线上每隔 10min 抽取一件产品进行质量检验。推断全天产品的合格率时，其抽样平均误差常常是按（　　）的误差公式近似计算的。

    A．简单随机抽样   B．整群抽样   C．等距抽样   D．分层抽样

7. 通常使样本单位在总体中分布最不均匀的抽样组织方式是（　　）。

    A．简单随机抽样   B．整群抽样   C．分层抽样   D．等距抽样

8. 在其他条件不变的情况下，从总体中抽取 10%作为样本，则重置抽样的抽样平均误差与不重置抽样的抽样平均误差之比为（　　）。

    A．0.9   B．1.0   C．1.05   D．1.11

9. 抽样平均误差和极限误差的关系是（　　）。

    A．抽样平均误差大于极限误差

    B．抽样平均误差等于极限误差

    C．抽样平均误差小于极限误差

    D．抽样平均误差大于、等于、小于极限误差都可能

10. 抽样平均误差的实质是（　　　）。

    A. 总体标准差　　　　　　　　　　　B. 样本标准差

    C. 抽样误差的标准差　　　　　　　　D. 全部可能样本平均数的标准差

11. 抽样误差是指（　　　）。

    A. 在调查过程中由观察、测量等差错所引起的误差

    B. 在调查中违反随机原则出现的系统误差

    C. 随机抽样而产生的代表性误差

    D. 人为原因造成的误差

12. 在一定的抽样平均误差条件下（　　　）。

    A. 扩大极限误差范围，可以提高推断的可靠程度

    B. 扩大极限误差范围，会降低推断的可靠程度

    C. 缩小极限误差范围，可以提高推断的可靠程度

    D. 缩小极限误差范围，不改变推断的可靠程度

13. 反映样本指标与总体指标之间的平均误差程度的指标是（　　　）。

    A. 抽样误差系数　　　　　　　　　　B. 概率度

    C. 抽样平均误差　　　　　　　　　　D. 抽样极限误差

14. 抽样平均误差是（　　　）。

    A. 全及总体的标准差　　　　　　　　B. 样本的标准差

    C. 抽样指标的标准差　　　　　　　　D. 抽样误差的平均差

15. 在其他条件不变的情况下，提高估计的置信度，其估计的精确程度（　　　）。

    A. 随之扩大　　　　B. 随之缩小　　　　C. 保持不变　　　　D. 无法确定

16. 对某种连续生产的产品进行质量检验，要求每隔 1h 抽出 10 件产品进行检验，这种抽查方式是（　　　）。

    A. 简单随机抽样　　　B. 分层抽样　　　C. 等距抽样　　　D. 整群抽样

二、判断题

1. 从全部总体单位中按照随机原则抽取部分单位组成样本，只可能组成一个样本。

                                          （　　　）

2. 在抽样推断中，总体指标值是确定、唯一的，而样本指标值是一个随机变量。

                                          （　　　）

3. 抽样成数的特点是：样本成数越大，则抽样平均误差越大。　　　　（　　　）

4. 抽样平均误差总是小于抽样极限误差。　　　　　　　　　　　　　（　　　）

5. 在其他条件不变的情况下，提高抽样估计的可靠程度，则降低了抽样估计的精确程度。　　　　　　　　　　　　　　　　　　　　　　　　　　　　　　　（　　　）

6. 从全部总体单位中抽取部分单位构成样本，在样本变量相同的情况下，重复抽样构成的样本个数大于不重复抽样构成的样本个数。　　　　　　　　　　（　　　）

7. 抽样平均误差反映抽样误差的一般水平，每次抽样的误差可能大于抽样平均误差，也可能小于抽样平均误差。　　　　　　　　　　　　　　　　　　　（　　　）

8. 在抽样推断中，抽样误差的概率度越大，则抽样极限误差就越大于抽样平均误差。

                                          （　　　）

9. 抽样估计的优良标准有 3 个：无偏性、可靠性和一致性。　　　　（　　　）

10. 样本单位数的多少与总体各单位标志值的变异程度成反比，与抽样极限误差范围的大小成正比。　　　　　　　　　　　　　　　　　　　　　　　　（　　　）

11. 抽样推断是利用样本资料对总体的数量特征进行估计的一种统计分析方法，因此不可避免地会产生误差，这种误差的大小是不能进行控制的。　　　　　　（　　　）

12. 一般来说，样本容量高于 50 的称为大样本，低于 50 的称为小样本。（　　　）

13. 在抽样推断中，作为推断的总体和作为观察对象的样本都是确定、唯一的。
　　　　　　　　　　　　　　　　　　　　　　　　　　　　　　　（　　　）

14. 抽样估计置信度就是表明抽样指标和总体指标的误差不超过一定范围的概率保证程度。　　　　　　　　　　　　　　　　　　　　　　　　　　　　　（　　　）

15. 在其他条件不变的情况下，提高抽样估计的可靠程度，可以提高抽样估计的精确度。
　　　　　　　　　　　　　　　　　　　　　　　　　　　　　　　（　　　）

16. 抽样平均均误差反映抽样的可能误差范围，实际上每次的抽样误差可能大于抽样平均误差，也可能小于抽样平均误差。　　　　　　　　　　　　　　　（　　　）

三、多选题

1. 抽样调查与其他非全面调查相区别的主要特点有（　　　）。
   A. 按随机性原则抽取样本单位　　　　B. 调查结果用于推算总体数字
   C. 可以计算抽样误差　　　　　　　　D. 以概率论和数理统计学为理论基础
   E. 调查资料时效性强

2. 影响抽样平均误差大小的因素有（　　　）。
   A. 总体各单位标志值的差异程度　　　B. 抽样数目
   C. 样本各单位标志值的差异程度　　　D. 抽样组织方式
   E. 抽样推断的把握程度

3. 影响必要的抽样数目的因素有（　　　）。
   A. 总体各单位标志值的差异程度　　　B. 样本各单位标志值的差异程度
   C. 抽样方法和抽样组织方式　　　　　D. 抽样推断的把握程度
   E. 允许误差

4. 计算抽样平均误差，总体方差是未知的，通常代替方法有（　　　）。
   A. 大样本条件下，用样本方差代替
   B. 小样本条件下，用样本方差代替
   C. 用以前同类调查的总体方差代替
   D. 有多个参考数值时，应取其平均数代替
   E. 对于比率的方差，有多个参考数值时，应取其中最接近 0.5 的比率来计算

5. 在其他条件不变时，抽样推断的置信度越大，则（　　　）。
   A. 允许误差范围越大　　　　　　　　B. 允许误差范围越小
   C. 抽样推断的精确度越高　　　　　　D. 抽样推断的精确度越低
   E. 抽样推断的可靠性越高

6. 与简单随机抽样相比，在其他条件相同的情况下，分层抽样可以（　　　）。
   A. 缩小抽样误差　　　　　　　　　　B. 提高样本对总体的代表性
   C. 深化对总体的认识　　　　　　　　D. 提高调查资料的时效性
   E. 降低调查难度

7. 影响抽样误差的因素有（　　　）。

    A. 是有限总体还是无限总体　　　　　B. 是变量总体还是属性总体

    C. 是重复抽样还是不重复抽样　　　　D. 总体被研究标志的变异程度

    E. 抽样单位数

8. 点估计（　　　）。

    A. 考虑了抽样误差大小　　　　　　　B. 没有考虑抽样误差大小

    C. 能说明估计结果的把握程度　　　　D. 是抽样估计的主要方法

    E. 不能说明估计结果的把握程度

9. 评价估计是否优良的常用标准有（　　　）。

    A. 无偏性　　　　　　B. 有效性　　　　　C. 准确性

    D. 一致性　　　　　　E. 随机性

10. 衡量一个抽样方案优劣的基本准则有（　　　）。

    A. 抽样的随机性原则　　　　　　　　B. 抽样误差最小

    C. 调查费用最少　　　　　　　　　　D. 调查时间最短

    E. 调查内容最多

四、计算题

1. 某工厂生产一种新型灯泡 5 000 只，随机抽取 100 只做耐用时间试验。测试结果：平均寿命为 4 500h，标准差 300h。试在 90%的概率保证下，估计该新式灯泡平均寿命区间；假定置信度提高到 95%，允许误差缩小一半。

要求：计算应抽取多少只灯泡进行测试？

2. 调查一批机械零件合格率。根据过去的资料，合格品率曾有 99%、97%和 95%这 3 种情况，现在要求误差不超过 1%，要求估计的把握程度为 95%。

要求：计算需要抽查多少个零件？

3. 在 4 000 件成品中按不重复方法抽取 200 件进行检查，结果有 8 件废品。

要求：计算当概率为 0.954 5 时，试估计这批成品废品量的范围。

4. 设某种产品质量的标准差不超过 2g。

要求：计算在 95.45%的置信度保证下，计算允许误差为 0.5 时的样本容量。

5. 某储蓄所年末按定期存款单账号的顺序抽取样本资料，如表 8-7 所示。

表 8-7　某储蓄所年末定期存款单账号抽样资料

年末存款余额/万元	抽查户数/户
1 以下	50
1～2（不含）	110
2～5（不含）	560
5～10	240
10 以上	40

要求：试以 95.45%的置信度估计该储蓄所年末全部定期存款户平均每户存款余额的可能范围。

6. 某市工商局近期对同一规格的某种商品的市场零售价格进行了一次纯随机不重复抽样，资料如表 8-8 所示。

表 8-8　某种商品市场零售价格抽样资料

零售价格/（元/千克）	零售摊点数/个
69	2
71	6
73	15
75	25
77	4

若物价局规定该种规格品的最高零售价格为 74.5 元/千克。

要求：以 95.45% 的置信度，估计该市全部零售摊点中零售价格达到物价局规定者所占比重的可能范围。

7. 某工厂有 1 500 个工人，用简单随机重复抽样的方法抽出 50 个工人作为样本，调查其月平均产量水平，资料如表 8-9 所示。

表 8-9　某工厂工人月平均产量水平抽样资料

日产量/件	524	534	540	550	560	580	600	660
工人数/人	4	6	9	10	8	6	4	3

要求：（1）计算样本平均数和抽样平均误差；

（2）以 95.45%（$t=2$）的置信度，估计该厂工人的月平均产量和总产量的区间。

8. 采用简单随机重复抽样的方法，在 2 000 件产品中抽查 200 件，其中合格品 190 件。

要求：（1）计算合格品率及其抽样平均误差；（2）以 95.45% 的置信度（$t=2$）对合格品率和合格品数量进行区间估计；（3）如果极限误差为 2.31%，则其置信度是多少？

五、实训练习

某培训机构随机抽中了 30 名学员进行一项测试，他们各自完成填制一项报表的时间如下（单位：min）。

62	66	70	67	40	84	69	64	41	42
45	49	58	63	44	84	82	66	69	80
78	86	45	60	88	83	81	84	81	50

要求：试在 95.45% 的置信度下，利用 Excel 求该培训机构所有学员填制该项报表平均时间的置信区间。

相关与回归分析

知识目标

1. 了解相关分析的基本概念，能制作相关图和相关表。
2. 了解回归分析的基本概念。

能力目标

1. 能够熟练计算相关系数。
2. 能够熟练掌握一元线性回归的分析方法。

素养目标

1. 弘扬爱国主义精神、增强文化自信。
2. 树立理想信念，培养改革创新精神。

知识结构图

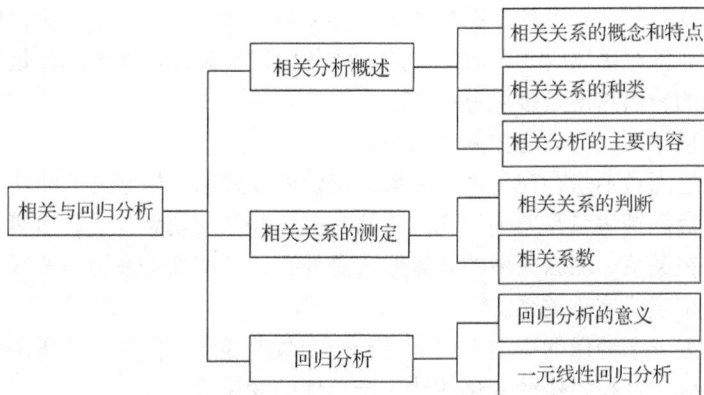

任务导入

在日常生活中，许多现象之间存在相互联系、相互制约的关系。例如，商品的销售额与商品的广告费之间有密切关系，所以有商家往往不惜重金做广告，以期望得到高额的销售额回报；公安机关根据案发现场留下的脚印大小，可以推测出犯罪嫌疑人性别和身高；某地区的人均消费水平与人均国内生产总值常存在着高度的相关关系，等等。那么，如何采用科学的方法来判断现象之间是否存在某种关系？怎样用量化数值度量关系的密切程度？对关系非常密切的变量怎样更进一步进行表达？如增加商品的广告费，商品的销售额也会增加，但具体会增加多少呢？解决这些问题需要用到本任务将要介绍的内容——相关与回归分析。

相关知识

❋ 一、相关分析概述

统计分析的一项重要课题是根据辩证唯物主义和历史唯物主义关于事物普遍联系和相互作用的原理，进行社会经济现象相互联系的分析研究。

可以列举许许多多关于社会经济生活相互依存、相互制约、相互影响的例子。例如，企业规模和经营费用的关系、工资增长和 GDP 增长的关系、家庭收入水平和恩格尔系数的关系、劳动机械化水平与劳动生产率的关系等。无疑，从数量上研究这些现象相互依存的关系，分析现象变动的影响因素和作用强度，对加强经济的科学管理、发挥统计工作的职能都有现实意义。

对于社会经济现象相互联系的分析研究仍然离不开对现象总体特点的剖析。现象总体包含许多单位，表明单位特征的数量标志可能有 1 个、2 个、3 个或者很多个，只要留意观察就会发现总体中往往有 2 个有关系的数量标志—变量，它们的变量值是一一对应的。例如，居民家庭既有收入的标志，也有消费支出的标志，因此每一家庭有年收入金额的数量，对应也有年消费金额的数量。播种面积有收获量的标志，也有施肥量的标志。对每公顷播种面积来说，这两个数量也是对应的。工厂有资金标志，就有产值标志；有产量标志，就有成本标志、利润标志；有原材料投入标志，就有产出标志。对于同类工厂来说，资金与产量、产量与成本、产量与利润，它们的数量表现是对应的。每个人有身高标志，也有体重标志，它们的数量表现也是成对的。一般地，在总体中，如果对变量 x 的每一个数值，相应还有第二个变量 y 的数值，则各对变量的变量值组成的总体称为二元总体。如果总体是由两个以上相互对应的变量组成的，那它便是多元总体。

对于这样的总体，人们关心的问题如下。

（1）两变量之间是不是存在关系，关系的密切程度如何，如家庭的消费支出是否和它的收入水平有关，商品销售量是不是和它的价格有关，关系密切到什么程度等。

（2）如果存在关系，那么关系的具体形式是什么，是线性关系还是曲线关系；怎样找出一个合适的方程来表示这种关系。

（3）怎样根据一个变量的变动来估计另一个变量的变动，例如，从居民收入的变化估计商品销售额的变化，从投资额的变化估计生产总值的变化等。

相关分析是研究两个或两个以上变量之间相互关系的统计分析方法，是研究二元总体和多元总体的重要方法。其中，二元总体分析方法提供了一般的模式，即相关分析。

（一）相关关系的概念和特点

1．相关关系的概念

微课

相关分析案例

在自然界和人类社会中，普遍存在着现象之间相互依赖、相互制约的关系。一些现象在数量上的发展变化经常伴随着另一些现象数量上的发展变化。现象间的数量关系可分为两种基本类型。

（1）函数关系。它是指现象间存在的严格依存、确定的因果关系，一种现象的数量变化必然决定着另一种现象的数量变化，这种关系可通过精确的数学表达式来反映，例如，圆面积同其半径的关系为 $S = \pi r^2$。再如，总成本=产品产量×单位产品成本，当单位产品成本不变时，产品产量发生变化，就有一个确定的总成本与它对应，总成本是产品产量的函数。

（2）相关关系。相关关系指的是现象之间确实存在数量关系，但这种关系不是严格确定的，当一种现象的数量发生变化时，另一种现象的数量可能在一定范围内发生变化，出现不同的数值。例如，单位产品成本同产量之间的关系，一般来说，当工厂规模扩大、产品产量增加时，单位产品成本会随之下降，这种变化趋势体现了规模经济的效应，具有客观性和普遍性。但由于影响产品成本的因素众多，有主要的也有次要的，有必然的也有偶然的，有随机的也有非随机的，有观察得到的也有观察不到的，所以，同一产量水平下，可能会出现各种各样的单位成本，或者某一确定的单位成本对应着不同的产量，两者的关系不是唯一确定的。粮食收获量与施肥量之间、商品价格与需求量之间、身高与体重之间、广告支出与销售额之间等都具有类似的特征，这种关系就是相关关系。

函数关系与相关关系既有区别，又有联系。由于观察和实验中的误差，函数关系往往通过相关关系表现出来；而当对现象之间的内在联系和规律性了解得更加清楚的时候，相关关系又可能转化为函数关系。在社会经济领域里，一般来说，函数关系反映了现象间关系的理想化状态，相关关系则反映了现象间关系的现实化状态，只有在大量观察时，在平均的意义上，它才能被描述。

综上所述，相关关系是现象之间确实存在的，但关系数值不固定的相互依存关系。相关分析则是研究一个变量与另一个变量或另一组变量之间相关密切程度和相关方向的一种统计分析方法。

2．相关关系的特点

相关关系主要有以下两个特点。

（1）现象之间确实存在着数量上的依存关系。如果一个现象发生数量上的变化，则另一个现象也会相应地发生数量上的变化。例如，若商品流通费用增加，则商品销售额也会随之增加；反过来，如果商品销售额增加，则商品流通费用也会相应增加。再如，身高较高的人，一般体重也较重；反过来，体重较重的人，一般身高也较高。另外，年龄与血压之间、播种量与粮食收获量之间等，都存在着数量上的依存关系。

在互相依存的两个变量中，可以根据研究的目的，将其中一个变量确定为自变量，而将另一个对应变化的变量确定为因变量。例如，可以将身高作为自变量，则体重就是因变量；也可以将体重作为自变量，此时身高就是因变量。

（2）现象之间数量上的关系是不确定、不严格的依存关系。相关关系是变量之间的一种不确定的依存关系，这意味着一个变量虽然受另外一个（或一组）变量的影响，却并不由这一个（或一组）变量完全决定。也就是说，当一个（或一组）变量的值确定了，另一变量的值并不确定、唯一。例如，身高为 1.7m 的人，其体重有许多个值；体重为 60kg 的人，其身高也有许多个值。再如，产品单位成本与劳动生产率的水平变动之间存在着一定的依存关系，但产品单位成本除受劳动生产率的水平变动的影响外，还受到原材料消耗、固定资产折旧、能源消耗费用以及管理费用等诸多因素变动的影响。因此，身高与体重之间、产品单位成本和劳动生产率的水平变动之间，均没有完全严格确定的数量关系存在。

（二）相关关系的种类

现象之间的相关关系是很复杂的。从不同的角度看，相关关系有不同的种类。

1．按相关的程度可分为完全相关、不完全相关和不相关

当一个变量的变化完全由另一个变量决定时，称变量间的这种关系为完全相关关系，这种严格的依存关系实际上就是函数关系。当两个变量的变化相互独立、互不影响时，则称这两个变量不相关。实际上，这里的不相关就是独立，即变量间没有任何关系。当变量之间存在不严格的依存关系时，称为不完全相关。不完全相关关系是现实当中相关关系的主要表现形式，也是相关分析的主要研究对象。

2．按相关的方向可分为正相关和负相关

当一个变量随着另一个变量的增加（减少）而增加（减少），即两者同向变化时，称为正相关。例如，社会商品零售额与居民收入水平之间、产品产量与工人劳动生产率之间的数量关系，均属于正相关。

当一个变量的数量变动与另一个变量的数量变动方向相反时，就称为负相关。例如，销售额与流通费用水平等数量变动关系，均属于负相关。

需要注意的是，很多现象正负相关关系仅在一定范围内存在。例如，施肥量在一定的限度内，粮食产量会随施肥量的增加而增加，这是正相关；但当施肥量超过生物学上允许的限量时，粮食产量就会随施肥量的增加而减少，这就是负相关了。

3．按相关的形式可分为线性相关和非线性相关

当变量之间的依存关系大致呈现为线性形式，即当一个变量变动一个单位时，另一个变量也按一个大致固定的增（减）量变动，就称为线性相关。当变量间的关系不按固定比例变化时，就称为非线性相关，如图 9-1 所示。

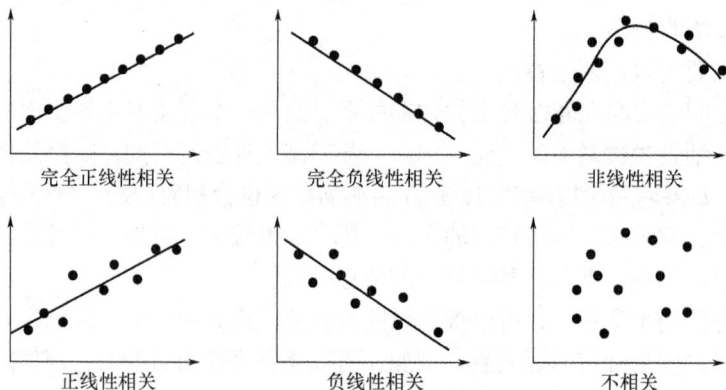

图 9-1　相关关系分类示意图

4．按研究变量的多少可分为单相关、偏相关和复相关

两个变量之间的相关，称为单相关。一个变量与两个或两个以上其他变量之间的相关，称为复相关。在复相关的研究中，假定其他变量不变，专门研究其中两个变量之间的相关关系，称为偏相关。变量之间的相关关系需要用相关分析方法来识别和判断。相关分析就是借助图形和若干分析指标（如相关系数）对变量之间的依存关系的密切程度进行测定的过程。

（三）相关分析的主要内容

相关分析主要用于探讨各变量之间相互关系的密切程度及变化规律，以便做出准确判断，为回归分析提供依据。它在实际工作中运用得非常广泛，其主要内容包括以下几点。

1．判断现象之间有无相关关系及相关关系的表现形式

判断变量之间有无相关关系，一般先进行定性分析，再做定量分析。定性分析是指根据经济理论、专业知识和实际工作经验进行科学分析研究，初步确定变量之间是否具有相关关系，以及相关关系的类型。如果确定有相关关系，则进一步编制相关表、绘制相关图，帮助确定变量之间呈何种相关关系形式。这一步是相关分析的重要前提和出发点，因为只有确定变量之间存在相关关系才能进行相关分析。

2．确定相关关系的密切程度

定性分析法、相关表和相关图都不能确切地表明相关关系的密切程度。变量之间关系的密切程度，需要通过计算做出判断。如果变量之间呈线性相关，则需要计算相关系数来说明关系密切程度；如果变量之间呈非线性相关，则需要计算相关指数来说明关系的密切与否。

3．建立相关关系的数学表达式

为了测定各变量之间数量上变化的一般关系，必须使用函数关系的数学表达式作为相关关系的数学表达式，作为进行判断、推算、预测的依据。如果各变量之间存在线性相关关系，那么应采用直线方程式来描述其变动关系；如果各变量之间是非线性相关关系，那么应采用拟合曲线方程式来表达其变动关系。采用拟合直线方程式或曲线方程式的方法来判断现象，能够找到现象中各变量之间的一般变化关系，即自变量变化时，因变量随之相应发生的变化，统计学上将这一过程称为回归分析。

4．测定因变量估计值的误差程度

根据拟定的回归方程，可以利用给定的自变量求出因变量的估计值。这种估计值与实际值一般是有差异的，反映这种差异的指标就是估计标准误差。估计标准误差的大小，可以用

来评价回归方程的代表性。其值越大，表明估计值与实际值相差越大，估计就越不准确；其值越小，表明估计值与实际值相差越小，估计就越准确。

二、相关关系的测定

判别现象之间有无相关关系，有定性分析和定量分析两种方法。在定量分析前必须进行定性分析。定性分析是依据研究者的理论知识、专业知识和实践经验，对客观现象之间是否存在相关关系，以及是何种相关关系做初步的判断。在定性分析的基础上，可进一步编制相关表、绘制相关图，以便直观地判断现象之间相关的方向、形态及大致的密切程度。要精确地确定变量之间的密切程度，需要借助相关系数。

（一）相关关系的判断

要进行相关分析，首先要判断现象之间有没有相关关系和具有什么样的相关关系，做出这样的判断有以下几个方法。

1. 客观现象之间的定性分析

根据一定的社会经济理论与实践经验的总结，对社会经济现象进行定性分析，以判断它们之间是否具有相关关系以及相关关系的种类。作为研究对象之间的关系必须是内在联系的真实关系，而不是臆造的或者偶然存在的关系。任何事物都有质的规定性，质的规定性表明了事物自身与其他事物的区别和联系。按照人们认识事物的顺序，只有在定性分析的基础上，才能从数量上测定现象之间的相关关系。这是判断相关关系的一种重要的方法，也是相关分析的重要前提。

2. 相关图、表

相关分析应该在定性分析的基础上进行，因此，相关分析的基础性工作是判定变量是否相关和相关的性质。定性分析首先依赖有关研究对象的专业知识，也就是应以有关科学理论为指导，但统计方法本身对定性分析也有重大作用，这主要是通过编制相关表和绘制相关图来完成的。

（1）相关表的编制。判定两个变量是否相关时，首先必须取得一系列的成对资料。根据资料是否分组，相关表有简单相关表和分组相关表两种。

① 简单相关表，就是当收集的资料较少时，可按由小到大的顺序将自变量和因变量的资料一一对应而平行排列起来的表。例如，将某地工业劳动者人数和工业增加值的历史资料对应排列所形成的表（见表 9-1）。

表 9-1　某地工业劳动者人数和工业增加值相关情况

工业劳动者/万人	工业增加值/亿元
1 373	156
1 400	174
1 501	179
2 375	212
2 401	257
3 416	401
4 581	527
4 979	575
5 224	625
5 705	673

从表 9-1 可以发现，该地区工业劳动者和工业增加值是同步增长趋势的关系。

简单相关表适用于总体单位数比较少的情况。

② 分组相关表是将较多的原始数据进行分组而编制成的相关表。当原始资料较多时，如果只编制简单相关表，一方面会使相关表很长，不便于观察变量间的相互关系；另一方面，为了减少偶然因素的影响，可将自变量与因变量的相关原始资料进行分组，编制成分组相关表。按分组情况的不同可分为单变量分组相关表与双变量分组相关表。

a. 单变量分组相关表是指只对自变量进行分组，列出每组变量值出现的次数，并计算每组因变量的平均值。例如，某地商店销售额和平均流通费用率相关表如表 9-2 所示。

表 9-2 某地商店销售额和平均流通费用率相关表

商店按销售额分组/万元	商店数	平均流通费用率/%
40 以下	14	9.81
40~80（不含）	22	7.90
80~120（不含）	38	7.32
120~160（不含）	44	7.00
160~200（不含）	66	6.80
200~240（不含）	50	6.71
240~280（不含）	34	6.66
280~320（不含）	26	6.59
320~360	10	6.55

单变量分组相关表可将简单相关表的资料简化，更清晰地反映两个变量之间的相关关系。从表 9-2 中可以看出，该地商店销售额和平均流通费用率存在着负相关的直线关系。

b. 双变量分组相关表是对自变量和因变量都进行分组而制成的相关表，又称为棋盘式相关表。其编制程序是：首先，分别确定自变量和因变量的分组数；其次，按两个变量的组数设计棋盘型表格；最后，计算各组次数，填于相对应的方格中。

双变量分组相关表设置两个合计栏，分别表明各个变量分组的次数分布情况。表中交叉格中的次数表明两个变量相关点的次数。编制双变量分组相关表，要把自变量置于横行，其变量值从小到大自左而右排列；因变量置于纵栏，其变量值从大到小自上而下排列。这样排列，可使相关表与相关图对应起来，便于判断相关关系的性质。如根据某地鞋厂单位成本和产量资料，编制的双变量分组相关表如表 9-3 所示。

表 9-3 某地鞋厂单位成本和产量双变量分组相关表

单位成本/（元/件）	产量/万双					合计/万双
	20	30	40	50	80	
20	5	—	—	—	—	5
18	5	4	1	1	—	11
16	1	3	4	5	2	15
14	—	—	1	3	5	9
合计	11	7	6	9	7	40

从表 9-3 可以看出，产量大多集中在左上角到右下角的主对角线上，这表明产量与单位成本之间存在一定的负相关关系。

（2）相关图。相关图又称散点图或散布图，是以直角坐标系的横轴代表变量 x，纵轴代表变量 y，将两变量相对应的成对数据用坐标点的形式描绘出来，用于反映两变量之间相关关系的图形。例如，根据表 9-4 的资料绘制的相关图如图 9-2 所示。

表 9-4　某地企业年销售收入和广告费相关表

广告费/万元	30	33	40	56	58	65	72	80	90
年销售收入/亿元	12	12	13	14	14	20	22	26	30

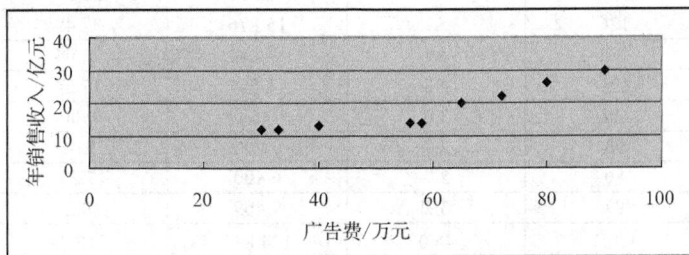

图 9-2　某地企业年销售收入和广告费相关图

从图 9-2 可以看出，公司年销售收入和广告费之间呈现正的线性相关关系。

（二）相关系数

相关图、表虽然有助于识别变量间的相关关系，但它无法对这种关系进行精确的计量。因此，在初步判定变量间存在相关关系的基础上，通常还要计算相关关系的度量指标。下面将缩小研究的范围，仅研究两个变量间的线性相关关系。两个变量间线性相关关系的度量指标有很多，应用最广泛的是相关系数。

1．相关系数的概念

相关系数是指线性相关条件下，说明两种现象之间相关关系密切程度的统计分析指标。它比相关表和相关图更能概括表现相关的形式与程度。根据其大小或将若干相关系数加以对比，可以发现现象发展中具有决定意义的因素。

相关系数在统计工作中应用广泛，其特点如下。

（1）相关系数应用的前提是两个变量呈线性相关。换句话说，当相关系数很小甚至为 0 时，不能说两个变量间不存在相关关系，只能说不存在线性相关关系。

（2）当两个现象之间存在线性相关关系时，只能得出一个相关系数。换句话说，计算相关系数之前不必确定谁是自变量、谁是因变量，两个变量无论谁为自变量或因变量，都只能计算出一个相关系数来表示它们之间关系的密切程度。

（3）计算相关系数时，要求两个变量的数据都是随机抽选的，即计算用的资料不能以主观意愿来确定。

2．相关系数的计算

相关系数是在线性相关条件下说明两个现象之间关系密切程度的统计分析指标，通常用 r 表示，其计算公式为

$$r = \frac{\Sigma(x-\overline{x})(y-\overline{y})}{\sqrt{\Sigma(x-\overline{x})^2\Sigma(y-\overline{y})^2}} \tag{9-1}$$

或

$$r = \frac{n\Sigma xy - \Sigma x\Sigma y}{\sqrt{n\Sigma x^2-(\Sigma x)^2}\cdot\sqrt{n\Sigma y^2-(\Sigma y)^2}} \tag{9-2}$$

【例 9-1】一位工业心理学家获得了 10 个工人的智商值和劳动生产率资料，如表 9-5 所示，计算智商值和劳动生产率之间的相关系数。

表 9-5 10 个工人的智商值和劳动生产率资料

工人序号	智商值 x	劳动生产率 y	x^2	y^2	xy
1	110	5.2	12 100	27.04	572.0
2	120	6.0	14 400	36.00	720.0
3	130	6.3	16 900	39.69	819.0
4	126	5.7	15 876	32.49	718.2
5	122	4.8	14 884	23.04	585.6
6	121	4.2	14 641	17.64	508.2
7	103	3.0	10 609	9.00	309.0
8	98	2.9	9 604	8.41	284.2
9	80	2.7	6 400	7.29	216.0
10	97	3.2	9 409	10.24	310.4
合计	1 107	44.0	124 823	210.84	5 042.6

根据资料，$\Sigma x = 1\,107$，$\Sigma y = 44$，$\Sigma x^2 = 124\,823$，$\Sigma y^2 = 210.84$，$\Sigma xy = 5\,042.6$。

根据样本相关系数的计算公式有

$$r = \frac{n\Sigma xy - \Sigma x \Sigma y}{\sqrt{n\Sigma x^2 - (\Sigma x)^2}\sqrt{n\Sigma y^2 - (\Sigma y)^2}} = \frac{10 \times 5\,042.6 - 1\,107 \times 44}{\sqrt{10 \times 124\,823 - 1\,107^2} \times \sqrt{10 \times 210.84 - 44^2}} \approx 0.867$$

3．相关系数的评价

相关系数一般可以从其符号和绝对数值大小两个层面理解。正负号说明现象之间是正相关还是负相关。绝对数值的大小说明两现象之间线性相关的密切程度。具体如下。

（1）r 的取值范围为 -1～+1，即 $-1 \leqslant r \leqslant +1$。

（2）$r = +1$，为完全正相关；$r = -1$，为完全负相关。相关系数为 +1 或 -1 时，表明变量之间为完全线性相关，即函数关系。

（3）$r = 0$，表明两变量无线性相关关系。

（4）$r > 0$，表明变量之间为正相关；$r < 0$，表明变量之间为负相关。

（5）r 的绝对值越接近 1，表明线性相关关系越密切；r 越接近 0，表明线性相关关系越不密切。

根据经验可将相关程度分为表 9-6 所示的几种情况。

表 9-6 相关程度

r 的取值	线性相关的密切程度
$|r| < 0.3$	无线性相关
$0.3 \leqslant |r| < 0.5$	低度线性相关
$0.5 \leqslant |r| < 0.8$	显著线性相关
$0.8 \leqslant |r| \leqslant 1$	高度线性相关

在【例 9-1】中，相关系数是 0.867，说明工人的智商值和劳动生存率是高度线性相关关系。

✱ 三、回归分析

（一）回归分析的意义

相关分析中的相关系数指标可以从数量上说明在线性相关的条件下，

微课

回归分析法

变量之间相关关系的方向和密切程度。但它不能说明一个变量发生变化时，另一个变量会相应地发生多大的变动。为解决这一问题，必须进行回归分析。

1．回归分析的概念和特点

回归分析是指对具有相关关系的变量，依据其关系的表现形态，选择一个合适的数学模型（或称回归方程式），近似地表示变量间数量平均变动关系的一种统计分析方法。由于相关关系的形式有很多种，所以回归分析的种类也有很多种。

按照分析变量的多少不同，回归分析可分为一元回归分析和多元回归分析；按相关变量间关系的表现形态不同，回归分析可分为线性回归分析与非线性回归分析等。一元回归分析是指只有一个自变量的回归分析，多元回归分析是指有两个或两个以上自变量的回归分析。线性回归分析就是对具有线性相关关系的变量进行的回归分析，非线性回归分析就是对具有非线性相关关系的变量进行的回归分析。本任务只介绍一元线性回归分析的有关理论和方法。

与狭义的相关分析相比，回归分析有它自身的特点。

（1）在变量之间，必须根据研究目的具体确定哪个是自变量、哪个是因变量。

（2）回归方程的作用是，在给定自变量数值的情况下估计因变量的可能值。一个回归方程只能做一种推算，推算的结果表明变量之间具体的变动关系。

（3）在线性回归方程中，自变量的系数为回归系数。回归系数的符号为正时，表示正相关；回归系数的符号为负时，表示负相关。

（4）确定回归方程时，只要求因变量是随机的，而自变量是给定的数值。

2．相关分析与回归分析的关系

相关分析与回归分析既有区别，又有联系。二者的区别主要表现为以下几方面。

（1）相关分析中涉及的变量不存在自变量和因变量的划分问题，变量之间的关系是对等的；而在回归分析中，必须根据研究对象的性质和研究分析的目的，对变量进行自变量和因变量的确定。因此，在回归分析中，变量之间的关系是不对等的。

（2）在相关分析中，所有的变量都必须是随机变量；而在回归分析中，自变量是确定的，因变量才是随机的，即将自变量的给定值代入回归方程后，所得到的因变量的估计值不是唯一确定的，而会表现出一定的随机波动性。

（3）相关分析主要是通过一个指标（相关系数）来反映变量之间相关密切程度的高低，由于变量之间是对等的，因此相关系数是唯一确定的。而在回归分析中，对于互为因果的两个变量（如人的身高与体重、商品的价格与需求量），则有可能存在参数值不同的多个回归方程。

相关分析与回归分析的联系表现为，相关分析是回归分析的基础和前提，回归分析则是相关分析的深入和继续。回归分析需要依靠相关分析来明确变量之间相关的密切程度和表现形式，而相关分析则需要依靠回归分析来描述变量之间数量相关的具体表现形式。如果缺少相关分析，没有从定性上说明现象间是否具有相关关系，没有对相关关系的密切程度做出判断，就不能进行回归分析；即便进行了回归分析，其回归方程的代表性也是需要怀疑的。相关分析只研究变量之间相关的方向和程度，不能推断变量之间相互关系的具体形式，也无法从一个变量的变化来推测另一个变量的变化情况。

因此，在具体应用过程中，只有把相关分析和回归分析结合起来，才可能使研究具有现实性和有效性。

3．回归分析的主要内容

（1）确定现象之间关系的数学模型。将现象之间数量变化的一般关系用数学模型来表达，可以进一步从量的方面来认识相关现象。如果现象之间表现为线性关系，则采用拟合直线方程的方法；如果现象之间表现为曲线关系，则采用拟合曲线方程的方法。总之，回归方程是进行回归预测和推算的依据。

（2）由自变量的数值估计因变量的相应值。使用拟合直线或曲线方程的方法，能够找到现象之间一般的变化关系，即当自变量变化时，因变量一般会发生多大的变化。假定现象在未来某一时间仍以回归方程为规律进行发展变化，则根据给出的若干自变量的数值，可以计算出因变量的估计值或预测值。

（3）确定因变量估计值的误差。估计值与实际值是有差异的，而这种差异的大小影响着统计分析结论的准确性。因此，必须对建立的回归方程进行估计值误差的计算，即计算估计标志误差。

（二）一元线性回归分析

一元线性回归是描述两个变量之间相互联系的最简单的回归模型。一元线性回归虽然简单，但通过一元线性回归模型的建立过程，可以了解回归分析方法的基本统计思想，以及它在经济问题研究中的应用原理。

1．构建一元线性回归模型应具备的条件

构建一元线性回归模型应具备以下几个条件。

（1）现象之间确实存在数量上的相互依存关系。只有当两个变量存在高度密切的相关关系时，所构建的一元线性回归模型才有意义，用以进行分析和预测才有价值。

（2）现象之间存在线性相关关系。一元线性回归方程在图形上表现为一条直线，因此，只有当两个变量的相关关系表现为线性相关时，所拟合的直线方程才是对客观现象的真实描述，才可用来进行统计分析。如果现象之间的相关关系表现为曲线相关，却拟合成一条直线，这必然会得出错误的分析结论。实际中，一般是借助散点图来判断现象是否呈线性相关。

（3）具备一定数量的变量观测值。一元线性回归方程是根据自变量和因变量的样本观测值求得的，因此，变量 x 和变量 y 应有一定数量的对应观测值，这是构建直线方程的依据。如果观测值太少，受随机因素的影响较大，就不易观测出这些现象之间变动的规律，所求出的直线回归方程也就没有多大意义。

2．一元线性回归模型及其检测

（1）一元线性回归模型。一元线性回归模型是描述两个变量之间相互联系的最简单的回归模型。通过它的建立过程，可以了解回归分析方法的基本思想及其在经济问题研究中的应用原理。

如果两个变量呈现完全的线性相关关系，即两个变量的增长比率为常数，则其变动的规律可用一条直线来说明：$y = a + bx$。而如果 y 的数值不仅受 x 变动的影响，还受其他随机因素的影响，则 x 与 y 的关系就不会表现为完全的线性相关关系，反映在相关图上，各个相关点并不都落在一条直线上，而是在直线上下波动，散布在一条直线的周围，即 x 与 y 呈线性相关的趋势。

一元线性回归分析的任务就是在这些分散的具有线性关系的相关点之间拟合一条最优的直线，用以说明现象之间的具体变动关系。其一般方程为

$$\hat{y} = a + bx$$

式中：

$\hat{y}$ 表示 y 的估计值；

a 表示回归直线在 y 轴上的截距；

b 表示直线的斜率，称为 y 依 x 的回归系数，表明 x 每变动一个单位时 y 的平均变动数量。

a 和 b 表示确定线性回归模型的两个待定参数。

（2）线性回归模型参数的确定。在拟合回归直线时，一般总是希望 y 的估计值（$\hat{y}$）从整体来看尽可能地接近观测值。也就是说，用这条直线来代表 y 和 x 的关系，它和实际数据的误差比任何其他直线都小。数学证明，利用最小平方方法（或称最小二乘法）所拟合的直线是最优的理想直线，因为这条直线与实际测定的所有相关点的距离平方和最小，即 $\Sigma(y-\hat{y})^2$ 为最小值。

令 $Q(a,b) = \Sigma(y-\hat{y})^2 = \Sigma(y-a-bx)^2$。要使函数 $Q(a,b)$ 有极小值，则必须满足函数对参数 a 和 b 的一阶偏导等于 0，即

$$\frac{\partial Q}{\partial a} = -2\Sigma(y-a-bx) = 0 , \quad \frac{\partial Q}{\partial b} = -2\Sigma(y-a-bx)x = 0$$

经整理得到以下方程组

$$\begin{cases} \Sigma y = na + b\Sigma x \\ \Sigma xy = a\Sigma x + b\Sigma x^2 \end{cases}$$

解这个方程组可得

$$b = \frac{n\Sigma xy - \Sigma x\Sigma y}{n\Sigma x^2 - (\Sigma x)^2} \tag{9-3}$$

$$a = \frac{\Sigma y - b\Sigma x}{n} \tag{9-4}$$

【例 9-2】某地区 10 个同类工业企业生产性固定资产价值与工业增加值资料如表 9-7 所示。建立回归方程，并预测固定资产为 400 万元时的工业增加值。

表 9-7 某地区 10 个同类工业企业生产性固定资产价值与工业增加值资料

企业序号	生产性固定资产价值 x/万元	工业增加值 y/万元	x^2	y^2	xy	估计理论值 $\hat{y}$
1	3	15	9	225	45	16.544 2
2	3	17	9	289	51	16.544 2
3	5	25	25	625	125	24.853 0
4	6	28	36	784	168	29.002 4
5	6	30	36	900	180	29.007 4
6	7	36	49	1 296	252	33.161 8
7	8	37	64	1 369	296	37.316 2
8	9	42	81	1 764	378	41.470 6
9	9	40	81	1 600	360	41.470 6
10	10	45	100	2 025	450	45.625 0
合计	66	315	490	10 887	2 305	314.995 4

根据资料，$n = 10$，$\Sigma x = 66$，$\Sigma y = 315$，$\Sigma x^2 = 490$，$\Sigma y^2 = 10\,877$，$\Sigma xy = 2\,305$。

首先要判断资料中生产性固定资产价值与工业增加值是否存在线性关系：

$$r = \frac{n\Sigma xy - \Sigma x \Sigma y}{\sqrt{n\Sigma x^2 - (\Sigma x)^2}\sqrt{n\Sigma y^2 - (\Sigma y)^2}} = \frac{10 \times 2\,305 - 66 \times 315}{\sqrt{10 \times 490 - 66^2} \times \sqrt{10 \times 10\,877 - 315^2}} \approx 0.991\,8$$

测得两变量的相关系数约为 0.991 8，所以二者之间存在高度正相关线性关系。

将有关数据代入 a 和 b 的公式，求得 a 和 b 的数值：

$$b = \frac{n\Sigma xy - \Sigma x \Sigma y}{n\Sigma x^2 - (\Sigma x)^2} = \frac{10 \times 2\,305 - 66 \times 315}{10 \times 490 - 66^2} = \frac{2\,260}{544} \approx 4.15$$

$$a = \frac{\Sigma y - b\Sigma x}{n} = \frac{315 - 4.15 \times 66}{10} = 4.11$$

将 a 和 b 代入直线方程，得出其工业增加值方程为

$$\hat{y} = 4.11 + 4.15x$$

所以企业固定资产为 400 万元时的工业增加值为

$$\hat{y} = 4.11 + 4.15 \times 4 = 20.71 \text{（万元）}$$

应该注意的是，一个线性回归方程只能做一种推算，不能进行另一种推算，即只能以自变量 x 推算因变量 y，而不能以因变量 y 推算自变量 x。如【例 9-2】所拟合的线性回归方程，只能在给定生产性固定资产价值时来推算工业增加值，不可给定工业增加值来推算生产性固定资产价值。

（3）估计标准误差。从前面拟合回归直线的有关阐述中已经知道，两个变量之间存在线性相关关系，可拟合一条回归直线来分析两个变量间的变化规律。根据线性回归方程，已知自变量的实际值便能得到因变量的估计值。但因变量的每一个实际值和推算出来的估计值并不完全相等，甚至完全不同。从相关图上看，每个散点不都是恰好落在回归直线上，甚至全部散点都不在回归直线上。这样一来，因变量的实际值与估计值之间便产生了误差，这个误差的大小直接关系到推算结果的准确程度。如果因变量的每一个实际值与估计值一样，那就是没有误差，说明推算结果准确性极高；换言之，回归直线作为各散点的"代表"，其代表性极强，各个散点都落在回归直线上，表现为函数关系。如果因变量的每一个实际值与估计值差别大，说明推算结果的准确性差，各散点对回归直线的离散程度大，回归直线的代表性弱。反过来，因变量的实际值与估计值的误差小，说明推算结果准确，各散点对回归直线的离散程度小，回归直线的代表性强。

① 估计标准误差的概念。估计标准误差就是用来说明线性回归方程推算结果准确程度的统计分析指标，或者说是反映回归直线代表性强弱的统计分析指标。

平均数的代表性大小可以通过标准差来衡量，因变量估计值的代表性强弱也可通过估计标准误差来反映。估计标准误差和标准差的性质是相同的，不同的是标准差说明平均数的代表性，而估计标准误差说明回归直线（平均线）的代表性。

② 产生误差的原因。实际值与估计值之间会产生误差，其原因有以下几点。

第一，在研究现象变动时，不可能把影响现象变动的全部因素考虑在内。有的因素虽能发生作用，但当时不能认识到；有的因素虽与研究对象有关，但在统计上不能度量，如心理因素。因此，在一元线性回归分析中，研究因变量的变动时，只考虑一个主要自变量变动对它的影响，而忽略其他因素的影响，这就不可避免地会产生误差。

第二，误差的产生可能是所选的模式不够完善。

第三，误差的产生可能是因为存在测量误差等。

③ 估计标准误差的计算。估计标准误差是用来说明回归方程代表性强弱的统计指标。其计算原理与标准差基本相同，计算公式为

$$S_{xy} = \sqrt{\frac{\Sigma\ (y-\hat{y})^2}{n-2}}$$ （9-5）

式中：

S_{xy} 为估计标准误差；

$n-2$ 为自由度，因在一元线性回归方程中计算了 a 和 b 两个参数，失去了两个自由度。

在回归分析中，估计标准误差越小，表明实际值与估计值的估计误差越小，也就是实际值越靠近估计值，则所拟合的回归模型的代表性越强；反之，估计标准误差越大，表明实际值与估计值的估计误差越大，也就是实际值离估计值越远，则所拟合的回归模型的代表性越弱。

在实际计算中，估计标准误差用简化公式

$$S_{xy} = \sqrt{\frac{\Sigma y^2 - a\Sigma y - b\Sigma xy}{n-2}}$$ （9-6）

【例 9-3】根据【例 9-2】，计算估计标准误差，并说明其意义。

根据【例 9-2】资料，可得

$$S_{xy} = \sqrt{\frac{\Sigma y^2 - a\Sigma y - b\Sigma xy}{n-2}} = \sqrt{\frac{10\ 877 - 4.11\times 315 - 4.15\times 2\ 305}{8}} \approx 1.44\ （万元）$$

结果表明：10 个同类工业企业增加值的估计理论值与实际值的平均误差为 1.44 万元。

④ 估计标准误差的作用。

第一，估计标准误差用以反映回归直线的代表性强弱。估计标准误差值越小，说明估计值拟合程度越高，实际值与估计值的离差越小，相关点与回归直线的离散程度越小，回归直线的代表性越强；反之，估计标准误差值越大，回归直线的代表性越弱。

第二，说明变量之间相关关系的密切程度。一般说来，估计标准误差数值越小，说明剩余变量差值越小，表明回归直线可解释的部分越大，则相关变量间关系越密切；反之，估计标准误差数值越大，说明变量间关系不密切，甚至变量间无相关。

✳ 四、实训：用 Excel 建立一元线性回归方程

实训项目：用 Excel 建立一元线性回归方程。

实训目的：通过实训，掌握 Excel 在相关与回归分析中的作用，熟练运用 Excel 进行相关和回归分析。

实训内容和操作步骤如下。

根据某地区 2017 年 8 个工业企业销售额与利润表（见表 9-8），用 Excel 绘制销售额和销售利润之间的相关图，计算相关系数，建立线性回归方程。

表 9-8　某地区 2017 年 8 个工业企业销售额与利润

工业企业编号	产品销售额 X/万元	销售利润 Y/万元
1	170	8.1
2	220	12.5
3	390	18
4	430	22
5	480	26.5
6	650	40
7	950	64
8	1 000	69

（一）绘制相关图

操作步骤如下。

第一步，启动 Excel 2003，新建一个工作簿 Book2。

第二步，在工作簿 Book2 中输入表 9-8 中的数据，如图 9-3 所示。

图 9-3　输入数据

第三步，单击"图表向导"，打开"图表向导"对话框，在"图表类型"列表框中选择"XY 散点图"，并单击"下一步"按钮，如图 9-4 所示。

第四步，弹出"源数据"对话框，选择产品销售额和销售利润两列数据，即从 B5 至 C12。系列产生在"列"，选择"列"选项，如图 9-5 所示。

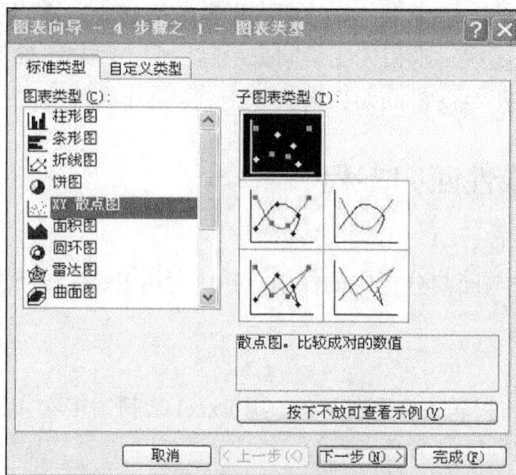

图 9-4　散点图向导

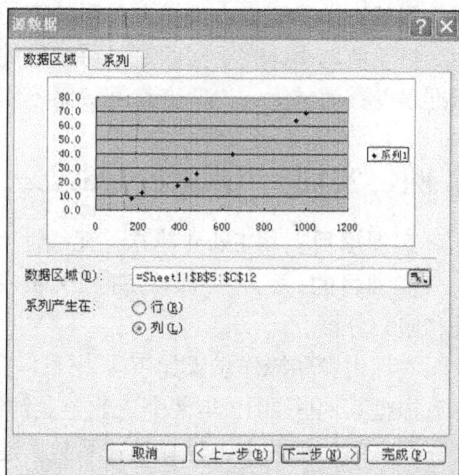

图 9-5　"源数据"对话框

第五步，单击"系列"选项卡，在"系列 1"的"名称"中输入"产品销售额（万元）"，如图 9-6 和图 9-7 所示。

第六步，添加系列，名称为"销售利润（万元）"，如图 9-8 所示。

第七步，单击"下一步"按钮，在弹出的对话框中输入各个标题，例如在"图表标题"中输入"产品销售额与利润的相关图"，如图 9-9 所示。

第八步，单击"完成"按钮，完成相关图的操作，输出相关图如图 9-10 所示。

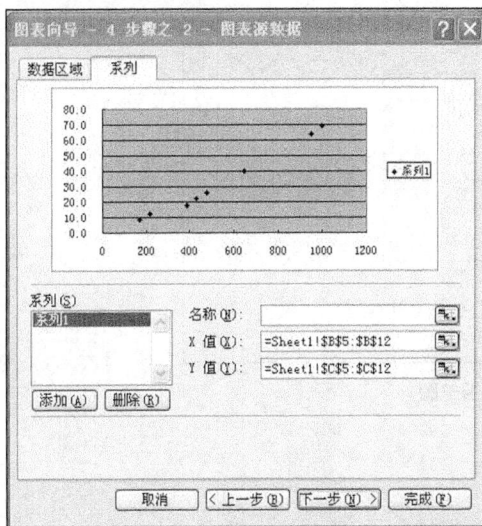

图 9-6 "系列"选项卡 1

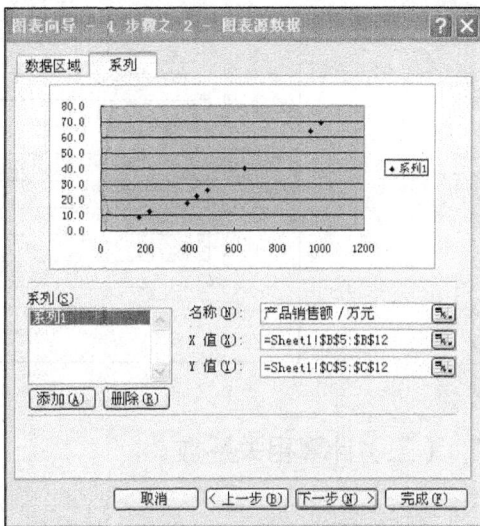

图 9-7 "系列"选项卡 2

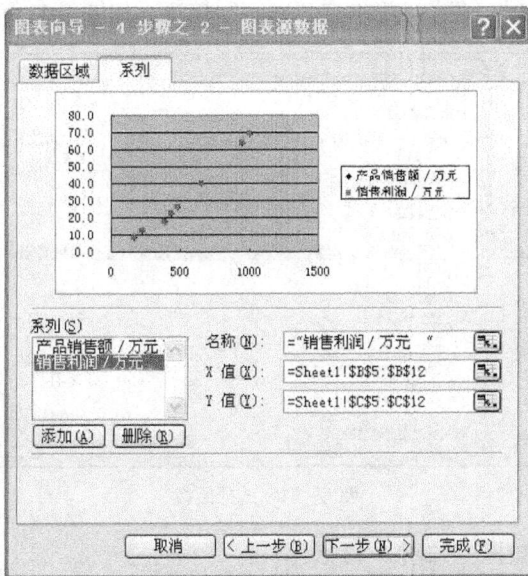

图 9-8 "系列"选项卡 3

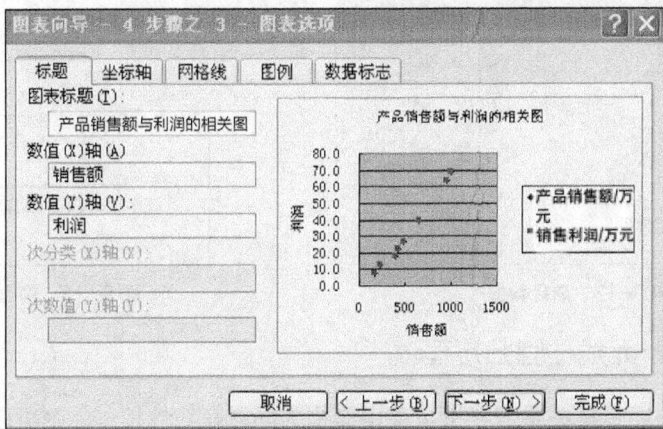

图 9-9 输入各个标题

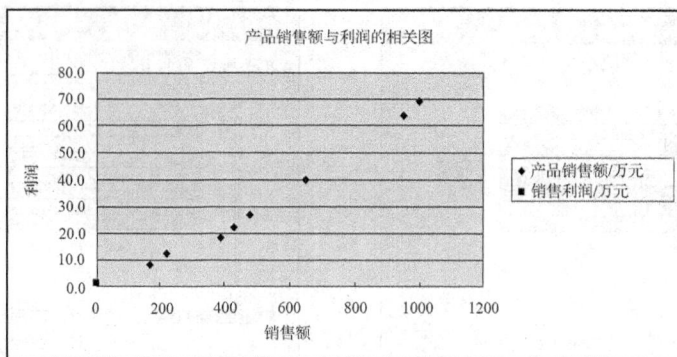

图 9-10　输出相关图

（二）计算相关系数

操作步骤如下。

第一步，选定一个单元格，单击"插入""函数"，在"插入函数"对话框的"选择函数"列表框中选择"CORREL"函数，并单击"确定"按钮，如图 9-11 所示。

图 9-11　选择函数

第二步，选择两组数据，如图 9-12 所示。

第三步，单击"确定"按钮，即可到相关系数，如图 9-13 所示。

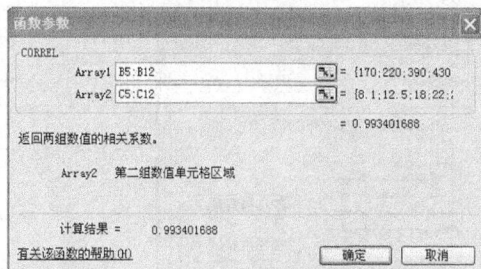

图 9-12　选择数据

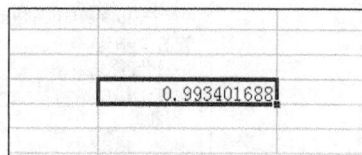

图 9-13　输出相关系数

（三）建立一元线性回归方程

如果通过相关图及相关系数分析可确定事物之间存在线性相关，则可以建立一元回归方程模型，即 $\hat{y} = a + bx$。在这个模型中，应确定 a 与 b 的值。

操作步骤如下。

第一步，任选一个单元格，单击"插入""函数"，在"插入函数"对话框的"选择函数"列表框中选择"求线性回归拟合线方程的截距"的函数"INTERCEPT"，然后单击"确定"按钮，如图9-14所示。

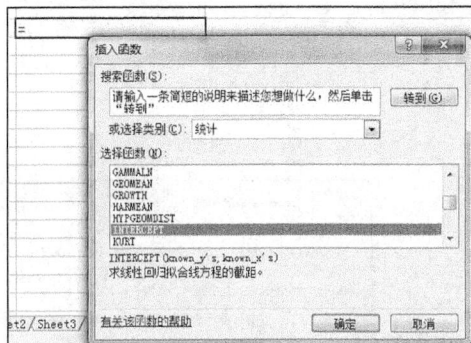

图 9-14 选择"INTERCEPT"函数

第二步，打开"函数参数"对话框，分别导入因变量 Y 和自变量 X 的取值范围，如图9-15所示。

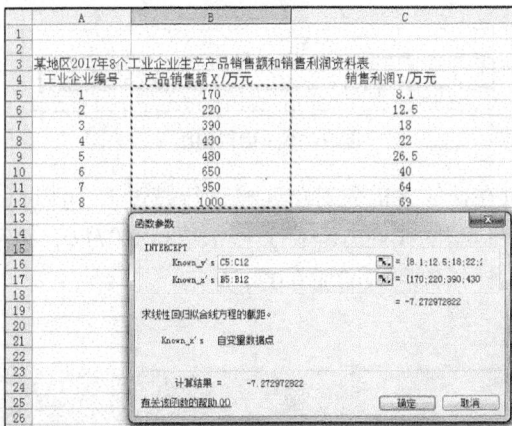

图 9-15 函数参数设置

第三步，单击"确定"按钮，则可得到方程中"a"的值，如图9-16所示。

第四步，任选一个单元格，单击"插入""函数"，在选择类别中选择函数"SLOPE"，然后单击"确定"按钮，打开"函数参数"对话框，如图9-17所示。

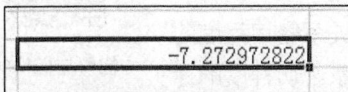

图 9-16 结果输出 1

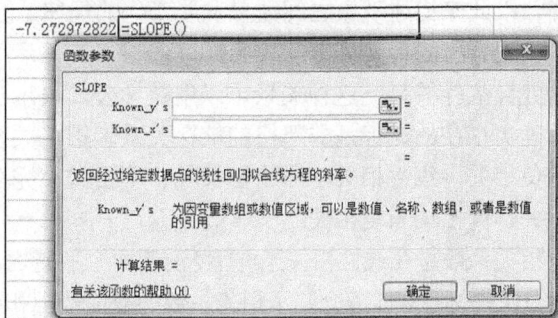

图 9-17 选择"SLOPE"函数

第五步，在"函数参数"对话框中分别导入因变量 Y 和自变量 X 的取值范围，如图 9-18 所示。

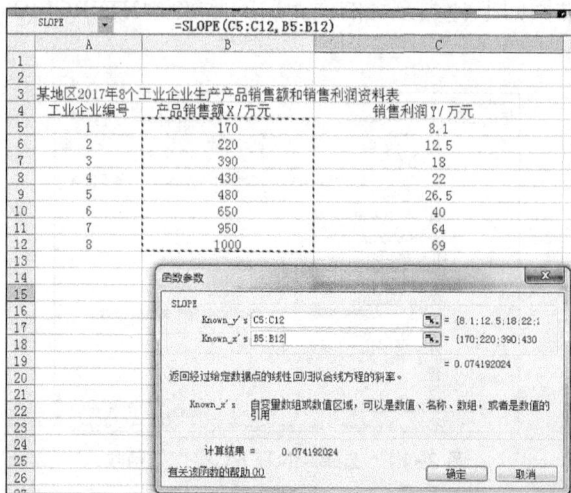

图 9-18　函数参数设置

第六步，单击"确定"按钮，则可得到方程中" b "的值，如图 9-19 所示。

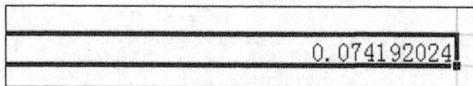

0.074192024

图 9-19　结果输出 2

根据四舍五入（也可在计算之前先对单元格进行设置），可以拟合 2017 年该地区 8 个工业企业产品销售额与销售利润的线性方程： $\hat{y}=-7.273+0.074x$ ，表示 2018 年该地区的产品销售额每增加 1 万元，估计销售利润增加 0.074 万元。

任务小结

相关分析与回归分析是重要的统计分析方法。本任务的主要内容是对现象之间相互依存、相互联系的关系进行分析，并对其关系密切程度进行数量测定；依据这种数量测定结果建立线性回归模型，在此基础上应用模型估计预测目标变量；并对估计预测结果的误差做出解释，以此来描述现象之间数量发展变化的规律。

相关分析的含义可分解为函数关系与相关关系：函数关系是指现象间存在的一种十分严格的数量依存关系，这种关系可以用数学公式表示出来；相关关系是指现象间确实存在的、但是非严格的依存关系。相关关系的分类主要有：正相关与负相关，线性相关与非线性相关，不相关、完全相关与不完全相关，单相关、偏相关与复相关。

相关系数是在线性相关条件下，说明两个变量之间相关关系密切程度的统计分析指标。本任务介绍了相关系数的取值范围和相关关系密切程度的标准，并给出了相关系数的计算公式。

案例阅读

售价与标价的相关性

回归分析是在相关分析的基础上，考察变量之间的数量变化规律，并通过一定的数学表达式描述它们之间的关系，进而确定一个或几个变量的变化对另一个特定变量的影响程度。相关分析旨在测量变量之间的密切程度，它所使用的测量工具就是相关系数；而回归分析侧重于考察变量之间的数量变化规律，其所使用的数学工具就是拟合回归模型。本任务主要介绍利用最小平方法建立简单线性回归模型。估计标准误差是统计上衡量回归方程代表性的一种统计分析指标，其原理与标准差的计算原理基本相似。

习题与实训

一、单选题

1. 下面现象间的关系属于相关关系的是（　　）。
   A. 圆的周长和它的半径之间的关系
   B. 价格不变条件下，商品销售额与销售量之间的关系
   C. 家庭收入越多，其消费支出也越多
   D. 正方形面积和它的边长之间的关系

2. 在总离差平方和中，如果回归平方和所占比重大，剩余平方和所占比重小，则两变量之间（　　）。
   A. 相关程度高　　　　　B. 相关程度低　　　C. 完全相关　　　D. 完全不相关

3. 若物价上涨，商品的需求量相应减少，则物价与商品需求量之间的关系为（　　）。
   A. 不相关　　　　　　　B. 负相关　　　　　C. 正相关　　　　D. 复相关

4. 相关系数 $r=0$，说明两个变量之间的（　　）。
   A. 相关程度很低　　　　　　　　　　B. 不存在任何相关关系
   C. 完全负相关　　　　　　　　　　　D. 不存在线性相关关系

5. 当 $r=0.8$ 时，下列说法正确的是（　　）。
   A. 80%的点密集在一条直线的周围　　B. 80%的点高度相关
   C. 其线性相关程度是 $r=0.4$ 时的 2 倍　D. 两变量高度正线性相关

6. 两个变量的相关系数为 0 时，可以肯定正确的结论是（　　）。
   A. 两个变量没有相关关系，只有函数关系
   B. 两个变量还可能有线性关系
   C. 两个变量还可能有非线性关系
   D. 两个变量没有任何关系

7. 居民收入与储蓄额之间的相关系数可能是（　　）。
   A. −0.924 7　　　　　B. 0.924 7　　　　　C. −1.536 2　　　　D. 1.536 2

8. 对具有因果关系的现象进行回归分析时（　　）。
   A. 只能将原因作为自变量　　　　　B. 只能将结果作为自变量
   C. 二者均可作为自变量　　　　　　D. 没有必要区分自变量

9. 对于有线性相关关系的两变量建立的线性回归方程中，回归系数（　　）。
   A. 可以小于 0　　　　B. 只能是正数　　　C. 可以为 0　　　D. 只能是负数

10. 判断相关性系数可以说明回归方程的（　　　　）。

  A. 有效度   B. 显著性水平   C. 拟合优度   D. 相关性

11. 产品产量与单位成本的相关系数是-0.95，单位成本与利润率的相关系数是 0.9，产量与利润的相关系数是 0.8，因此（　　　　）。

  A. 产量与利润的相关程度最高   B. 单位成本与利润率的相关程度最高

  C. 产量与单位成本的相关程度最高   D. 无法判断哪对变量的相关程度最高

12. 正方形的边长与周长的相关系数为（　　　　）。

  A. 1   B. -1   C. 0   D. 无法计算

13. 如果两个变量 X 和 Y 的相关系数 r 为负，说明（　　　　）。

  A. Y 一般小于 X

  B. X 一般小于 Y

  C. 随着一个变量增加，另一个变量减少

  D. 随着一个变量减少，另一个变量也减少

14. 现象之间线性依存关系的程度越低，则相关系数（　　　　）。

  A. 越接近于-1   B. 越接近于 1

  C. 越接近于 0   D. 在 0.5 与 0.8 之间

15. 若线性回归方程的回归系数 $b=0$，则相关系数（　　　　）。

  A. $r=1$ B. $r=-1$ C. $r=0$ D. r 无法确定

16. 在线性回归方程 $\hat{y}=48.53+2.87x$ 中，2.87 说明（　　　　）。

  A. x 每增加一个单位，y 肯定会增加 2.87 个单位

  B. x 每增加一个单位，y 平均会增加 2.87 个单位

  C. x 平均增加一个单位，y 会增加 2.87 个单位

  D. x 平均增加一个单位，y 肯定会增加 2.87 个单位

17. 根据某年 9 个工业国的名义利率（y，%）与通货膨胀率（x，%）的数据，做名义利率对通货膨胀率的回归，得到 $\hat{y}=2.63+1.2503x$。这说明（　　　　）。

  A. 通货膨胀率上升 1%，名义利率必将上升 1.2503%

  B. 名义利率上升 1%，通货膨胀率将上升 1.2503%

  C. 通货膨胀率上升 1 个单位，名义利率最多上升 1.2503 个单位

  D. 通货膨胀率上升 1%，平均说来，名义利率将上升 1.2503%

18. 用最小二乘法估计的回归方程满足（　　　　）。

  A. 因变量实际值与其平均值的离差平方和最小

  B. 因变量实际值与其估计值的离差平方和最小

  C. 因变量平均值与其估计值的离差平方和最小

  D. 因变量实际值与其平均值的离差平方和为 0

19. 回归估计的估计标准误差的计量单位与（　　　　）相同。

  A. 自变量   B. 因变量   C. 两个变量   D. 相关系数

20. 已知某企业棉大衣产量和生产成本有直接关系，具体为：当产量为 1 000 件时，其生产成本为 30 000 元，其中不变成本为 6 000 元，该企业生产成本依产量的回归方程是（　　　　）。

  A. $\hat{y}=6\,000+24x$ B. $\hat{y}=6+24x$

  C. $\hat{y}=24\,000+6x$ D. $\hat{y}=24+6\,000x$

二、判断题

1. 负相关指的是因素标志与结果标志的数量变动方向是下降的。 （　　）
2. 相关系数为+1 时，说明两变量完全相关；相关系数为-1 时，说明两个变量不相关。 （　　）
3. 计算相关关系时，应首先确定自变量与因变量。 （　　）
4. 若变量 X 的值增加，变量 Y 的值也增加，说明 X 与 Y 之间存在正相关关系；若变量 X 的值减少，Y 变量的值也减少，说明 X 与 Y 之间存在负相关关系。 （　　）
5. 回归方程要求自变量和因变量都是随机变量。 （　　）
6. 根据建立的线性回归方程，不能判断出两个变量之间相关的密切程度。 （　　）
7. 回归系数既可以用来判断两个变量相关的方向，也可以用来说明两个变量相关的密切程度。 （　　）
8. 产品产量随生产用固定资产价值的减少而减少，说明两个变量之间存在正相关关系。 （　　）
9. 计算相关系数的两个变量，要求一个是随机变量，另一个是可控制的量。 （　　）
10. 估计标准误差是说明回归方程代表性强弱的统计分析指标，指标数值越大，说明回归方程的代表性越强。 （　　）
11. 只有当相关系数接近+1 时，才能说明两变量之间存在高度相关关系。 （　　）
12. 在任何相关条件下，都可以用相关系数说明变量之间相关的密切程度。 （　　）
13. 回归系数和相关系数都可用以判断现象之间相关的密切程度。 （　　）
14. 回归系数可用来判断现象之间的相关方向。 （　　）
15. 若变量 x 的值减少时，变量 y 值也减少，说明变量 x 与 y 之间存在正相关关系。 （　　）

三、多选题

1. 呈相关关系的各变量之间（　　）。
   A. 一定存在严格的依存关系　　　　B. 存在关系，但不确定
   C. 存在着明显的依存关系　　　　　D. 存在着不固定的依存关系
   E. 以上说法都不正确
2. 可用来判断变量之间相关方向的指标有（　　）。
   A. 相关系数　　　　B. 回归系数　　　　C. 估计标准误差
   D. 两个变量的协方差　　　　　　　E. 两个变量的标准差
3. 相关分析的特点有（　　）。
   A. 两变量不是对等的　　　　　　B. 两变量只能算出一个相关系数
   C. 相关系数有正负号　　　　　　D. 两变量都是随机的
   E. 相关系数的绝对值介于 0 和 1 之间
4. 相关系数表明两变量之间的（　　）。
   A. 线性关系　　　　B. 因果关系　　　　C. 变异关系
   D. 相关方向　　　　E. 相关的密切程度
5. 如果相关系数为 0，则两变量（　　）。
   A. 无直线相关　　　　B. 呈负线性相关
   C. 呈正线性相关　　　　D. 可能存在曲线相关
   E. 无线性相关，也无非线性相关

6. 回归系数和相关系数（　　）。

    A. 一个为正值，另一个肯定也为正值

    B. 一个为正值，另一个肯定为负值

    C. 前者的取值范围为（$-\infty, +\infty$），后者的取值范围为（$-1, 1$）

    D. 前者的取值范围为（$-1, 1$），后者的取值范围为（$-\infty, +\infty$）

    E. 没有关系

7. 估计标准误差是反映（　　）的指标。

    A. 回归方程代表性　　　　　　　　B. 自变量数列的离散程度

    C. 因变量数列的离散程度　　　　　D. 因变量估计值的可靠程度

    E. 因变量数列的集中程度

8. 相关系数的绝对值的大小和（　　）。

    A. 回归系数的绝对值呈反向关系　　B. 回归系数的绝对值呈正向关系

    C. 回归估计标准误差呈反向关系　　D. 回归估计标准误差呈正向关系

    E. 回归系数的绝对值没有关系

9. 若所有观测点都落在回归直线上，则（　　）。

    A. 相关系数可能为+1　　　　　　　B. 相关系数可能为−1

    C. 相关系数可能为 0.85　　　　　　D. 两变量之间呈完全相关关系

    E. 两变量之间呈线性函数关系

10. 回归分析的特点有（　　）。

    A. 两个变量是不对等的　　　　　　B. 必须区分自变量和因变量

    C. 两个变量都是随机的　　　　　　D. 回归系数只有一个

    E. 因变量是随机的，自变量是可以控制的变量

11. 在相关分析中，（　　）。

    A. 相关系数既可测定线性相关，也可测定曲线相关

    B. 相关系数只可测定线性相关，不可测定曲线相关

    C. 相关指数既不可测定线性相关，也不可测定曲线相关

    D. 相关指数不可测定线性相关，只可测定曲线相关

    E. 相关系数为 0，说明两现象之间毫无关系

12. 一个由 100 人组成的 25～64 岁男子的样本，测得其身高与体重的相关系数为 0.467，则下列选项正确的有（　　）。

    A. 较高的男子趋于较重　　　　　　B. 身高与体重存在显著正相关

    C. 体重较重的男子趋于较高　　　　D. 身高与体重存在低度正相关

    E. 46.7%的较高的男子趋于较重

13. 回归估计标准差说明（　　）。

    A. 自变量与因变量的平均离差　　　B. 自变量之间的平均离差

    C. 回归估计的精确度　　　　　　　D. 回归方程的代表性强弱

    E. 自变量各实际值与其估计值之间的平均差异

14. 收入水平与受教育程度之间的相关系数为 0.631 4，这种相关属于（　　）。

    A. 单相关　　　　B. 复相关　　　　C. 高度相关

    D. 正相关　　　　E. 显著相关

15. 如果两个变量之间完全相关，则以下结论中正确的是（　　）。

A. 相关系数的绝对值等于 1　　　　　B. 完全正相关或负相关

C. 线性相关　　　　　　　　　　　　D. 非线性相关

E. 估计标准差等于 0

16. 相关分析的主要内容有（　　）。

A. 判断现象之间有无相关关系　　　　B. 确定相关关系的密切程度

C. 建立相关关系的数学表达式　　　　D. 测定因变量估计值的误差程度

E. 确定回归方程

17. 在线性回归分析中，（　　）。

A. 自变量是可控制量，因变量是随机的

B. 两个变量不是对等的关系

C. 利用一个线性回归方程，两个变量可以互相推算

D. 根据回归系数可判定相关的方向

E. 对于没有明显因果关系的两个线性相关变量可求得两个回归方程

18. 机床的使用年限与维修费用之间的相关系数是 0.721 3，合理范围内施肥量与粮食亩产量之间的相关系数为 0.852 1，商品价格与需求量之间的相关系数为 -0.934 5，则（　　）。

A. 商品价格与需求量之间的线性相关性最低

B. 商品价格与需求量之间的线性相关性最高

C. 施肥量与粮食亩产量之间的线性相关性最高

D. 施肥量与粮食亩产量之间的线性相关性最低

E. 机床的使用年限与维修费用之间的线性相关性最低

19. 理想的回归直线，应满足（　　）。

A. 实际值与其平均值的离差和为 0　　B. 实际值与其平均值的离差平方和最小

C. 实际值与其估计值的离差和为 0　　D. 实际值与其估计值的离差平方和最小

E. 平均值与其估计值的离差平方和最小

20. 下列现象具有相关关系的有（　　）。

A. 降雨量与农作物产量　　　　　　　B. 单位产品成本与劳动生产率

C. 人口自然增长率与农业贷款　　　　D. 存款利率与存款期限

E. 利息收入与存款利率

四、计算题

1. 某部门所属的 10 个企业两项重要经济指标如表 9-9 所示。

表 9-9　某部门 10 个企业两项重要经济指标

企业编号	销售利润/万元	可比产品成本降低率/%
1	4.1	2.1
2	7.5	2.0
3	8.1	3.0
4	10.6	3.1
5	18.1	4.3
6	21.8	4.2
7	25.0	4.5
8	26.0	4.3
9	40.0	5.3
10	51.0	5.3

要求：（1）根据表 9-9 数据绘制散点图，判断销售利润与可比产品成本降低率之间的关系形态；

（2）计算销售利润与可比产品成本降低率之间的简单相关系数，并说明二者之间的密切程度。

2. 已知某企业某年上半年各月的产量和单位产品成本资料如表 9-10 所示。

表 9-10　某企业某年上半年月产量和单位产品成本资料

月份	产量 X/件	单位产品成本 Y/元/件
1 月	2 000	73
2 月	3 000	72
3 月	4 000	71
4 月	3 000	71
5 月	4 000	70
6 月	5 000	68

要求：（1）计算产量与单位成本间的线性相关系数；（2）拟合单位成本依产量的一元线性回归模型，并指出产量每增加 1 000 件时单位成本如何变化；（3）计算单位成本的估计标准误差。

3. 设某县"十二五"期间各年农村居民平均每人每天的收入和支出资料如表 9-11 所示。

表 9-11　某县"十二五"期间各年农村居民平均每人每天的收入和支出资料

年份	人均收入 X/元	人均支出 Y/元
2011	4	3
2012	5	4
2013	7	5
2014	9	6
2015	15	12

要求：（1）计算人均收入与人均支出间的线性相关系数；（2）拟合人均支出依人均收入的一元线性回归模型，并指出人均收入每增加 1 元时人均支出如何变化；（3）计算人均支出的估计标准误差；（4）估计人均收入为 12 元时的人均支出；（5）估计人均支出为 10 元时的人均收入。

4. 某企业上半年产品产量与单位成本资料如表 9-12 所示。

表 9-12　某企业上半年产品产量与单位成本资料

月份	产量/件	单位成本/元
1 月	2 000	73
2 月	3 000	72
3 月	4 000	71
4 月	3 000	73
5 月	4 000	69
6 月	5 000	68

要求：（1）计算相关系数，说明两个变量相关的密切程度；

（2）拟合回归方程，指出产量每增加 1 000 件时单位成本平均变动多少；

（3）假定产量为 6 000 件，单位成本为多少元？

5. 某钢铁厂 10 个炉次钢液含碳量和精炼时间资料如表 9-13 所示。

表 9-13　某钢铁厂 10 个炉次钢液含碳量和精炼时间资料

含碳量 X/%	0.9	1.0	1.2	1.4	1.5	1.6	1.7	1.8	1.9	2.0
精炼时间 Y/min	100	105	130	145	170	175	190	190	220	235

要求：计算相关系数，建立线性回归方程。

6. 已知 x、y 两个变量，x 的均值为 15，y 的均值是 41，在线性回归方程中，当 x 等于 0 时，y 的估计值等于 5，又知 x 的标准差是 1.5，y 的标准差是 6。

要求：计算估计标准差。

五、实训练习

某班 10 名学生身高和体重的情况如表 9-14 所示。

要求：用 Excel 绘制散点图；计算相关系数；建立一元线性回归方程；估计该班一名身高 180cm 学生的体重。

表 9-14　某班 10 名学生身高及体重表

学生	身高/cm	体重/kg
1	171	54
2	167	52
3	177	64
4	154	49
5	169	55
6	175	66
7	163	52
8	152	47
9	172	58
10	160	50

附 录

附录 1 正态分布概率表

t	F(t)	t	F(t)	t	F(t)	t	F(t)
0.00	0.000 0	0.33	0.258 6	0.66	0.490 7	0.99	0.677 8
0.01	0.000 8	0.34	0.266 1	0.67	0.497 1	1.00	0.682 7
0.02	0.016 0	0.35	0.273 7	0.68	0.503 5	1.01	0.687 5
0.03	0.023 9	0.36	0.281 2	0.69	0.509 8	1.02	0.692 3
0.04	0.031 9	0.37	0.288 6	0.70	0.516 8	1.03	0.697 0
0.05	0.039 9	0.38	0.296 1	0.71	0.522 3	1.04	0.701 7
0.06	0.047 8	0.39	0.303 5	0.72	0.528 5	1.05	0.706 3
0.07	0.055 8	0.40	0.310 8	0.73	0.534 6	1.06	0.710 9
0.08	0.063 8	0.41	0.318 2	0.74	0.540 7	1.07	0.715 4
0.09	0.071 7	0.42	0.325 5	0.75	0.546 7	1.08	0.719 9
0.10	0.079 7	0.43	0.332 8	0.76	0.552 7	1.09	0.724 3
0.11	0.087 6	0.44	0.340 1	0.77	0.558 7	1.10	0.728 7
0.12	0.095 5	0.45	0.347 3	0.78	0.564 6	1.11	0.733 0
0.13	0.103 4	0.46	0.354 5	0.79	0.570 5	1.12	0.737 3
0.14	0.111 3	0.47	0.361 6	0.80	0.576 3	1.13	0.741 5
0.15	0.119 2	0.48	0.368 8	0.81	0.582 1	1.14	0.745 7
0.16	0.127 1	0.49	0.375 9	0.82	0.587 8	1.15	0.749 9
0.17	0.135 0	0.50	0.382 9	0.83	0.593 5	1.16	0.754 0
0.18	0.142 8	0.51	0.389 9	0.84	0.599 1	1.17	0.758 0
0.19	0.150 7	0.52	0.396 9	0.85	0.604 7	1.18	0.762 0
0.20	0.158 5	0.53	0.403 9	0.86	0.610 2	1.19	0.766 0
0.21	0.166 3	0.54	0.410 8	0.87	0.615 7	1.20	0.769 0
0.22	0.174 1	0.55	0.417 7	0.88	0.621 1	1.21	0.773 7
0.23	0.181 9	0.56	0.424 5	0.89	0.626 5	1.22	0.777 5
0.24	0.189 7	0.57	0.431 3	0.90	0.631 9	1.23	0.781 3
0.25	0.197 4	0.58	0.438 1	0.91	0.637 2	1.24	0.785 0
0.26	0.205 1	0.59	0.444 8	0.92	0.642 4	1.25	0.788 7
0.27	0.212 8	0.60	0.451 5	0.93	0.647 6	1.26	0.792 3
0.28	0.220 5	0.61	0.458 1	0.94	0.652 8	1.27	0.795 9
0.29	0.228 2	0.62	0.464 7	0.95	0.657 9	1.28	0.799 5
0.30	0.235 8	0.63	0.471 3	0.96	0.662 9	1.29	0.803 0
0.31	0.243 4	0.64	0.477 8	0.97	0.668 0	1.30	0.806 4
0.32	0.251 0	0.65	0.484 3	0.98	0.672 9	1.31	0.809 8

t	F(t)	t	F(t)	t	F(t)	t	F(t)
1.32	0.813 2	1.64	0.899 0	1.96	0.950 0	2.56	0.989 5
1.33	0.816 5	1.65	0.901 1	1.97	0.951 2	2.58	0.990 1
1.34	0.819 8	1.66	0.903 1	1.98	0.952 3	2.60	0.990 7
1.35	0.823 0	1.67	0.905 1	1.99	0.953 4	2.62	0.991 2
1.36	0.826 2	1.68	0.907 0	2.00	0.954 5	2.64	0.991 7
1.37	0.829 3	1.69	0.909 9	2.02	0.956 6	2.66	0.992 2
1.38	0.832 4	1.70	0.910 9	2.04	0.958 7	2.68	0.992 6
1.39	0.835 5	1.71	0.912 7	2.06	0.960 6	2.70	0.993 1
1.40	0.838 5	1.72	0.914 6	2.08	0.962 5	2.72	0.993 5
1.41	0.841 5	1.73	0.916 4	2.10	0.964 3	2.74	0.993 9
1.42	0.844 4	1.74	0.918 1	2.12	0.966 0	2.76	0.994 2
1.43	0.847 3	1.75	0.919 9	2.14	0.967 6	2.78	0.994 6
1.44	0.850 1	1.76	0.921 6	2.16	0.969 2	2.80	0.994 9
1.45	0.852 9	1.77	0.923 3	2.18	0.970 7	2.82	0.995 2
1.46	0.855 7	1.78	0.924 9	2.20	0.972 2	2.84	0.995 5
1.47	0.858 4	1.79	0.926 5	2.22	0.973 6	2.86	0.995 8
1.48	0.861 1	1.80	0.928 1	2.24	0.974 9	2.88	0.996 0
1.49	0.863 8	1.81	0.929 7	2.26	0.976 2	2.90	0.996 2
1.50	0.866 4	1.82	0.931 2	2.28	0.977 4	2.92	0.996 5
1.51	0.869 0	1.83	0.932 8	2.30	0.978 6	2.94	0.996 7
1.52	0.871 5	1.84	0.934 2	2.32	0.979 7	2.96	0.996 9
1.53	0.874 0	1.85	0.935 7	2.34	0.980 7	2.98	0.997 1
1.54	0.876 4	1.86	0.937 1	2.36	0.981 7	3.00	0.997 3
1.55	0.878 9	1.87	0.938 5	2.38	0.982 7	3.20	0.998 6
1.56	0.881 2	1.88	0.939 9	2.40	0.983 6	3.40	0.999 3
1.57	0.883 6	1.89	0.941 2	2.42	0.984 5	3.60	0.999 68
1.58	0.885 9	1.90	0.942 6	2.44	0.985 3	3.80	0.999 86
1.59	0.888 2	1.91	0.943 9	2.46	0.986 1	4.00	0.999 94
1.60	0.890 4	1.92	0.945 1	2.48	0.986 9	4.50	0.999 993
1.61	0.892 6	1.93	0.946 4	2.50	0.987 6	5.00	0.999 999
1.62	0.894 8	1.94	0.947 6	2.52	0.988 3		
1.63	0.896 9	1.95	0.948 8	2.54	0.988 9		

附录2　累计法平均增长速度查对表（摘选）

递增速度　　　　　　　　　　　　　　　　　　　　　间隔期：1～5 年

平均每年增长/%	各年发展水平总和为基期的/%				
	1 年	2 年	3 年	4 年	5 年
0.1	100.10	200.30	300.60	401.00	501.50
0.2	100.20	200.60	301.20	402.00	503.00
0.3	100.30	200.90	301.80	403.00	504.50
0.4	100.40	201.20	302.40	404.00	506.01
0.5	100.50	201.50	303.01	405.03	507.56
0.6	100.60	201.80	303.61	406.03	509.06
0.7	100.70	202.10	304.21	407.03	510.57
0.8	100.80	202.41	304.83	408.07	512.14

续表

平均每年增长/%	各年发展水平总和为基期的/%				
	1 年	2 年	3 年	4 年	5 年
0.9	100.90	202.71	305.44	409.09	513.67
1.0	101.00	203.01	306.04	410.10	515.20
1.1	101.10	203.31	306.64	411.11	516.73
1.2	101.20	203.61	307.25	412.13	518.27
1.3	101.30	203.92	307.87	413.17	519.84
1.4	101.40	204.22	308.48	414.20	521.40
1.5	101.50	204.52	309.09	415.23	522.96
1.6	101.60	204.83	309.71	416.27	524.53
1.7	101.70	205.13	310.32	417.30	526.10
1.8	101.80	205.43	310.93	418.33	527.66
1.9	101.90	205.74	311.55	419.37	529.24
2.0	102.00	206.04	312.16	420.40	530.80
2.1	102.10	206.34	312.77	421.44	532.39
2.2	102.20	206.65	313.40	422.50	534.00
2.3	102.30	206.95	314.01	423.53	535.57
2.4	102.40	207.26	314.64	424.60	537.20
2.5	102.50	207.56	315.25	425.63	538.77
2.6	102.60	207.87	315.88	426.70	540.40
2.7	102.70	208.17	316.49	427.73	541.97
2.8	102.80	208.48	317.12	428.80	543.61
2.9	102.90	208.78	317.73	429.84	545.20
3.0	103.00	209.09	318.36	430.91	546.84
3.1	103.10	209.40	319.00	432.00	548.50
3.2	103.20	209.70	319.61	433.04	550.10
3.3	103.30	210.01	320.24	434.11	551.74
3.4	103.40	210.32	320.88	435.20	553.41
3.5	103.50	210.62	321.49	436.24	555.01
3.6	103.60	210.93	322.12	437.31	556.65
3.7	103.70	211.24	322.76	438.41	558.34
3.8	103.80	211.54	323.37	439.45	559.94
3.9	103.90	211.85	324.01	440.54	561.61
4.0	104.00	212.16	324.65	441.64	563.31
4.1	104.10	212.47	325.28	442.72	564.98
4.2	104.20	212.78	325.92	443.81	566.65
4.3	104.30	213.08	326.54	444.88	568.31
4.4	104.40	213.39	327.18	445.98	570.01
4.5	104.50	213.70	327.81	447.05	571.66
4.6	104.60	214.01	328.45	448.15	573.36
4.7	104.70	214.32	329.09	449.25	575.06
4.8	104.80	214.63	329.73	450.35	576.76
4.9	104.90	214.94	330.37	451.46	578.48
5.0	105.00	215.25	331.01	452.56	580.19
5.1	105.10	215.56	331.65	453.66	581.89
5.2	105.20	215.87	332.29	454.76	583.60
5.3	105.30	216.18	332.94	455.89	585.36
5.4	105.40	216.49	333.58	456.99	587.06
5.5	105.50	216.80	334.22	458.10	588.79
5.6	105.60	217.11	334.86	459.29	590.50

平均每年增长/%	各年发展水平总和为基期的/%				
	1 年	2 年	3 年	4 年	5 年
5.7	105.70	217.42	335.51	460.33	592.26
5.8	105.80	217.74	336.17	461.47	594.04
5.9	105.90	218.05	336.82	462.60	595.80
6.0	106.00	218.36	337.46	463.71	597.54
6.1	106.10	218.67	338.11	464.84	599.30
6.2	106.20	218.98	338.75	465.95	601.04
6.3	106.30	219.30	339.42	467.11	602.84
6.4	106.40	219.61	340.07	468.24	604.61
6.5	106.50	219.92	340.71	469.35	606.35
6.6	106.60	220.24	341.38	470.52	608.18
6.7	106.70	220.55	342.03	471.65	609.95
6.8	106.80	220.86	342.68	472.78	611.73
6.9	106.90	221.18	343.35	473.95	613.56
7.0	107.00	221.49	343.99	475.07	615.33
7.1	107.10	221.80	344.64	476.20	617.10
7.2	107.20	222.12	345.31	477.37	618.94
7.3	107.30	222.43	345.96	478.51	620.74
7.4	107.40	222.75	346.64	479.70	622.61
7.5	107.50	223.06	347.29	480.84	624.41
7.6	107.60	223.38	347.96	482.01	626.25
7.7	107.70	223.69	348.61	483.15	628.05
7.8	107.80	224.01	349.28	484.32	629.89
7.9	107.90	224.32	349.94	485.48	631.73
8.0	108.00	224.64	350.61	486.66	633.59
8.1	108.10	224.96	351.29	487.85	635.47
8.2	108.20	225.27	351.94	489.00	637.30
8.3	108.30	225.59	352.62	490.19	639.18
8.4	108.40	225.91	353.29	491.37	641.05
8.5	108.50	226.22	353.95	492.54	642.91
8.6	108.60	226.54	354.62	493.71	644.76
8.7	108.70	226.86	355.30	494.91	646.67
8.8	108.80	227.17	355.96	496.08	648.53
8.9	108.90	227.49	356.63	497.26	650.41
9.0	109.00	227.81	357.31	498.47	652.33
9.1	109.10	228.13	357.99	499.67	654.24
9.2	109.20	228.45	358.67	500.87	656.15
9.3	109.30	228.76	359.33	502.04	658.02
9.4	109.40	229.08	360.01	503.25	659.95
9.5	109.50	229.40	360.69	504.45	611.87
9.6	109.60	229.72	361.37	505.66	663.80
9.7	109.70	230.04	362.05	506.86	665.72
9.8	109.80	230.36	362.73	508.07	667.65
9.9	109.90	230.68	363.42	509.30	669.62
10.0	110.00	231.00	364.10	510.51	671.56
10.1	110.10	231.32	364.78	511.72	673.50
10.2	110.20	231.64	365.47	512.95	675.47
10.3	110.30	231.96	366.15	514.16	677.42
10.4	110.40	232.28	366.84	515.39	679.39

平均每年增长/%	各年发展水平总和为基期的/%				
	1 年	2 年	3 年	4 年	5 年
10.5	110.50	232.60	367.52	516.61	681.35
10.6	110.60	232.92	368.21	517.84	683.33
10.7	110.70	233.24	368.89	519.05	685.28
10.8	110.80	233.57	369.60	520.32	687.32
10.9	110.90	233.89	370.29	521.56	689.32
11.0	111.00	234.21	370.97	522.77	691.27
11.1	111.10	234.53	371.66	524.01	693.27
11.2	111.20	234.85	372.35	525.25	695.27
11.3	111.30	235.18	373.06	526.52	697.32
11.4	111.40	235.50	373.75	527.76	699.33
11.5	111.50	235.82	374.44	529.00	701.33
11.6	111.60	236.15	375.15	530.27	703.38
11.7	111.70	236.47	375.84	531.52	705.41
11.8	111.80	236.79	376.53	532.76	707.43
11.9	111.90	237.12	377.24	534.03	709.48
12.0	112.00	237.44	377.93	535.28	711.51
12.1	112.10	237.76	378.62	536.52	713.53
12.2	112.20	238.09	379.34	537.82	715.63
12.3	112.30	238.41	380.03	539.07	717.67
12.4	112.40	238.74	380.75	540.37	719.78
12.5	112.50	239.06	381.44	541.62	721.82
12.6	112.60	239.39	382.16	542.92	723.94
12.7	112.70	239.71	382.85	544.17	725.98
12.8	112.80	240.04	383.57	545.47	728.09
12.9	112.90	240.36	384.26	546.72	730.14
13.0	113.00	240.69	384.98	548.03	732.28
13.1	113.10	241.02	385.70	549.33	734.40
13.2	113.20	241.34	386.39	550.59	736.46
13.3	113.30	241.67	387.11	551.89	738.59
13.4	113.40	242.00	387.83	553.20	740.73
13.5	113.50	242.32	388.53	554.48	742.83
13.6	113.60	242.65	389.25	555.79	744.98
13.7	113.70	242.98	389.97	557.10	747.13
13.8	113.80	243.30	390.67	558.38	749.23
13.9	113.90	243.63	391.39	559.69	751.38
14.0	114.00	243.96	392.11	561.00	753.53
14.1	114.10	244.29	392.84	562.34	755.74
14.2	114.20	244.62	393.56	563.65	757.89
14.3	114.30	244.94	394.26	564.93	760.01
14.4	114.40	245.27	394.99	566.27	762.21
14.5	114.50	245.60	395.71	567.59	764.39
14.6	114.60	245.93	396.43	568.90	766.55
14.7	114.70	246.26	397.16	570.24	768.76
14.8	114.80	246.59	397.88	571.56	770.94
14.9	114.90	246.92	398.61	572.90	773.16
15.0	115.00	247.25	399.34	574.24	775.38